上海高水平地方高校创新团队项目
"具有国际竞争能力影响人才培养体系建设创新团队"

"场域"理论视角下的东方卫视节目生产

廖媌婧 | 著

中央编译出版社
Central Compilation & Translation Press

图书在版编目（CIP）数据

"场域"理论视角下的东方卫视节目生产／廖媌婧
著．—北京：中央编译出版社，2021.9
　ISBN 978-7-5117-3652-9

Ⅰ．①场… Ⅱ．①廖… Ⅲ．①电视节目－研究－上海
Ⅳ．①G229.275.1

中国版本图书馆 CIP 数据核字（2021）第 067021 号

"场域"理论视角下的东方卫视节目生产

责任编辑	郑永杰
责任印制	刘　慧
出版发行	中央编译出版社
地　　址	北京西城区车公庄大街乙 5 号鸿儒大厦 B 座（100044）
电　　话	（010）52612345（总编室）　　（010）52612365（编辑室）
	（010）52612316（发行）　　　（010）52612369（网站）
传　　真	（010）66515838
经　　销	全国新华书店
印　　刷	三河市华东印刷有限公司
开　　本	710 毫米×1000 毫米　1/16
字　　数	198 千字
印　　张	16
版　　次	2021 年 9 月第 1 版
印　　次	2021 年 9 月第 1 次印刷
定　　价	80.00 元

新浪微博：@中央编译出版社　　　　微　信：中央编译出版社(ID: cctphome)
淘宝店铺：中央编译出版社直销店(http://shop108367160.taobao.com)　　（010）52612322

本社常年法律顾问：北京市吴栾赵阎律师事务所律师　　闫军　　梁勤
凡有印装质量问题，本社负责调换，电话：（010）52612322

摘　要

上海以其特殊的历史文化、地缘结构和政治经济地位在中国改革开放过程中承担着重要的角色。上海东方卫视的发展历程在省级卫视中具有代表性和典型性。本书以"场域"理论为切入点，选择东方卫视作为个案，以东方卫视节目生产机制以及代表性节目的文本为主轴，发展历史为背景，从新闻生产、影视生产及节目生产三个层面考察电视生产实景。通过这项研究，笔者试图深描上海东方卫视在中国社会转型过程中的生产实践活动，并将这一过程放置在国际都市的历史机缘和海派文化的语境中进行考察，进而探讨政治、经济和文化等场域对电视场实践的影响。

本研究主要使用深度访谈、参与式观察、文本分析等研究方法，深入 SMG 进行调研，实地参与前期策划、制作、推广宣传等节目制作各流程。本书将运用媒介社会学、文化研究的理论，构建一个转型中中国从电视生产到消费的模式，即将关注点聚焦于意识形态、资本和文化等多重因素影响的媒介组织，以及它生产出的文本如何参与重构社会的现代性。

本书的绪论部分将主要概述研究的背景与意义，整理和综述相关研究现状及成果，提炼研究设想的主要问题，并提出针对性的研究思路和方法，进而厘清全书的研究框架。第一章以省级卫视发展的大环境为背景简述东方卫视发展的演进历史；第二章、第三章、第四章分别从新闻、综艺和影视三个层面深描上海电视的生产实景，分析来自经济场、政治场和专业场的力量在东方卫视电视生产场域内的资本互动，探讨体制的空间化运作等；第五章重在从个人与公共领域的互换、消费性等现象讨论东方卫视对上海现代性的构建，并从地域、族群、国家的角度讨论省级卫视的地域性传播以及都市群体认同的构建。

　　转型期的中国电视版图在不断地被改写和重描，东方卫视的发展历程呈现的是省级卫视在政治、经济、技术等因素合力作用下克服困难、不断推进的一幅幅流动画面。在从地方走向全国、世界的漫漫长路上，东方卫视的角色塑造和认同建构的心路历程是一个典型且具有普遍意义的个案。结语部分笔者点明了东方卫视作为中国省级卫视发展历程中个案的特殊性和研究它对其他省级卫视发展的参考价值，并对转型中的中国背景下省级卫视的发展策略提出建议。

目 录
CONTENTS

绪　论 …………………………………………………………… 1

第一节　问题的缘起和提出 ………………………………… 3
　一、省级卫视在中国电视产业格局中的发展及地位 ……… 4
　二、上海东方卫视在省级卫视产业格局中的代表性 ……… 5
　三、"场域"——电视生产的社会控制语境 ……………… 10

第二节　国内外研究历史与现状分析 ……………………… 13
　一、对媒介生产相关理论的研究 …………………………… 13
　二、国内学者对省级卫视的研究 …………………………… 17
　三、国内学者对媒介内容生产的相关研究 ………………… 18

第三节　研究视野与方法 …………………………………… 22
　一、经验式实地观察 ………………………………………… 23
　二、文本分析 ………………………………………………… 24
　三、深度访谈 ………………………………………………… 25

第一章　东方卫视的演进历程 … **28**

第一节　"保守上星"的初始期（1998—2002年） … **29**
　　一、频道诞生的时代背景 … **31**
　　二、体制运作的独特架构 … **34**
　　三、行政导向下的频道定位 … **36**
　　四、节目编排的地域标签 … **40**

第二节　"革故鼎新"的转型期（2003—2008年） … **44**
　　一、公司化运作的尝试 … **46**
　　二、事业属性的回归 … **51**
　　三、频道角色定位的重塑 … **54**
　　四、综合实力的对外扩张 … **56**

第三节　"深化布局"的调整期（2009—2014年） … **63**
　　一、"制播分离"体制的深化 … **63**
　　二、广电集团内部的卫视格局 … **69**

第二章　文化权力的实施：政治场作用下的电视生产 … **74**

第一节　市场化进程中的政府规制 … **75**
第二节　宏观调控的非制度性 … **78**
第三节　缺失体制优势的"新闻立台" … **83**
　　一、"温和节制"的党管媒体 … **84**
　　二、"凤凰""深圳"的新闻生产经验 … **92**

第三章 市场逻辑的主导：经济场作用下的电视生产 …… 96

第一节 "新闻立台"的市场化转向 …… 97
一、软性题材的选择 …… 97
二、频道重心的偏移 …… 100
三、新闻资源的集团化整合 …… 103

第三节 "综艺兴台"的本土与创新 …… 107
一、本土自制节目的养成 …… 108
二、外来模式节目的本土化路径 …… 115
三、节目研发保障和激励机制的设立 …… 118

第三节 影视强台的实现 …… 123
一、市场竞争的流变 …… 124
二、平台性产业链的形成 …… 131

第四章 文化资本的运作：专业主义的实践 …… 140

第一节 专业场独立性的缺失 …… 140
一、基于科学逻辑的评价系统 …… 141
二、隐而不宣的干预机制 …… 145
三、丧失自律性的专业场 …… 149

第二节 群体的社会区分 …… 152
一、社会分化结构的同源性 …… 152
二、业者的精英主义趣味 …… 153
三、"三高"定位的得与失 …… 155

第三节　专业成名职业理想的实践……………………158
　　　一、电视生产者职业权力的实现…………………159
　　　二、团队业务能力的打造…………………………161

第五章　电视符号的现代性构建………………………**170**
　　第一节　上海现代性在电视中的重构……………………171
　　　一、消费化的日常生活……………………………175
　　　二、私人化的公共空间……………………………189
　　　三、工具理性化的操作……………………………196
　　第二节　海派电视的文化呈现……………………………201
　　　一、海派文化的异质性……………………………202
　　　二、海派电视的全球化……………………………211

结　语……………………………………………………**225**

参考文献…………………………………………………**232**

绪 论

自 20 世纪 70 年代中国进行改革开放伊始，这片土地上发生了一系列重要的变化。近四十年间，经济、政治、法制、科教等所发生的一系列变化，是西方诸多国家历经数百年方才达成的目标。如此巨大的变革也使得中国成为世界上最大的发展中国家和世界第二大经济体。身处其中的民众切身地感受到变革对自身生活所带来的积极变化。但与此同时，每一次的社会发展带来的不仅有正面的成果，亦会伴随着一些负面的代价，中国亦是如此。经济水平持续快速增长的代价是对生态环境造成了一定的破坏，在追求市场化、提高物质生活的过程中，传统的价值观也有所改变，诸如过于追求物质条件所带来的道德迷失和困惑，消费文化的大肆侵袭等。无论是积极的成果，还是消极的代价，都是每个国家社会在现代化进程中所不可避免的，这不是中国所独有的现象。

作为社会现实的描述者和建构者之一的大众传媒，是协调社会各利益集团的社会公器。相较于其他社会组成，大众传媒更能敏感地获取社会转型的信息，捕捉改革开放进程的片段，参与意识形态的传播与建设，助推社会生产并且促进公民的政治参与，其影响力涉及社会的各个层面。"大众媒介与政治、经济、文化、法律、教育等社会领域存在着正式与非正式的交换关系。"① 消费文化的兴起，恰恰离不开大众传媒在其中所起到的作用。传媒自身就是消费文化的典型代表，它直接指向日常生活空间，影响着人们的生活方式、消费行为和文化认同。

　　工业化与城市化是改革开放的现代化过程最明显的几个标志，两者所勾勒出的"一幅文化地图"② 是以城市物理空间为背景的。同时，二者为现代文化的诞生提供了组织化的空间。相比于传统乡村文化由信仰、血缘、礼仪等集体良知与道德所构建的"机械团结"（Mechanical Solidarity）③，经历工业化和城市化后的社会以复杂的社会分工形成了新型秩序和关系——"有机团结"（Organic Solidarity）④ ——这种相对不稳定的关系所造成的世俗、理性、社会分化、变化等被认为是现代城市文化的特征。报纸、电影、广播、电视以及互联网等媒介的运作和生产基本集中在城市之中，它们和城市化的生活方式形成汇流，经由大众传播再次进入人们日常生活的空间。因此，中国当下社会转型的过程，亦是大众传播媒介在城市中发展和变革的过程，两者如影随形，相互影响着。"大众媒介与城市相互作用，共同建构了一个都市文化的'现代

---

① Denis Mcquail, *Mass Communication Theory*, London: Saga, 1987: 58.
② 约翰·斯道雷：《文化理论与通俗文化导论》，杨竹山等译，南京大学出版社2006年版，第21页。
③ 涂尔干举《赫尔墨斯十书》《摩西五经》等为例，论证以"压制法"为基本要素的机械团结是存在的。他认为古罗马、古埃及时期"同一社会的所有成员共同具有某些同样的意识……意识越是能够使行为感受到各种不同的关系，它就越是能够把个人紧密地系属到群体中去"。引自埃米尔·涂尔干：《社会分工论》，渠东译，生活·读书·新知三联书店2000年版，第54—71页。
④ 涂尔干认为与有机团结相对应的恢复法是"物权的总合"，与压制法不同，"协作性法律和恢复性法律所规定的关系以及它所体现的团结，都是从社会分工中产生出来的"，使得专职职能"摆脱了集体意识的影响……越来越游离于共同意识之外"。"社会能够更加有效地采取一致的行动，而它的元素也可以更加特殊地进行自我运动"。引自埃米尔·涂尔干：《社会分工论》，渠东译，生活·读书·新知三联书店2000年版，第79—92页。

中国'图景。"① 所以，我们通过透视大众传媒的变迁发展，可以窥视出一个城市的发展变迁的轮廓。

虽然电视出现的时间晚于报纸、电台、电影等媒介，它在20世纪七八十年代才逐渐进入中国普通家庭。但是它以满足人们消费需求为前提，以"深刻介入一种情景""强调参与性"②为特色，成为20世纪后半叶以来最为重要的影像媒体。而且相较于电影，观看电视的过程更多是在如家庭这类的私密空间中进行的，内容更加接近日常生活的现实，触及了生活神经的每个末梢，参与了城市空间想象的呈现和构建的过程。将电视生产组织行为与社会更广泛的政治、经济、文化、技术等勾连起来，可以勾勒出中国改革开放现代化进程的一幅侧面图景。

第一节　问题的缘起和提出

本书所关注是改革开放以来，电视这一媒体与中国的政治、经济、文化、技术等多个层面的控制因素间是如何产生勾连的，这样的勾连呈现出如何的态势，彼此的关系又是如何影响到媒体的实际生产，进而媒体构建了怎样的拟态的社会环境。基于省级卫视在中国电视产业格局中重要而又具有代表性的地位，笔者以省级卫视为视域，选择上海东方卫视作为本书研究的具体观察对象。

---

① 曾一果：《想象城市：改革开放30年来大众媒介"城市叙事"》，中国书籍出版社2011年版，第19页。
② 马歇尔·麦克卢汉：《理解媒介》，何道宽译，译林出版社2011年版，第385页、417页。

一、省级卫视在中国电视产业格局中的发展及地位

观照中国电视产业全局，相较于省级地面频道和城市台，省级卫视具备技术、资金、人力等各方面的综合优势，因此在扩大政治宣传、建立文化认同和产生经济效益等多方面，省级卫视发挥了不可忽视的作用。较之中央电视台，虽然省级卫视缺乏政策的利好以及卖方市场的资源垄断优势，但随着近几年市场竞争机制的刺激，省级卫视加快自身优化创新，已经在收视率、广告份额和影响力上缩短了与中央电视台的差距。

鉴于省级卫视跨区域的传播能量，和由此产生的政治、经济、文化等维度的影响力，自从首批省级卫视成立伊始，就受到业界与学界的密切关注。

当然，最初省级卫视的建立是以满足国内政治舆论宣传需求为前提，这点可从最先上星的四家电视台的分布凸显出来。1986—1989年期间，国务院先后批准了新疆、西藏、云南、贵州（云南、贵州共用一个频道联合上星）四家省级电视台的上星申请。在这一首批核准的上星名单中，地域偏远、地形复杂是这四个行政省份地理空间的共同特点。借助卫星物理技术的传输优势，这些上星省级电视台将能突破地广人稀、地形复杂等地理条件的限制，向本省、全国范围传送新闻信息、舆论宣传和文化产品。当时，这样的选择，并不仅是基于空间维度的考量，更具一定的政治意义。因此，在初始期，省级电视的上星有着更多的"维护国家政治利益和文化信息传播均衡"[①]的色彩。

1993年，国务院批准山东、浙江等省级电视台上星。第二批省级卫视则是以文化示范和经济示范为出发点的，共同特点是所处的地理位

[①] 熊忠辉：《中国省级卫视发展研究》，复旦大学博士学位论文，2005年，第20页。

置都是沿海开放省份，其经济、文化等发展速度相对较快，已有的改革开放经验的传播能对全国产生一定的示范作用。

前两批省级卫视的成功上星，以及随之而来的社会效应，促使其他省级行政区纷纷将本省电视台上星，以期扩大文化宣传范围，增强对外影响力，增加市场经济效益的目标。1999年，海南电视台的上星标志着中国内地31个省级电视台上星工作的全部完成①。

随着各家卫视上星工作的完成，中国电视产业的版图也逐渐形成与行政版图相一致的格局，即中央电视台、省级卫视、省级地方频道和城市台的"四级办广电"。在这个格局中，省级卫视是除了国家台中央电视台之外唯一能够跨省级行政区覆盖的频道形式。而同时，正是这种多重覆盖性产生了对市场份额、观众资源和文化影响力等方面的无序化竞争，资源浪费闲置现象较为严重。市场化竞争机制的进一步引入，栏目同质性、定位趋同性、竞争无序性等现象愈发凸显，暴露出中国转型期的环境下省级卫视发展所面临的从属性、管理体制、生产机制等各方面的各类问题和困难。这些问题都指向了一个基本面向：哪些因素影响或控制着省级卫视的实际生产过程。只有厘清了这个问题，才有解决具备占有卫星物理技术优势的省级卫视如何进一步实现自身价值，凸显在政治上、市场上、文化上优势的命题。这也是省级卫视在近30年的发展历程中以产业实践的方式一直在摸索答案的命题。

二、上海东方卫视在省级卫视产业格局中的代表性

"在一个由多家电视台所形成的客观关系网中，各电视台相互竞

---

① 由于台湾、香港、澳门的特殊行政地位和情况，这里所说的省级卫视上星不包括凤凰卫视等港澳台地区卫视，但在之后关于省级卫视的案例讨论中仍会涉及凤凰卫视。

争,竞争的方式是无形的,但其形态则受到各电视台之间的实力对比关系的制约……在这些电视台之间,不仅仅有着相互的作用关系,有一批相互之间有交流或无交流,有影响、有联系的人……还有着完全无形的实力对比关系。"① 为了更好地阐明在复杂社会关系中省级卫视的生产实践和发展演进,笔者将视点聚焦在一个具有典型代表性的频道之上,讨论与它所处位置有关的所有因素以及它所在的电视场结构的实力对比关系。

早在20世纪二三十年代,中国现代化进程中最具代表性的城市之一——上海,就率先完成了由农业向工商业的城市转型,其城市空间的内部形态②在社会转型过程中历经了变革。"'现代生产条件无所不在的社会',就是指自启蒙现代性盛极发展到20世纪五六十年代的消费社会形态"③,所以通过媒体的文化想象所塑造的这个社会,"事实上是现代化进程中的一个社会维面"④。上海媒体作为现代性思想传播的一个重要载体,其组织生产行为与上海这一城市发展和社会转型的过程密切相关,因此它历来就是学界研究上海现代性的一个重要切入点。

开埠后的上海所形成的"治外法权"的空间较完整地呈现了大众消费社会物质文化生产和消费的样态。从晚清的上海小说、杂志到20世纪二三十年代的上海文学、电影,大众传媒所呈现的符号化的社会景观正是"启蒙现代性"的表征。诸多学者先后从文学、报纸、电影等

---

① 皮埃尔·布尔迪厄:《关于电视》,许钧译,南京大学出版社2011年版,第56—57页。
② 城市空间的内部形态是"历史形成的城市创造力和城市精神的表现",体现了"城市和社会的理想、经济、信仰、制度、伦理和价值观",是"人与社会生活的反映"。王伟强:《和谐城市的塑造:关于城市空间形态演变的政治经济学实证分析》,中国建筑工业出版社2005年版,第3页。
③ 刘扬:《媒介·景观·社会》,重庆大学出版社2010年版,第158页。
④ 刘扬:《媒介·景观·社会》,重庆大学出版社2010年版,第158页。

角度讨论了媒介对当时上海都市意象的塑造。比如，李欧梵认为在文学层面上，通过"翻译"形式的"文本置换"，上海给20世纪30年代的中国作家营造出"一系列意象和风格，并以此建构所谓的对现代主义的文化想象"①。李欧梵对新都市文化界定是以1945年作为终点的，新中国成立后的上海曾一度遭遇现代化发展的停滞，现代化历史进程出现断裂。

20世纪七十年代开始的改革开放和90年代的浦东新区的开发建设成为上海城市发展和社会转型的新起点。"城市脱离工业化过程转而成了消费中心，并汇聚起各种壮观场面、混合的符码，使高雅文化与低俗文化融为一体，从而导致了一种面向后现代生活方式的转变。"② 作为改革开放的前沿领地和中国现代化程度最高的城市之一，上海在经济发展、法制民主、社会民生、公共文化以及城市建设等方面取得了瞩目的成就，与此同时，快速转型所伴随的社会问题和矛盾在上海城市空间中显得尤为突出。上海这一城市形成了多元化空间的初级形态，也形成了一种多重性格，即"世俗与风雅"③、全球化与本土化并存。

以开埠历史为根基，改革开放后的上海现代性呈现了新的样态和特点，新型现代城市和现代媒体传播形成了全新的互动关系，这个互动关系值得再次被放置在现代性的框架中讨论。作为改革开放的宣传推动者和实践者之一，以电视为代表的上海大众传媒，其区域影响力涉及城市空间的各层面，如政府的制度空间、经济组织的市场空间、城市居民的

---

① 李欧梵：《上海摩登：一种新都市文化在中国》，人民文学出版社2010年版，第151—153页。
② 迈克·费瑟斯通：《消费文化与后现代主义》，刘精明译，译林出版社2000年版，第153页。
③ 许纪霖：《上海城市文化的多歧性格》，载《21世纪都市发展和文化：上海—巴黎都市文化国际学术研讨会论文集》2009年，第71页。

文化空间等，从而在舆论引导、消费文化、价值建构等各方面起着举足轻重的作用。

在20世纪80年代率先实行了集团化的"大文化""大广电"式实践的上海广电，是在改革开放的大潮中广播电视领域的先行者。到2001年，上海广电先后经历了"五台三中心"①"东方旋风""撤二建一"②"文广合并"等五次重大改革。在此期间，上海电视创造了中国电视业众多的历史纪录，如首次转播奥斯卡颁奖礼、全国首档电视游戏类栏目《快乐大转盘》、全国首档新闻谈话类栏目《东方直播室》。2001年，上海广电实行第六次改革——"管办分离"，上海文化广播影视管理局分离出"大文广"和"小文广"③。上海广播电视台发起出资，整合上海电视台、东方电视台、上海人民广播电台、上海东方广播电台等上海本地媒体机构，成立上海文广新闻传媒集团（SMG，下文简称"上海文广"），成为集广播、电视、报刊、网络等为一体的传媒集团。集团旗下拥有15个模拟电视频道（包括7套有线频道覆盖上海本地，4套无线频道覆盖上海本地及周边，2套卫星频道覆盖全国及海外，1套手机电视频道），几乎独占了上海本土广播电视的所有资源，成为上海广电媒体旗舰。

---

① 1987年，上海广电行业实施首次改革，形成由上海电视台一台、二台、上海新闻教育电台、上海文艺电台和上海经济电台组成的广电架构，全局设技术中心、服务中心、发展中心统一调配管理技术播控、后勤及广告运营事宜。1992年，新的"五台三中心"改革形成了上海电视台、东方电视台、上海有线台、上海人民广播电台、上海东方广播电台、技术中心、节目中心和服务中心组成的新架构，新的"五台三中心"被业界称为"东方旋风"。

② 1995年，为了实现发展战略规划、基建规划、宣传管理、技术管理和财务管理的统一，上海广电系统实行影视合流，撤销电影局和广播电视局，成立上海广播电影电视局。

③ "大文广"是指上海文化广播影视管理局，作为以行政手段管理广电市场；"小文广"是指上海文化广播影视集团，负责宣传事业和广电产业发展。

身为上海文广的重要成员，上海卫视（即东方卫视前身）在立台之初就采取有别于其他卫视的频道风格——"海派""高端"，并确立了"新闻立台"的频道定位。"新闻立台"几乎是各个省级卫视初期发展的定位，试图以新闻综合频道的形势，满足政治宣传的需要。这也体现了省级卫视早期强烈的行政事业属性。但是随着市场化机制的引入，省级卫视逐渐成为经济市场的主体。囿于收视率和收视份额的压力，大部分省级卫视开始实行了业务转型，在保留新闻宣传职能的前提下，缩减了新闻节目的体量，增加综艺节目、影视剧的篇幅和时段，这种改变意味着省级卫视开始步入频道特色化和专业化的摸索之路。

"政府职能的事业性质兼顾市场职能的企业性质"是当时中国所有省级卫视的典型特征。在双重体制的作用下，东方卫视是少数几个集中力量打造新闻优势、强调频道综合性的省级卫视之一①。但是为了能在市场竞争中占有一席之地，东方卫视继续在频道改革的路上前进，逐渐增大了综艺节目和影视剧的投入和制作力度。2009年，东方卫视二次大改版，上海文广集团副总裁滕俊杰提出以"新闻立台、综艺兴台、影视强台"三驾马车并驾齐驱为目标，建设"传达上海信息，传达东方价值观"②的特色化综合频道。2010年，继任频道总监田明进一步强调频道定位是"真实新闻、真实娱乐、真实影视"③，延续着新闻、综艺、影视齐头并进的发展思路。就此，东方卫视逐渐形成了新闻、综艺、影视的三驾马车格局。

---

① 从新闻节目生产的体量和质量而言，目前仍然在强调"新闻立台"的省级卫视频道只有北京卫视、上海东方卫视、深圳卫视和广东卫视。
② 2009年6月，"华语主持人高峰论坛"上海文广副总裁滕俊杰发言稿。
③ 田明认为要用综艺娱乐甚至真人秀这些外在坐标实现新闻理想、传媒理想。由于新闻的形态和模式很难获得更大话语空间和突破，在真人秀和娱乐领域可以同样表达人们的价值观和生活方式。根据凤凰网对田明的采访，http://ent.ifeng.com/a/20141112/40363384_0.shtml，2014年11月12日。

"新闻立台、综艺兴台、影视强台"的频道定位策略不仅是缘于"事企并置"的双重性质,同时也受到上海的城市文化影响。笔者调研东方卫视,细读其节目文本之际,深深地感受到了这点。在电视文稿中所描述和构建的城市景观(消费性、西方化、异质性等)映射出上海现实社会中的各种文化的表现和指征。

省级卫视在中国的电视产业格局中所处的地位,以及东方卫视所具备的普遍性和特性,促使笔者选择该卫视作为研究对象。但是,以往对包括电视等大众传媒内容生产的研究并不少见,如何选择一个有意思的切入点,是本研究的一个重点。笔者在实地调研中,发现电视的生产跟所处的环境息息相关,甚至可以说,之所以各地电视内容存在差异,一个重要原因就是其所在的环境潜在的各类影响和控制。基于此,"场域"成为笔者思考东方卫视电视生产的切入点,笔者力图以此为理论视角窥探来自各场域的力量对电视生产所施加的种种影响和作用。

三、"场域"——电视生产的社会控制语境

电视生产是政治、经济、技术、社会、文化等因素合力的产物,社会制度、市场资本,以及媒介技术等层面的控制因素作用于电视生产过程中的各个环节。因此,还原省级卫视电视生产的实景,需要将它纳入社会控制语境中进行考察。为了厘清电视生产和社会控制之间的复杂关系,笔者将电视生产的全过程放置到场域中进行观察。在电视生产中,政治、经济、社会、文化等各种控制因素相互关联,形成了政治场、经济场、社会场、文化场等。它们的合力组成了"关系的系统"(The System of Relations)[①]——聚焦于电视生产的场域(下文统称为"电视

[①] Pierre Bourdieu, "The Social Space and Symbolic Power", *Sociological Theory*, Vol. 7, No. 1, 1989, p. 16.

场"）。笔者引入了两个有关"空间"的概念：一个是客观关系的网络——东方卫视电视生产的场域；另一个是文化地理空间——电视通过影像生产而构建的城市空间内部形态。① 这两个概念为笔者构建传播者、控制者和消费者三者关系的模型提供了研究框架和理路。

"场域"（Field）理论的引入为笔者研究媒介生产的过程提供了分析路径。根据布尔迪厄的概念界定，"场域"可以被定义为"由不同的位置之间的客观关系构成的一个网络，或一个构造。由这些位置所产生的决定性力量已经强加到占据这些位置的占有者、行动者或体制之上，这些位置是由占据者的权力（或资本）的分布结构中目前的、潜在的境域所界定的；对这些权力（或资本）的占有，也意味着对这个场的特殊利润的控制。另外，这些位置的界定还取决于这些位置与其他位置（统治性、服从性、同源性的位置等等）之间的客观关系"②。行动者会感知到"经济资本、文化资本、社会资本和符号资本"③。行动者在空间位置的分布由他们占有资本（Capital）的总量与结构所决定。这里所讲的社会空间是由关系和力量的争夺构成的④，是直指媒介生产实践的。

布尔迪厄以电视生产为例，提出新闻场受到来自政治场、经济场、社会场、文化场及科学场等多个场域的影响和控制。⑤ 电视生产活动是跟更为广泛的社会情境相勾连，受到来自媒介组织内部和外部多重因素

---

① 如前文所述城市空间内部形态代表了城市与社会的价值观、核心理念、制度等，是人与社会生活的体现。
② 包亚明：《文化资本与社会炼金术——布尔迪厄访谈录》，上海人民出版社1997年版，第133—144页。
③ 包亚明：《文化资本与社会炼金术——布尔迪厄访谈录》，上海人民出版社1997年版，第133—144页。
④ 皮埃尔·布尔迪厄、华康德：《实践与反思——反思社会学导引》，李猛、李康译，中央编译出版社1998年版，第135页。
⑤ 皮埃尔·布尔迪厄：《关于电视》，许钧译，南京大学出版社2011年版，第59页。

的影响。媒介组织内部成员的层级关系、专业主义、个体差异所形成的隐形内部审查机制也会直接影响到某个特定节目和选题的运作与编排，而来自组织外部的政治、经济、文化、社会等因素则参与对频道属性、定位、竞争策略、组织结构、生产机制等的控制过程之中。

由于经济和影像符号上的优越性，电视比其他大众传播形式更加容易形成象征的压迫。布尔迪厄以新闻场为例提出了电视对于政治生活和民主的危险，他认为这种危险也是存在于"艺术、文学、哲学、科学、法律等文化生产的诸领域"①。布尔迪厄的批评不只针对媒介组织和其中个人的同质化现象，也揭露了新闻场生产隐形审查的内部机制以及电视引入收视率这一商业驱动的成因。他表达了对新闻受到商业逻辑控制的担忧，认为商业化不仅侵蚀了新闻场内部，也借由新闻场本身影响了其他文化场域。当下中国电视产业普遍存在的收视率逻辑恰好反映了他所提出的电视业经济指标异化的问题。资本分配所形成的关系不仅存在于布尔迪厄批判电视时立足的新闻场，也广泛存在于从事电视节目、电视剧生产的媒介组织中。通过分析电视实际生产过程中的各种社会力量和因素，笔者得以揭示电视媒介组织秘而不宣的运作逻辑和规则。

此外，在讨论省级卫视电视生产实务过程中，笔者将借用布尔迪厄"惯习"②（Habitus）的概念。电视生产是一个常态化的过程，电视从业者的"文化无意识"以及经验积累所造成的个人或群体的意识会形成规范生产的无形力量，进而生成指导再生产的生产机制。无论是出于价值观、经验、认知等的个人因素，还是出于专业主义、模式等的行业因素，惯习的形成都是权力互动的结果，是各场域资本博弈所形成的对

---

① 皮埃尔·布尔迪厄：《关于电视》，许钧译，南京大学出版社2011年版，第60页。
② 布尔迪厄认为惯习是一种认知、思维和行动的方式，持久地体现在个体行动者身上。引自 Pierre Bourdieu, "The Social Space and Symbolic Power", *Sociological Theory*, Vol 7, No1, 1989, p.14。

媒介组织的规范力量。

在东方卫视频道发展的个案里，值得研究的不仅是它凭借特殊的历史和地缘背景所形成的频道风格与气质，也不仅是频道的组织架构以及电视生产实践的工作手册，还是它在事业化和企业化双重属性重叠的体制环境下不断尝试改革生产机制的经验与教训。比如，汶川地震等突发新闻事件的直播报道使其树立了卫视"新闻立台"的标杆，《中国达人秀》本土化的成功是中国从抄袭节目到原版引进的一道分水岭，而晚间《新闻联播》节目的复播显现了政治场与电视场的相互作用和影响。以上电视生产实践中的典型事件从不同的层面诠释了转型中的中国传媒体制、组织结构及生产机制的流动和转变，也体现了不同场域的资本与电视生产实践的互动关系。因此，本书通过分析东方卫视的个案对以下的论点进行阐述：政治、经济、文化、技术等场域通过角力与协商完成对电视生产和消费过程的控制，这种控制的最直接结果是使媒介组织内部的群体和个人形成了一定的媒介内容生产的既定逻辑，电视生产整个过程通常会遵循此既定的逻辑进行，从而循环进一步重塑文化和社会。

第二节 国内外研究历史与现状分析

一、对媒介生产相关理论的研究

历来，媒介生产方面的问题，是国内外学者、业界同行所关注的重点。研究成果也涉及多个层面。虽然国内对媒介生产理论层面的研究并不少见，但是相比于国外学者的研究，仍旧过于集中于对一些个案现象的描述。因此在媒介生产理论的研究综述部分，笔者主要集中在国外学者的相关研究成果之上。

长久以来，诸多国外学者从各自的立场对大众媒体与社会现实之间的关系进行了研究。曾一果将学者们的相关观点总结为三种类型①：

第一种：以哈贝马斯为代表的学者将大众媒介看作现实社会和现代启蒙文化的一部分，媒介推动了传统城市向现代社会的转型。哈贝马斯认为媒体在协商民主实践过程中担任重要的角色。"大众媒体应该是生活世界中属于为公众领域服务的重要机构，它是非商业性、非政治性的，立足于协调合理化的人际交往活动，为人们的交往行为提供可靠的、真实的、真诚的知识背景以及经验架设，从而为整个社会的和谐发展提供服务。"②在哈贝马斯设计的理想话语交往环境中，媒体能够为公众与政府、公众之间构建公共领域内话语交往平台，促进和维护政治意志。

第二种：以阿多诺、波德里亚和霍克海姆为代表的学者否认大众传媒制造了社会现实，认为大众传媒制造的城市景观混淆了真实和虚幻的界限。比如，波德里亚以"文化地理学"考察法获得的美国特征，"在电影剧情的速度中，在电视冷漠的反光中，在穿越虚空日夜放映的影片中，在符号、影像、面孔和行路意识那神奇地不具备任何情感的连续中"③寻找美国。在德波的"景观社会"视野下，景观不是形象的聚积，而是以形象为中介的人们之间的社会关系。"在现代生产条件无所不在的社会里，生活本身展现为景观（spectacles）的庞大堆聚。直接存在的一切全都转化为一个表象（representation）……在景观社会中，原来那种以政治强制和经济手段为主的统治方式已经为文化意识形态的

---

① 曾一果：《想象城市：改革开放30年来大众媒介的城市叙事》，中国书籍出版社2011年版，第32—36页。
② 许正林：《欧洲传播思想史》，上海三联书店2005年版，第331页。
③ 让·波德里亚：《美国》，张生译，南京大学出版社2011年版，第9页。

控制所取代。景观创造的伪真实，通过电视之类的大众传播媒介构筑起一个弥漫于人的日常生活中的伪世界。"①

第三种：以霍尔、索亚和列斐伏尔等学者为代表的学者从建构主义理论出发，强调大众传媒用想象的方式参与重建城市空间，媒介的再生产"虽不等同于现实，但也并非不真实"。他们从城市空间理论的角度讨论媒介与地理关系，对传播学及其延伸的媒介地理学研究产生了深远的影响。

索亚在梳理人类社会发展史时提出的观点具有挑战性——都市化生活作为一种生活方式发端于一万年以前，梳理人类社会的发展史的关键步骤应是并置历史—社会—空间三维辩证元素②，即"第三空间"视野——作为他者的空间体现了其结构的差异，并随着文化历史语境的改变而呈现不同的外观与意义，是历史与未来、时间与空间的交融。

在这个视野的观照下，都市生活的空间是真实与想象的混合，是个体结构和集体经验的混合。他宣称，主流社会科学在阐释人类历史和社会时已经完全忽视空间特殊性的解码潜力，当前，到了把这"隐没"的维度带回到画面的时候了。③ 索亚强调的地理视角符合传播系统的功能特性——接合不同空间（可以是公共的与私人的，可以是本土的、异域的，可以是虚拟的和真实的，也可以是政治、经济、文化的）。运用索亚的地理视角，媒介生产过程中空间互动的关系变得清晰、明朗。大众媒介通过叙述、编织和组织加工的方式构建城市意象的过程是大众传媒与社会现实（或者说城市空间）相互互动、影响的过程。这个过

---

① 居伊·德波：《景观社会》，王昭凤译，南京大学出版社2005年版，第3页。
② 爱德华·索亚：《第三空间——去往洛杉矶和其他真实和想象地方的旅程》，陆扬等译，上海教育出版社2005年版，第19页。
③ 爱德华·索亚：《后大都市——城市与区域的批判性研究》，李钧等译，上海教育出版社2006年版，第24页。

程一头连着大众媒介，一头连着社会现实，通过"表征的实践"① 实现意义的再生产和解读。

接下来，关键的问题在于，空间互动的过程，也就是大众媒介对社会现实实施"想象"的过程是怎样的。以塔奇曼、舒德森和甘斯为代表的学者从媒介社会学角度讨论这个互动过程。塔奇曼在研究20世纪70年代美国新闻生产时运用框架概念阐释了新闻媒体生产过程的每个环节，以及影响这些环节的因素，点明了新闻建构、认同并限制社会现实②。甘斯则用田野调查和参与式观察法进入新闻编辑室的社群中研究"新闻从业者的社群"，从新闻的文本呈现、内容生产者以及政策环境三个层面分析影响NBC、CBS以及《新闻周刊》等美国新闻编辑室生产的要素。③ 这些社会学研究以及对行业领域的观察为笔者从东方卫视这一单一媒体出发调查中国省级卫视的发展和现状提供了参考路径。

省级卫视是在国家既定的"体制"下、在市场先导的作用中、在历史的地域性空间里进行的社会生产。解读省级卫视建构的城市意象，应当被放置在所在地区的历史与社会情景中进行。同样的，作为社会的产物，社会空间是在研究社会和历史过程中不能绕开的对象。将东方卫视放置在上海的历史积淀、地域特征和社会情境中，正是为了观察当下空间中无数个过往时间在空间中留下的印迹，以及其连续性积淀的呈

---

① 霍尔认为意义通过语言建构而成，产生于不同的场所、通过不同过程或实践进行表征的实践，获得意义和置入意义是一个双向互动的过程，在这种相互影响的过程中，意义反复被生产和解读。曾一果用此论证大众传媒与社会现实的关系正是这样一种双边的、互相影响的过程。

② 盖伊·塔奇曼：《做新闻》，麻争旗、刘笑盈、徐扬译，华夏出版社2008年版，第40、194页。

③ 赫伯特·甘斯：《什么在决定新闻》，石临、李红涛译，北京大学出版社2009年版，第3—6页。

现。东方卫视所呈现的都市意象，更多的指向均质化的"抽象空间"①，列斐弗尔对空间的解释虽然是基于地理、文化学的，但是具有更强烈的政治经济色彩。空间在经济上被资本决定，在政治上被国家决定，在社会上被统治阶级决定，是工具的、社会的产物。在这一点上，都市空间的建构与媒介意象的再生产有着暗合的关联，要厘清这个关联，必须将电视生产的研究聚焦到特定的电视媒介组织——如新闻编辑部、电视栏目组、电视剧制作中心等——电视场。

二、国内学者对省级卫视的研究

笔者检索了自省级卫视建立以来国内主要学术期刊上对其的研究文献，总共6888篇②，发现国内对省级卫视的研究主要从以下三个方面入手。

一是对省级卫视营销策略的研究。具有经济管理学和广告学背景的学者通常以营销为切入点研究省级卫视。此类研究运用营销学和传播学的方法对卫视的营销策略和手段进行分析，其中很多采用SWOT态势分析法剖析省级卫视频道在传媒市场的现状，并逐渐关注到网络和新媒体在营销模式上的创新举措。

二是省级卫视的品牌定位研究。此类研究通常聚焦于省级卫视发展历程，描述省级卫视的频道定位和品牌塑造，但较少关注决策定位的过程。这些研究中较为突出的是谢光玉在进行省级卫视定位的现实分析时关注到了行政管制的宏观层面③，较为全面地勾勒了省级卫视定位的内

---

① 亨利·列斐伏尔：《空间：社会产物与使用价值》，见包亚明主编：《现代性与空间的生产》，上海教育出版社2002年版，第49页。
② 根据"中国知网"官方网站截至2015年3月20日的官方数据统计显示。
③ 谢光玉：《中国省级卫视频道定位研究》，广西大学硕士学位论文2012年，第19页。

外优劣势。许多研究在谈到省级卫视定位策略的演进时都提及了生产力和生产关系的变革和调整，但几乎都没有在生产实际情景中对此进行深入讨论，这使得研究容易流于表面。

三是省级卫视的影响力和竞争力研究。此类研究大部分从频道覆盖率、收视率、到达率、观众忠诚度、满意度、认知度、网络热度指数等指标对频道影响力和竞争力进行评估。其中代表性的研究是徐浩然将省级卫视置入中国电视产业系统的框架中，以集中度 CR_n 指数和空间 β 指数分析其空间分异和市场竞争状况[①]；熊忠辉从宏观战略层面讨论省级卫视扩张发展的内在动力机制，提出了资源驱动型、价值驱动型和区域驱动型的战略模式。总体而言，国内关于省级卫视影响力和竞争力的研究还没有形成一个系统完整的评估模式，评价方法和指标较为零散。

总的看来，虽然学者们对省级卫视从微观、中观到宏观层面的研究取得了一些成绩，但这几个层面的研究是各行其是的、分散的。在媒体环境全局到政策和战略的制定、媒介组织的执行和实践等层面，省级卫视的内容生产不仅是宏观和微观等单个维度的生产，彼此之间的勾连、内在联系也是潜在重要的因素，但是这些在以往的研究中都是被忽略的问题。这也促使笔者将研究目光聚焦到深描媒介内容生产实景中。

三、国内学者对媒介内容生产的相关研究

根据对 1993 年到 2015 年 3 月中国知网上主要学术期刊检索结果显示，共有 3253 篇关于媒介生产的文章。其中以媒介社会学、城市文化研究、媒介地理学等学科为理论指导研究媒介生产为越来越多的学者所推崇。孙玮、张志安、徐帆等学者从城市空间、新闻社会性、角色机制

[①] 徐浩然：《中国省级卫视竞争力评价研究》，南京航空航天大学博士学位论文，2007年，第1页。

等角度分别对《申江服务导报》《南方都市报》、凤凰卫视等媒体进行了个案研究。作为媒介生产的一线部门，编辑部逐渐进入到学者的研究视角。

受到舒德森、塔奇曼和沃伦等西方学者①的影响，一部分国内学者开始从新闻生产机制的角度讨论媒介生产与空间的互动关系。比如，陆晔在《新闻生产过程中的权力实践形态研究》一文中，从新闻生产实践过程中考察权力关系的实践与特征；张志安的博士论文《编辑部场域中的新闻生产》中采用媒介组织新闻生产社会学的研究取向，对《南方都市报》新闻编辑部内部进行研究，讨论媒介、市场、民主在中国语境下的现实互动关系；孙玮《发现上海——〈申江服务导报〉都市空间生产分析》一文以"空间生产"为核心概念，阐述了《申江服务导报》如何建构了上海人的集体想象。

孙玮认为，当下的国内新闻传播研究偏向于美国新闻学，其核心是与政治民主勾连。然而，在探讨媒介与都市空间生产关系时，对于"共同体""认同"等文化影响的欧洲批判文化理论研究路径也亟待关注②。都市生活在社会空间中进行，其中蕴含着一系列诸如领域、地域、立场、边界等隐喻。意义塑造的过程充满着区域性的文化争斗，特别是在多样性文化共存的区域中，地域文化之间、族群文化之间、国家文化之间以角力的方式呈现文化样态的此消彼长。

全球化背景下的上海电视空间是矛盾集中和外显的地方，也是文化冲突与争斗上演的舞台。上海的城市景观保留着显著的殖民主义与帝国主义扩张的痕迹。从家庭使用的海派风格家具，到近代公园、咖啡馆等

---

① 国内多篇关于媒介生产机制和控制研究的论文都表示受到舒德森的《探索新闻》、塔奇曼《做新闻》以及沃伦的《新闻编辑部的社会控制》等专著的影响。
② 孙玮：《导言》，见孙玮主编：《中国传播学评论第四辑：传播媒介与社会空间特辑》，复旦大学出版社2009年版，第8页。

公共空间，西方文化对上海空间的占领和影响在上海日常生活中留下了很深的痕迹。改革开放以后，海派文化仍然希望保持与现代文化同步。吴福辉认为海派文化的本质是"舶来的、以恶开道的、激进的，突发的，甚至是狂轰滥炸，是外部向内部的侵袭、进攻"①，虽然他的描述采用了一些过于负面的词语，但不可否认的是上海接纳外来文化的过程并不是风平浪静的。据于此，笔者保持了对媒介空间中地域冲突的关注。在本书的第三章会着重讨论电视地域性传播问题，以及与此相关的城市认同的建构。近几年来，复旦大学新闻学院、苏州大学凤凰传媒学院等多家院系多次举办有关城市传播方面的学术讨论，议题涉及传播媒介与社会空间，具有传播学、社会学、文学、城市空间、影像美学、建筑学等多学科的学者专家从各自的学理背景探讨了媒介与城市空间生产的关系。这一系列的学术活动及相关的学术讨论将国内媒介研究正式带入一个全新的空间面向。

上述的大部分研究主要集中在新闻生产层面进行，笔者希望可以借助前人的成果将媒介与空间关系的研究，延伸到电视生产过程中更为多元的层面。不同于新闻生产的是，电视节目和电视剧呈现了更加显著的资本逻辑和市场取向。在分析报纸编辑部场域中的新闻生产时，张志安提出了考察社会控制和新闻生产关系的三种纬度——"历史过程的分析""生产过程的分析""不同组织和不同层级的群体分析"②。除了这三种面向新闻生产层面的纬度之外，笔者认为厘清社会控制与媒介生产关系的另一个关键面向是媒介内容的消费。莫利提出应从两个方面理解电视："1. 构建家庭生活，并提供参与到民族共同体中的符号模式以及

---

① 吴福辉：《京海两难》，见马逢祥编：《上海记忆与想象》，文汇出版社1996年版，第178页。
② 张志安：《编辑部场域中的新闻生产》，复旦大学博士学位论文，2006年，第5页。

消费和生产的行动模式；2. 意识形态领域内运作的一个过程。"① 霍尔也将意识形态、权力和政治与日常生活中电视的消费、使用及功能分析整合起来，以理解电视的意识形态角色、仪式性功能和社会消费过程之间的关系，从而构建一个电视消费模式——既对权力与意识形态敏感，又关注电视如何嵌入及接合日常生活的语境和实践②。

基于此，本书将运用媒介社会学和文化研究的理论，构建一个转型中国从电视生产到消费的模式，即将关注点聚焦于受到意识形态、资本、文化和政治等因素控制的媒介组织，以及它生产出的文本如何对人们日常生活产生意义，也就是莫利和霍尔都强调的电视生产和消费过程中所形成的观众、媒体以及控制者的关系。本书的框架以及各章节的主要内容如下：

第一章：以1998—2014年为时间节点梳理东方卫视的16年发展历程，本书将此历程划分为三个阶段——初始期（1998—2002年）、转型期（2003—2008年）、深化改革期（2009—2014年）——描述东方卫视频道定位理念的流变以及媒介内容生产逻辑逐渐形成的过程。

第二章：主要从"新闻立台"层面还原东方卫视电视生产实景。从政治场与电视场的互动角度，阐述随着来自经济场权力逐步进到电视场的核心位置，文化权力的变化。

第三章：分别从"新闻""综艺"和"影视"三方面深描东方卫视的电视生产，阐述省级卫视媒介组织内部的个人和组织运作机制。从经济场与电视场的互动角度，阐述电视场如何作为经济场的代言人在文化生产场域实施文化权力。

---

① 戴维·莫利：《电视、受众与文化研究》，史安斌译，新华出版社2005年版，第234—236页。
② 约翰·R. 霍尔、玛丽·乔·尼兹：《文化：社会学的视野》，周晓红、徐彬译，商务印书馆2002年版，第245—250页。

第四章：分析来自专业场的力量在电视场中与来自政治、经济场力量的互动，从收视率、社会区分和专业主义实践三个层面讨论文化资本在电视场中的运作。

第五章：描述东方卫视电视生产塑造的城市景观和社会现实，阐述上海都市意象的文化特征，分析受众对这种特征的接受与解读，从而了解都市意象对日常生活的影响。从媒体的社会整合功能角度探讨东方卫视在城市移民融入都市文化圈过程中的表现，东方卫视生产中本土性元素（上海的城市文化与乡村文化）、历史性元素（上海本地文化与外省市文化）与国际性元素（20世纪二三十年代殖民文化与20世纪七八十年代的西方文化）的共生和对话。

最终，笔者希望东方卫视构建都市媒介景观和输出地域文化的经验和教训能够对其他卫视，乃至整个传媒产业具有借鉴意义。

第三节 研究视野与方法

黄旦认为当下中国新闻理论研究基于"社会需要"以及"新闻传播发展"成为"固定不变的叙述框架"，基本以媒介的社会功用为起点，鲜有讨论社会和媒介系统的结构，是中国特色的功能主义新闻传播研究。这种研究不仅忽视具体社会现象的细节研究，并且"不是从人和经验事实本身出发，而是从事先确定的类型中按图索骥"[①]。《做新闻》是以美国社会学传统中"功能主义"试图解决"社会是如何可能的"为出发点，将问题回落到"历史的、结构性的情境中"发现并解

---

① 黄旦：《导读〈新闻与社会现实〉》，见盖伊·塔奇曼：《做新闻》，麻争旗、刘笑盈、徐洋译，华夏出版社2008年版，第23—24页。

决问题。这种注重具体场景、特定时空、个体行为、偶然动机,并关注描画社会生活和实践的某个片段的经验研究,冲击了将社会的全部差异归结为单一世界观结构和价值系统的固有思维习惯①。因此,从具体的电视媒体个案出发,将个案放在具体的历史情境和空间中,既强调大环境下个体行为的差别,又关注单个片段组成的整体结构性情境,正是本研究必须重视和强调的切入点。

李欧梵在研究上海现代性时提出了他所基于的假设——"'文化想象'本身可以被界定为集体感性之轮廓和文化产品之意味,我们也就必须同时对这种阐释策略的双向目标做出深思——即这种文化产品的社会和体制语境,以及构建和交流这种想象的形式……我在此打算大胆地通过'解读'报刊上的大量图片和广告把我的笔墨都放到'表面'上"②。受上述学者的启发,本研究将电视置入社会和体制语境中去探究它是如何参与建构社会现实,笔者将从生产机制和媒介文本两方面入手,厘清城市景观呈现出怎么样的态势,它又是如何被建构出来的。

一、经验式实地观察

马克斯·韦伯以经验观察作为起点,探讨了新教伦理对资本主义伦理实践和传播的影响,他在《新教伦理与资本主义精神》一书中通过对世界各民族精神文化和社会经济发展的内在联系的比较,论证了西方经历宗教改革后的新教伦理是近代理性资本主义伦理的精神源泉。这种关注个体性的实证主义方式为社会学家认识社会行动提供了

---

① 黄旦:《导读〈新闻与社会现实〉》,见盖伊·塔奇曼:《做新闻》,麻争旗、刘笑盈、徐洋译,华夏出版社2008年版,第24—26页。
② 李欧梵:《上海摩登》,北京大学出版社2001年版,第71页。

解释和理解的方法。对经验事实进行比较分类是韦伯方法论工具的理想类型。笔者在对媒介进行学理研究的同时，也时刻关注研究过程是否有助于回答当下实际问题并提供解决的可能性。2012—2015年间，笔者在SMG进行第一线参与性观察，直接参与了《中国达人秀》《东方直播室》《花样姐姐》等节目的生产过程，获得了第一手研究资料。基于研究者的理论知识和业界经验，如果能在前人理论光芒的照耀下，通过社会调查、参与式观察的方式呈现媒介生产过程中媒介与社会结构的生动互动及互动后的符号化产品，将弥补作为单一学者或单一业者的视域缺陷。

二、文本分析

舒德森提出了三种关于新闻生产的研究路径①：一是政治经济学的宏观结构，从社会生活中的权力分配入手；二是文本分析；三是媒介组织，着眼于社会系统及其结构与社会的关系。第一条和第三条对应的正是电视场的生产机制研究。进一步地，要厘清"关系的系统"如何控制电视媒体，参与定义"地理意识形态"② 的空间和构建城市符号系统的全过程，必须对电视生产的具体文本进行分析。

在四年的深度参与观察中，笔者对东方卫视具有代表性的节目进行了相关访谈，获得了大量的节目文案。本书也将基于这类节目文案进行文本分析，如体现东视"新闻立台"之本的《看东方》《东方新闻》《子午线》，体现"综艺兴台"的西方真人秀节目《中国达人秀》《顶

---

① Michael Schudson, *The Sociology of News Production Revisited（Again）*, In James Curran & Michael Gurevitch, Mass Media and Society, London: Oxford University Press Inc, 2000, pp. 175—200.
② 彼得·比林汉姆：《透过电视了解城市》，宋莉华，王田译，上海人民出版社2012年版，第7页。

级厨师》《中国梦之声》的本土化移植，城市意识凸显的《双城记》，体现转型中中国的社会景观的《东方直播室》，体现都市人情感生活现状的《幸福魔方》以及频道历年宣传片的视听文本等。同时，研究不仅重视媒介研究的语言概念符号，也会关注"图像"的视觉表达方法，以及图像如何将自身嵌入一个高度创造性的现实社会进程中。

在解读电视文本时，电视文本的诸多视觉特征——从影像到拟像过程中媒介制造的想象力——是不容忽视的。高字民讨论电影、电视的视觉审美范式时指出，"从影像到拟像，实际上是影像不断拟像化和拟像的拟仿逻辑不断向现实世界转化和泛化的过程。在此过程中，观者主体深受机器性媒介技术理性、工具理性和资本逻辑的控制，深陷于拟像的审美幻觉"①。本书将保持对媒介研究的语言概念符号以及"图像"的视觉表达方法的关注，并考察这种视觉传达如何把自身嵌入一个高度创造性的社会进程中。电视视觉图像的隐喻使扭曲现实成为可能。除了政治、经济、文化等资本对城市空间的重构外，电视所生产的虚拟图像对真实的阐释与再生产，是电视场意义差异性构成的重要原因，这种社会空间想象的再生产加速和深化了电视场意义差异性的呈现，如电视中呈现的不同信息消费趋向和消费群体特征。

需要说明的是，由于东方卫视在 16 年的发展过程中创造了海量的视频文本，本书无法历数每一个文本，将选择具有代表性的（高收视率以及高社会影响力的）个案进行分析和解读。

三、深度访谈

从频道定位与包装到节目内容生产，东方卫视媒介形象的构建是上海国际都市形象自我表达与想象的一个生动侧面，这个过程也是政治、

---

① 高字民：《从影像到拟像》，陕西师范大学出版社 2009 年版，第 3 页。

经济、技术、文化等社会控制因素对媒介生产施加影响的过程。为了厘清社会控制与媒介生产的关系，笔者对媒介组织内部人员、广告商和消费者等多方面人士进行了深度访谈，为本书的论述提供了多角度的研究视角。虽然笔者兼具了研究者和媒介从业者的双重身份，在深度访谈的资源使用上没有遇到太大的困难，并且可以在比较轻松的氛围中对与论文相关的话题展开较为深入的讨论。但囿于新闻传媒行业的特殊性，在访谈过程中，很多嘉宾对访谈内容公开化或多或少抱有一定的顾虑，有些被访者更是无法在文章中以实名方式出现。这些困难和阻碍也是中国电视产业在诸多社会控制因素的合力下艰难前行的写照。

　　以往一些关于电视节目的研究过分强调了媒介的文本属性，习惯分析自身的视觉经验而忽略对受众欣赏指数的考察。在当下的媒介环境，受众不仅是"个性化的消费者"，也是"互动化的生产者"。电视的文本意义不仅由编码者制造，也由解码者解读。为了获得受众对于东视媒介景观的真实感观，验证东方卫视自身频道定位、节目策划核心理念、媒介形象的构建、对空间想象的生产是否达到预期目标，考察节目生产者与消费者（文本编码与解码）之间对意义的建构和诠释是否存在落差，笔者设计了深入访谈受众的方式。① 在受众的选择上，兼顾了多元文化背景，尤其是注意城市人与乡村人、本地人与本地外乡人/外国人，本地人与外地人/外国人等的身份区别，以考察"他者"视野中的上海都市。

　　此外，笔者收集了 SMG 的政策规章制度、节目文案、会议纪实、收视评估报告以及影音资料作为本研究的史实性材料以及文本分析的素

---

① 笔者于 2012—2013 年期间先后访问了 22 名上海本地生源大学生、16 名外地生源的上海大学生、9 名外地大学生；24 名上海籍白领、20 名新上海白领、6 名外地二线城市白领；9 名外省籍本地务工人员、5 名上海籍本地务工人员、5 名外地务工人员；7 名上海生活的外国人。

材，包括上海广播电视台《传媒人》、总编办《节目研发报告》、央视索福瑞收视率报告、SMG各部门新媒体微信公众号等。笔者希望通过借鉴和分析这些材料，能够全面深入地深描一个电视频道业务实践的真实图景。

第一章　东方卫视的演进历程

坚持以新闻为骨,铸造媒体脊梁。不仅做强新闻内容,更在品牌栏目中植入新闻精神。强调"与时俱进、贴近现实、引领时尚、关注当下"的频道特色。

——东方卫视频道内容定位①

所有的文本和文化事物都应以它们如何被社会性地生产出来这一角度去理解,作为一种"深刻的政治方式",文化本身应被还原到生产时的"政治、经济或其他环境因素"中去解读。以电视为代表的社会性流行文化,其生产过程受制于"他人意志或既存社会秩序的限制"②。传播电视文化的资源分配之不均衡使经济与政治控制得以参与建立与维护文化生产的既定秩序的过程。本章旨在厘清以东方卫视为代表的省级卫视文化生产的既定秩序建立的过程,分析政治、经济等环境因素如何参与建立和维护这一秩序整体。

上海卫视于1998年创立,历时五年的发展之后,频道于2003年更

---

① 根据东方卫视官网,http://www.dragontv.cn/aboutus/2012-07-10/11690.html。
② 约翰·R.霍尔、玛丽·乔·尼兹:《文化:社会学的视野》,周晓红、徐彬译,商务印书馆2002年版,第211—213页。

名为东方卫视。直至2014年，隶属上海行政区域的省级卫视已经走过16年的历程。16年间，东方卫视见证了中国电视产业的流变，东方卫视的发展也成为中国省级卫视发展历程的一个生动标本。本章将从历史机缘、地域因素和政策变化等几方面因素着重分析东方卫视的转型过程，以此为例讨论改革开放的总体环境中省级卫视的转型与发展。

第一节 "保守上星"的初始期（1998—2002年）

中国电视行业最初基本都是以政治文化宣传为主要出发点的，它的产生与发展带有非常鲜明的中国特色，是中国现代化和社会发展的产物，更多地体现了行政意识而非市场意识。胡正荣将中国广播电视行业发展划分为三个阶段[①]：

事业型广播电视阶段（1940—1979年）：这个阶段的广播电视行业基本靠国家财政拨款的资金维持运作，以党政文化宣传为主要任务。

事业型和产业型结合阶段（1980—1991年）：广电机构内部开始实行"事业单位、企业化管理"，广电行业开始从事商业广告经营活动，此阶段的单位运作资金仍然主要由政府财政拨款承担，广告收入作为辅助。

媒介产业深入发展阶段（1992年至今）：广电行业以广告收入为主要资金来源，大力发展多种经营。

进入20世纪90年代，境外媒体的陆续进驻对中国国内传媒行业带来了观念和产业上的双重影响。新闻集团、时代华纳、维亚康姆、贝塔斯曼等国际传媒行业的龙头企业都意识到这个拥有十多亿受众基数的国

---

① 胡正荣：《中国广播电视发展战略》，北京广播学院出版社2003年版，第15页。

家蕴含着巨大商机和传播能量，先后在中国设立分支。通过内容输入与品牌开发双管齐下的方式，外资传媒公司逐步介入中国本地市场，改变了长久以来国内媒体在中国传播市场上的垄断地位。

1995年，维亚康姆在北京设立办事处，音乐电视（MTV）的《MTV天籁村》《MTV国际音乐榜》等系列节目陆续进驻全国4000多个有线电视用户家庭。同年，贝塔斯曼集团以书友会形式进驻中国市场。1999年，新闻集团北京代表处成立。四年后，星空卫视落地中国。无论是一直占尽优势资源的中央电视台还是各省市地方电视台，都感到了外资媒体机构在资本运营、机制运作、管理理念等各方面的先进性对刚刚打开门户的中国传媒市场所带来的挑战和冲击。广播电视行业的专业化体制改革不仅是一场不同意识形态之间的博弈，也是一场面对市场的经济自卫战。

为了应对这场体制改革战，中央电视台和省级地方电视台采取两种战略性措施。一种是与外资传媒巨头建立战略联盟。比如，1999年始，中央电视台与维亚康姆旗下的MTV开始合作制作CCTV–MTV音乐盛典；2002年，新闻集团下属星空传媒集团与湖南广电签署全面合作协议。另一种方式则是实现媒介整合购并，以传媒集团的形式与外资机构在受众、资源、资金市场等多方面展开正面交锋。如1999年6月，全国首个城市广电集团——无锡广电集团成立；2000年12月，全国首个省级广电集团——湖南广电集团成立；2001年12月，全国规模最大的国家级广电集团——中国广播电影电视集团成立。这样的集团化转型，正是为了更好地面对中国传媒市场改革应运而生。

20世纪90年代末，上海的市场经济型城市转型获得了初步成效：工业结构和产业结构逐步调整，社会主义市场经济体制建立，国有企业的市场经济地位初步确立。作为国家机构改革深化的延伸，具有事业单位性质的上海电视业，也逐步在国转企的过程中引入市场机制，实现媒体市场的重组。1999—2001年间，国家广播电影电视总局下达了多个指导广播电视行业改革的意见①，这些逐步出台的文件推动了广电行业的跨地区经营和集团化运作。虽然这场自上而下的改革仍带有非常强烈的行政干预色彩，却是符合媒体市场化发展的实际需求。特别是对于20世纪90年代末的上海来说，改革开放已经取得一定成效，媒体产业的新一轮重组有利于进一步优化媒体资源结构，获得实际市场收益。正是在这样的背景下，上海广电产业慢慢地进行着探索自身发展的道路。

对于媒介生长历史的考察应该关注"'稍纵即逝的事件和传统的历史叙述中的主体'与经济结构和规则体系渐次展开的历史所具有的那种'缓慢的但是可感知的节奏'特征之间的关系"②，从中反映政府、市场等控制因素的流动和变化。因此，笔者将先从上海卫视诞生的时代背景切入，探讨频道产生和发展的社会条件和先机。

一、频道诞生的时代背景

上海电视的历史可以追溯到20世纪50年代。1958年10月1日，上海电视台（下文简称"上视"）成立开播。作为中国电视事业起步最早地区之一的上海的地方台上海电视台，是继中央电视台之后率先开播彩色电视节目的电视台。在中国电视事业历史上，上海电视台创造了很多具有里程碑意义的标志性事件，如1979年第一个电视商业广告"参桂补酒"、1986年第一档英语新闻节目《英语新闻》、1987年第一个新

---

① 详见1999年《关于加强广播电视有线网络建设管理的意见》、2000年《关于广播电视电视集团化发展试行工作的原则意见》、2001年《关于深化新闻出版广播影视业改革的若干意见》等。

② P. 戈尔丁：《大众媒介和社会》，见张国良编：《20世纪传播学经典文本》，复旦大学出版社2011年版，第584页。

闻深度报道节目《新闻透视》等。

从 20 世纪 80 年代到 2001 年的近 20 年间，上海广电在改革开放过程中先后经历了五次不同程度的改革。这五次改革都是在国家对广电行业改革的宏观调控政策下进行的。

第一次改革——"一局五台三中心"：1987 年，国家科学技术委员会首编的"信息产业投入产出表"将广播电视事业纳入"信息商品化产业"序列，开启广播电视体制的改革。同年，上海广电系统实行"大文化""大广电"的集团化改革，以此设立"一局五台三中心"体制——上海广播电视局，上海电视台一台、二台，上海新闻教育电台，上海文艺电台和上海经济电台组成的广电架构，全局设技术中心、服务中心、发展中心统一调配管理技术播控、后勤及广告运营事宜。"一局五台三中心"的设立，是上海广电行业对资源实行集团化整合，进行社会化大生产的尝试。

第二次改革——"新五台三中心"：1992 年初，邓小平的南方谈话进一步确立了社会主义市场经济体制。6 月，为了加快广电行业的市场经济转型，中共中央、国务院出台的《关于加快发展第三产业的决定》，明确强调将广播电视定位为第三产业。同年，新的"五台三中心"改革形成了上海电视台、东方电视台、上海有线台、上海人民广播电台、上海东方广播电台、技术中心、节目中心和服务中心组成的新架构，加快了上海广电的社会主义市场经济的转型步伐，被业界称为"东方旋风"。在新的"五台三中心"格局中，东方电视台（下文简称"东视"）的成立使上海率先在全国的省级城市中形成同城平行竞争的机制，以刺激上海电视业制作更加优秀的电视节目，满足观众的多样化需求。相较于上视较为严肃的新闻专题风格，东视的节目趋向轻松、活泼，并一度开创了中国内地电视史的数个先河：首个新闻谈话类直播节目《东方直播室》、首个电视游戏类节目《快乐大转盘》、首次转播奥斯卡颁奖典礼等。

第三次改革——"撤二建一"：1995年，为了实现发展战略规划、基建规划、宣传管理、技术管理和财务管理的统一，上海广电系统实行影视合流，撤销原电影局和广播电视局，成立上海广播电影电视局。1997年，上海市政府授权上海广播电影电视局成为全国第一家地方广电系统国有资产的管理者和委托代理人。

第四次改革——"文广合并"：1998年，中宣部在《1998年广播电影电视工作要点》中明确提出："按照现代企业制度的要求和集团思路，对企业进行改革、改组，扩大股份制试点。推进广播影视集团化进程。"同年9月，国家广电总局在《关于组建广播影视集团审核问题的通知》中进一步提出了组建广播影视集团的思路。1999年，国办82号文件①明确了广电行业的产业化和集团化发展方向。2000年4月，上海原文化局与原广播电影电视局合并成为上海文化广播电影电视管理局。此举为上海地区广电集团的成立做了政治准备。

第五次改革——"管办分离"：随着1998年广播电视部改组为国家广播电影电视总局，广电系统的宣传、行政、管理三位一体的管理体制被实行政事分割，以实现条块整合，三位一体体制的职能性质和结构发生变化，同时对地方性广电实行计划性向产业性、松散型向密集型的转变。2000年11月，广电总局在《关于广播电影电视集团化发展的试行工作的原则意见》中规定了广电集团的事业单位性质、组建原则，确立了政企分开、管办分离的改革思路。遵照此指导方针，2001年4月，上海文化广播电影电视管理局实行政事、政企分开，分离成为上海

---

① 根据《国务院办公厅转发信息产业部、国家广播电影电视总局关于加强广播电视有线网络建设管理意见的通知》。

文化广播电影电视管理局和上海文化广播影视集团。管理局依然承担政府管理广电文化市场、协调广电总局、文化部等机构对上海地方媒体文化市场管理的职责；集团则承担产业事业发展、政治文化宣传的具体任务。2002年，子集团上海文广新闻传媒集团成立，主营广播电视业务，子集团旗下包括上海电视台、东方电视台、上海有线电视台、上海人民广播电台、上海东方广播电台等。

始于1987年的五次改革，目的是为了中国省级卫视更好地发展，以面对当时的机遇和挑战。诸如"管办分离"，引入竞争机制等一系列政策方案，的确对省级卫视的发展产生了影响。但是正如前文所述，从20世纪40年代开始，我国广电行业长久以来是事业性为主导的，即使到了1992年之后广电行业实行了一系列产业化改革，但在"财务管理、对外投融资合作、建立规范的激励和约束机制等方面"[①]依然难以摆脱事业体制的束缚，经济效益的实现前提是保证广电行业的事业功能。在这个环境下成立的省级卫视呈现了非常鲜明的事业性导向。1993年发布的相关文件强调规定了各级地方台的首要任务是做好转播中央和省级广播电视台的任务[②]。因此，省级卫视在上星的初期，在传播内容上体现了强烈的政治化和均质化色彩。

二、体制运作的独特架构

不同于其他大部分省级卫视采取当地一套卫视上卫星的惯例，于1998年10月开播的上海卫星电视（Shanghai Broadcasting Network，简称SBN，下文简称"上海卫视"）是一个由东视、上视两家无线电视台、

---

① 周葆华：《广电事企分开的历史、现状与前瞻》，载《声屏世界》，2010年第3期，第9页。
② 1993年，中共中央宣传部、广播电影电视部发布《关于地方广播电台、电视台必须完整转播中央人民广播电台、中央电视台节目的通知》。

有线电视台、教育电视台以及上海影视集团、上海永乐影视集团等共同提供节目资源的独立卫星电视中心,这种组织架构在全国卫星电视体制架构中是"绝无仅有的"①。在上海广播电影电视总局"全局办电视"思想方针的指导下,两家势均力敌、各具特色的无线电视台形成了一副既协作且竞争的独特局面。卫视搭台,上海电视集体轮番唱戏,便是上海卫视的一幅景象。

笔者关注到上海卫视机构设置中的一个特别现象:频道设有专题部、总编室、落地办等标配行政部门,但唯独缺少电视机构的核心部门——节目部。20世纪90年代末,各地省级卫视基本采用本地一套节目改版包装直接上星的做法。节目部作为频道的核心生产部门负责电视内容的整个生产过程。作为上海本地电视节目集体展播的窗口,拼盘化的节目"串编"成为上海卫视的主要特色。

"以编为主、编创结合"的节目制作方针被始终贯彻于上海卫视文艺节目的制作过程中。省级卫视的收视率和收视份额的表现绝大部分依赖本省观众的基础收视贡献。上海卫视选择一些在地面频道收视率高、反响好的节目进行重新编审,改版成为符合卫星频道收视标准的节目。借助上海本地观众人群的大体量优势和卫视频道的平台优势,这些移植型的节目比较容易在全国范围内形成相当的影响力。直至今日,这种跨平台作业的方法仍然被应用于卫视频道的节目生产中。东方卫视多个选秀节目(如2006年《舞林大会》、2009年《莱卡我型我秀》、2013年《妈妈咪呀》)等都是在原东方电视台的新娱乐频道有了良好的收视表现和口碑之后,被移栽到受众面更为宽广的卫视平台上。

部分SMG资深员工用"独树一帜""具有优越性"等词语来形容

---

① 汤渭达:《应运而生、独树一帜、强势凸显》,载《新闻记者》,1999年第11期,第58页。

这一段特殊的历史时期。然而，让这些员工引以为豪的独特体制架构①实际是体制内部权力制衡的产物。某位员工曾在笔记中这样记述："这两家电视台的哪一个频道上卫星都不能代表上海电视的整体水平。"这句话给上视和东视联合作业的那段历史留下了很多想象空间。陈梁②认为这种集纳上视、东视两个无线电视台节目的做法存在两个弱点：一方面，"对于本地观众而言是炒冷饭"，地面频道已经播过的内容，即使经过形式上的重新编辑，也缺乏内容上的新意；另一方面，面对电视收视对象的变化，上海本地频道制作的电视节目对于外地观众而言地方色彩过浓，"不能完全满足观众对上海方方面面的资讯的需求"③。

出于完成区域性政治和文化宣传任务的目的，大多数省级卫视在立台初期都将自身定位为新闻综合频道，缺少针对性的内容编排和专业化的频道定位，从而面临一个困境：受众群体的分散性、广泛性与节目形式单一化、内容匮乏之间的矛盾。省级卫视不得不采取"大而全"的节目编排策略以应对这种困境。上海卫视的集体联播策略虽然是实现节目编排多样化的一种尝试，但并没有彻底避免"大而全"的节目拼盘化状况。相反的，这种体制架构的独特性恰恰凸显了2003年之前各家省级卫视的频道定位和观众定位不明确、节目编排缺乏特色的普遍问题。

三、行政导向下的频道定位

在关于上海卫视成立的新闻报道中，记者们不约而同地对以下几点进行重点描述（笔者设想这种有意识的关注或多或少存在新闻统发稿

---

① 频道内部一些员工也曾有一些对于现行体制和生产机制表示疑惑的情绪。
② 陈梁时任东方卫视总经理，现任 SMG 艺术总监。
③ 朱学东、黄俊杰、周笑岩：《海派再起：东方卫视成立一周年》，载《传媒》，2004年第10期，第20页。

的影响因素）：一是上海卫视租用的鑫诺一号卫星是当时中国最大的卫星站，通道信号能够覆盖亚洲太平洋地区；二是卫视节目制作全部采用数码摄录编播设备，能够制作精致的电视画面；三是卫视精良的人力资源，52名员工平均年龄在31岁左右，大部分是本科及以上学历，可以流利使用英语，员工素质位列省级卫视人员编制之首。这些报道从技术、物力、人力资源三个维度描述了上海卫视的立台优势。以上这些优势既体现了上海文化广播电影电视局投资亿元资金的成效，也是上海这座经济发达城市集中优势的缩影。

改革开放初期，"由于上海国有企业比较集中，加工工业比较发达，产品经济的影响特别深，高度集中的计划管理制度也最为严密，这就使上海逐步成为传统经济体制的典型"①。上海卫视的成立过程是计划经济体制向社会主义市场经济转型过程中政府垄断经营媒体的典型案例。一方面，频道向全国跨地域招贤纳士体现了以市场为导向的公司化传媒人事制度和市场化绩效分配模式；另一方面，1998年的广电系统尚未实行管办分离，上海文广局对上海卫视的垄断性经营方式造成了政企不分、产权不清的状况。当时的广电行业尚没有厘清国有事业与国有企业的区别，其职能属性的范围和资金运作的权责亟待重新调整和转换。

"北京与上海在我国国家政治、经济方面的重要性决定了这两个中国最大城市的改革、开放都必然处于后卫的位置，并且经济体制改革的每一步都是在中央的统一部署之下进行。"② 党中央制定的改革开放方针、政策是上海、北京等重点城市实行改革的指导原则。广播电视媒体

---

① 中共上海市委党史研究室：《上海改革开放风云录》，上海人民出版社1994年版，第4页。
② 邱国盛：《20世纪上海、北京发展比较研究》，四川大学博士学位论文，2003年，第207页。

是国家高度垄断的行业,其广播电视事业的发展规划亦都是在国家统一指导下制定和执行的。因此,上海的广播电视事业在改革开放的过程中呈现出既创新又保守的状态①。卫视在立台之初就被定位为"后卫"的保守角色,"处于守势,只要平稳地编好节目,没有经营任务"②。这就可以解释,作为改革开放重点城市的北京和上海,其新闻综合频道的上星工作为何晚于全国大部分省级行政区。上海卫视于1998年实现卫星传输,仅仅领先于海南省。

上海卫视的频道定位和受众定位充分考虑了上海的经济、文化示范作用,是极具政治色彩的。上海市政府和上海文广局对频道的定位是"向海内外电视观众宣传两个文明建设成果、展示上海广播电视整体形象的一个窗口"。基于这样的指导方针,"反映上海现代都市文化和都市生活"被认为是上海卫视的文化优势③,频道的受众定位也相应地被分为三个类型。

第一类目标受众是20世纪六七十年代离开上海到外地插队落户、留学、经商等的上海老知青及其子女。1968—1978年间,上山下乡的上海知青人数达110多万人,他们中的大多数当时分布在黑龙江、江西、云南、安徽等10余个省。④ 这些知青及其子女对上海故土具有深厚的情结,希望通过一个平台获取关于家乡的讯息和发展动态。例如,

---

① 也有一种说法是上海市委市政府一向的工作特点是既保守又务实的,这种风格在上海改革开放的历年进程中都产生了极大的影响。
② 孙冬梅:《DragonTV腾空出世,上海卫视剑指东方》,新浪上海转载自《中国广播影视报》http://sh.sina.com.cn/news/20031015/172520285.shtml,2003年10月15日。
③ 朱涛:《试论上海卫视电视剧的几个问题》,载《新闻大学》,2000年第4期,第79页。
④ 上海青年志编纂委员会:专记《文化大革命中的上山下乡运动》,载《上海青年志》2002年版,http://www.shtong.gov.cn/node2/node2245/node66268/node66277/node66329/node66390/userobject1ai62337.html

1999年黑龙江龙门农场的上海知青包国祥为农场捐款购买上海卫视频道①；2000年湖南冷水江市85岁老人在给卫视的信中写道："看到上海的夜景太美了！太美了！作为上海人，上海的老人，看到家乡的变化真是高兴得眼泪都流下来了。我已85岁高龄，梦想回到上海，看来不可能了。是你们把上海送上了天……"② 在众多知青观众给上海卫视总编室的来信中，上海卫视的白玉兰台标、带有沪语乡音的普通话和上海独特的城市景观被认为缓解了背井离乡的上海知青群体的思乡之情。

第二类目标受众是从事政治、经济相关事务的官员、企业家、金融业管理者等。作为中国经济发展和改革开放的排头兵，上海在市政建设、经济改革、体制优化、福利保障、金融房产等各方面为全国其他城市树立了榜样。作为政府跨地域宣传③的平台，上海卫视的新闻节目涉及改革开放进程中至关重要的金融、贸易等领域的国内外讯息。通过收看上海卫视，各地可以获得上海实践改革开放的先进经验。此类目标受众符合上海广播电影电视局对上海卫视的基本定位——展示两个文明建设的成果，宣传上海国际都市形象。

第三类目标受众是对上海大城市生活充满向往的偏远地区的人们以及正在上海接受高等教育的在校学生。他们对时尚、流行、现代元素非常敏感，希望接触国际前沿的文化资讯。上海卫视所展示的产品内容，满足了大部分年轻人想了解社会和都市文化的需求。同时，倾向年轻族群的频道定位也符合上海卫视所宣扬的都市、时尚、青春的频道气质。

然而，三类来自社会不同阶层的受众群体代表了不同的收视心理和

---

① 万咏之：《豆腐包与上海卫视——黑龙江省龙门农场上海知青包国祥轶闻》，载《中国农垦》，1999年11期，第35页。
② 汤渭达：《应运而生、独树一帜、强势凸现》，载《新闻记者》，1999年11期，第59页。
③ 主要对上海以外国内其他地区，上海卫视成立之初还没有在海外落地覆盖。

收视需求,必然导致频道定位和内容编排的相互矛盾、顾此失彼。上海卫视陷入了谨防过于"前卫",但又试图摆脱"保守"的怪圈。

四、节目编排的地域标签

省级卫视在成立之初是充满地域色彩的,上海卫视的节目编排也极具地域化特点。时任东视文艺频道总监的滕俊杰在参与上海卫视创建过程中强调,上海卫视应当更多地制作一些跨海峡、跨大洲文艺节目,以达到宣传上海精神文明建设成果的目的。是否展现海派文化的风情和上海国际都市的形象,成为上海卫视节目把关的标准之一。

在这样理念的主导下,上海卫视先后制作播出了30多档宣传上海文化的节目,其类型几乎涵盖了当时国内所有的节目类型。例如,周播节目《卫视综艺》汇集了上海舞台演出的各类文艺精品,同时转播海外高雅艺术演出;《新上海游记》《上海综艺榜》《上海大剧院》《品艺风景线》《视听满天星》《从星开始》等栏目更是串编了大量地面节目,内容涉及本地人文景观、文艺发展动态、本地明星表演等具有上海特色的节目。

与此同时,上海卫视的地域色彩还体现在外语节目的编排和设置上。相比于其他地区没有太多外语节目的现状,上海卫视依靠地域和经济的优势,编排了一系列外语节目,如《中日之桥》、City Beat、News at Ten、Shanghai Today 等。这些节目旨在让上海地区乃至全国的外国人更好地了解上海,传播国际化都市形象。其中大部分节目之后成为 SMG 外语频道 ICS 的标杆,其中不少节目延续至今。

除了文艺节目和英语节目,上海卫视在电视剧方面也下足了功夫。为了体现"讲述上海故事、刻画上海人物、展示上海特色"的电视剧特色①，上海卫视的电视剧编排注重选择本地自制的、以上海为题材的电视剧。1998年，上海卫视黄金时段播出的21部黄金档电视剧和65部非黄金档电视剧正是遵循了此标准。在卫视创办的第一年，以上海人生活为题材制作的《孽债》《婆婆、媳妇、小姑》等电视剧获得了较好的收视反响和观众认可。《安居乐业》《女子公寓》《新七十二家房客》《重返石库门》等一系列海派题材电视剧在本地和外地的高收视率也佐证了"上海特色"电视剧编排策略的成功。

每个卫视的地域化特性，不仅基于地缘政治等因素，同样涉及当地受众类型以及不同的要求和爱好等因素。受众的影响也不单单体现在节目内容上，还会直接影响到卫视对节目播出时段的安排。通过对受众收视行为的分析，上海卫视确定了电视剧分时段编排的基本策略："每天下午15:00左右播出一些以中老年观众为对象的国产历史剧和合拍剧；每天20:00黄金时间的电视剧主要播出上海制作和反映上海市民生活为主的国产现代剧；每天晚间22:30主要播出以高学历高层次和年轻观众为对象的国产重播剧"②。从以上内容可以较为清晰地看到，针对不同类型的受众群体，上海卫视分别在三个不同的电视剧播出时段播出截然不同的题材类型的电视剧。选择这样的播出策略，显然是考虑到受众群体间的差别，试图做到更加专业细分化，这也是国外电视机构通常所采用的策略。然而，这类细化的播出策略，和中国电视频道专业化进程中所遇到的问题类似，出现了种种意料之外的问题。播出方的出发点是没有任何问题的，但在中国整个电视产业链发展状态并没有到达非常成熟的前提下，过分细分受众群体的做法，会影响受众对卫视的收视黏连。

---

① 见上海卫视1998年电视剧宣传资料。
② 朱涛：《试论上海卫视电视剧的几个问题》，载《新闻大学》，2000年第4期，第78页。

比如，上述三个不同的收视主体之间存在着很大的身份区隔，在身份背景、社会阶层、年龄、经济收入、收视诉求以及收视习惯等方面截然不同，这样分时段引流观众的做法易造成频道缺失稳定的收视群体，丧失观众的黏连度。即便单个或单集电视剧能够引起短暂的收视热点，也很难形成持久的频道影响力。这是上海卫视在发展初期所面临的一个难题，即如何在频道专业化操作和受众现实情况中选择一个平衡点。

不仅是电视剧，上海卫视的其他本地节目在上星过程中也遭遇了不同程度的水土不服。卫视受众定位在实际操作过程中遇到了问题：看似清楚的受众群体定位，实则模糊零散，致使节目内容生产缺乏聚焦点。具有较强地域特色的《老娘舅》《新上海游记》《智力大冲浪》等地面频道的王牌节目在上星之后多少遇到了收视率下降的问题，部分栏目甚至因为长时间收视率欠佳而又没有任何整改方案而不得不被撤下。

显而易见，上海卫视在建立发展的初期，一直面临着各种因素交织而形成的矛盾选择。卫视需要解决一系列相关节目内容编排的现实问题：如何应对地面频道的冲击，如何吸引更多本地受众，如何平衡节目专业化和稳定相对较为稚嫩的受众群体，如何打造自身品牌提升辨识度等。但在频道发展初期，上海卫视的工作重心主要集中在内容制作和受众定位方面，忽视了自身品牌打造。一个成熟成功的频道，不仅要具备制作优质节目的能力，更要懂得依靠这些节目顺势打造自身品牌。由于疏于打造品牌主持人，上海卫视出现了核心灵魂缺失、辨识度匮乏等问题。叶惠贤、袁鸣、陈蓉等主持人、播音员，同时身兼无线电视台（东视或上视）主持人和卫视频道主持人双重角色。如此这样的地方台和卫视台双重身份的并置，直接含糊了卫视频道的形象归属，影响到受众对卫视的认知。

综上所述，由于缺乏对频道形象、栏目编排、主持人包装等品牌运营的整体布局,上海卫视的海派频道定位和受众定位存有一定的理想色彩,再加上建设初期经验的缺失,导致节目的编排方式呈现出碎片化、拼盘化的现象。"受众定位含混、频道风格散漫、主持人身份模糊、缺乏频道形象代言人;节目缺乏特色、编排缺乏针对性,最终令收视率一直不高,已经无法承载一座高速发展城市膨胀的信息、澎湃的表达欲望和她的电视业对巨大广告价值的觊觎。"①

同时期,在上海卫视的业绩报告中有几个资料常被援引,值得我们留意:2000年,上海卫视在央视调查咨询中心的全国卫星频道观众满意度调查中排名第二;频道节目获得多个"五个一工程""中国新闻奖"、外宣"彩虹奖""星光奖""金鹰奖";2002年,上海卫视与日本STV-JAPAN株式会社签订在日本落地,成为继央视之后第二家入境日本的中国大陆媒体,在省级卫视中属首例②。然而,另一些数据为这些成绩提供了另一种解读方式,亦是提供了不同的视角看待当时的上海卫视;2002年,上海卫视全年广告收入仅有5600万元,在上海地区电视频道年度排名中位列第8,在省级卫视行列更是名落孙山;2003年7月,在一项由上海文广新闻传媒集团牵头的调查中,百姓对上海卫视的印象是"就像一位知性的女子,自身很完美,但与我无关"③。综上可见,在观众心目中,上海卫视更像是"高雅卫视"④的代表。与前者满载美誉的政治成绩相对应的,是上海卫视在市场化竞争格局中逐渐止步

---

① 朱学东、黄俊杰、周笑岩:《海派再起:东方卫视一周年》,载《传媒》,2004年第10期,第19页。

② 周有富:《上海年鉴2002》,上海市地方志办公室网站,http://www.shtong.gov.cn/Newsite/node2/node19828/node63991/node64057/node64162/userobject1ai57258.html。

③ 孙冬梅:《DragonTV腾空出世,上海卫视剑指东方》,新浪上海转载《中国广播影视报》http://sh.sina.com.cn/news/20031015/172520285.shtml,2003年10月15日。

④ 汤渭达:《应运而生、独树一帜、强势凸显》,载《新闻记者》,1999年第11期,第60页。

不前的现状,以及与电视观众愈行愈远的无奈。

上海具有地域、经济、文化等多方面的发展优势,但是如何将优势转化为胜势,变成上海卫视在同级卫视中的领先优势和胜势,将是上海卫视亟须解决的问题。1999年,随着电视广告经营行为的普遍化,广电行业开始逐步重视广播电视的产业属性。国家对上星卫视跨区域落地的放开成为省级卫视由事业属性向产业属性过渡的转向标①。面对落地放开所带来的更大传播空间和市场,优势合理转化和频道精准定位是包括上海卫视在内所有省级卫视转型期间的重要课题。

第二节 "革故鼎新"的转型期(2003—2008年)

如果说上海卫视的立台是一纸政令的结果,那么,随后上海卫视的转型恰恰是市场发展的一个必然结果,而推动和保障这些的实际发生则是政府性的市场行为。

2002年11月,十六大报告提出"适应社会主义市场经济发展的要求,推进文化体制改革",在推进体制改革的文化主张和政策指导下,广电业进行了新一轮行业体制改革。2003年,新一任上海市委就全国卫视落地问题提出了16字方针——"全面开放、对等落地、规范管理、市场运作"。在这个方针的指导下,上海文化广播影视管理局展开了全力推进卫视节目落地上海的工作,这一举措打破了地方保护主义的政策壁垒,为上海电视产业的发展创造了良性的市场空间。同时,上海市委

---

① 1999年,国家广电总局发布《关于加强对转播国内卫星广播电视节目管理有关问题的通知》规定可根据频道资源规划和本区域内观众对节目的实际需求……择优转播具有鲜明特色和良好质量的国家其他卫星电视节目。

市政府指出上海应该有代表自身形象的电视频道。一场由市场诱发的、政府推进的、媒介组织实施的卫视转型全面展开了。

2003年10月23日，上海卫视更名为上海东方卫视。频道内部的部分业者倾向于将上海卫视和东方卫视看成两个毫无时间顺序、历史关联的独立事物。因为这场频道转型不仅仅是一个称谓表述的简单变更，更意味着从频道定位、频道生产机制到核心竞争力等一系列战略战术的彻底变革。

2003年12月，国家广电总局在《关于促进广播影视产业发展的意见》（下文简称"2003年《意见》"）中提出在强化宏观调控的同时，进一步发挥市场机制优化资源配置的作用。该文件针对广电行业提出了改革思路，包括深化体制与机制改革、培育发展市场主体、扩大投融资渠道、放宽市场准入、积极实施"走出去"工程，谋求国际化发展等。由此，上海文广新闻传媒集团对旗下电视台频率和电台频率进行了专业化归类和整合，并提出了两个转变：为播出而制作转变为为市场而制作；地方性广播电视播出机构转变为面向全国乃至全球华语世界的内容提供商、发行商、服务商。

第一财经频道、生活时尚频道和新成立的东方卫视成为此次改革的前沿阵地，黎瑞刚[1]将卫视从处于守势的"后卫"角色调整到攻势的"前锋"[2]角色，以提升东方卫视的竞争力。但在推进市场体制改革的6年间，由于集团对东方卫视的定位属性和管理架构进行了机制性的反复调整，直接造成卫视定位摇摆、责任主体不清晰的混乱局面。据此，笔者将2003—2008年的转型期划分为"推行公司制"（2003—2005年）

---

[1] 时任上海文广新闻传媒集团总裁，也被认为是上海卫视转型成为东方卫视的灵魂人物。

[2] 根据2002年黎瑞刚在集团某内部会议上的发言材料。

和"恢复事业制"（2006—2008年）两个阶段，从公司化运作的尝试、角色定位的重塑以及综合实力的对外扩张三个层面讨论东方卫视如何实践集团改革规划、实现频道转型。

一、公司化运作的尝试

中国的入世带来了传媒市场"内变外进"[①]的新格局。一方面，入世推动了政府在经济体制改革中的转型，在广电生态环境中表现为从计划经济时代的政府行为向市场经济时代的政府行为的转变，进一步分离广电行业的事业职能与产业职能，国内传媒集团实行多媒体经营和跨地区经营的势头也逐渐增长。另一方面，外资媒体的纷纷进驻对本土媒体提出挑战，这种冲击首先作用在以北京、上海、广州为代表的一线城市。2002年，华娱电视、凤凰卫视、星空卫视等先后落户广东地区，迅速积累近百万用户，一度压制广东本地电视媒体。同年10月，星空卫视在上海设立代表处。截至2003年初，包括凤凰卫视资讯台、彭博财经亚太频道在内的近30个境外卫星频道有限落地国内三星级以上酒店以及涉外小区。

境外媒体进入上海的方式主要有两种[②]：一是境外传媒机构在上海设立分社或办事处，截至2004年12月，境外驻沪新闻机构总数达到73家，其中包括美联社、路透社、法新社等新闻通讯社，BBC、NHK等广播电视机构以及《纽约时报》《金融时报》《亚洲华尔街日报》等报刊；二是与本地媒体结盟，向本地注入资本和产品。比如，2003年，CNBC与上海文广集团第一财经频道结成战略联盟；2004年，维亚康姆

[①] 童兵：《入世一年的中国传媒市场新格局》，载《新闻记者》，2003年第1期，第16页。

[②] 张咏华、潘华、刘佳：《境外媒体进入上海的现状与挑战》，载《新闻记者》，2005年第6期，第3—5页。

旗下尼克儿童频道与上海文广集团合作成立了上海东方尼克电视制作有限公司，引进原版动画片以及制作本土儿童节目。入世伊始，境外媒体对上海广电行业的直接影响还没有完全显现，但人才的市场化流动使更多的本地传媒精英向待遇更高、实力更雄厚、工作机制更灵活的外资媒体转移。

除了境外电视媒体，省级卫视还遭遇到国内电视产业其他子系统的全面围攻：中央电视台以其有线、无线的全国性全覆盖对省级卫视形成压迫；省会台和城市台凭借良好的地缘性和接近性占据本地观众，付费电视、数字电视以及互联网等以新技术为载体的媒体迅猛发展[1]。以2003年为例，中央电视台的全年总收入为75.3亿元，省级卫视全年总收入为41.07亿元，省会电视台的全年总收入为22.78亿元[2]。省级卫视在投入产出效益上无法跟中央电视台相抗衡；在传播影响力上跨省传播效果极弱，在一些经济发达、本省市场容量大的地区，省级卫视的影响力甚至不如专业化的本地频道。这是当时所有省级卫视不得不面临的困境，而上海卫视身处的压力更大。它首先要面临的是如何更好地进行市场化运作的问题。2002年，上海文广新闻传媒集团总收入约为19亿元，而上海东方卫视的总收入只有5600万元。推进市场化运作成为省级卫视突破困局之关键。

2003年《意见》为省级卫视的公司化运作提供了政治准备，广电总局提出"把电台、电视台、广电集团（总台）的除新闻宣传以外的社会服务类、大众娱乐类节目、特别是影视剧制作经营从现有体制分离出来，按照产业发展的方向和现代产权制度、现代企业制度要求建立公司"的改革思路。以东方卫视为代表的省级卫视在此思路的指导下开

---

[1] 熊忠辉：《中国省级卫视发展研究》，复旦大学博士学位论文，2005年，第29页。
[2] 数据由各媒体广告部以及中国广播电视协会电视委员会提供。

始探索市场化道路。2003年7月,东方卫视斥资6666万元成立了上海东方卫视传媒有限公司,成为全国首个实行公司化运作的省级卫视。公司下设总编室、新闻中心、节目中心、营运中心等,拥有独立的新闻团队和购买播放影视剧的权力。之后,海南广播电视台与保利华亿公司合资筹建海视旅游卫视传媒有限责任公司,推行与社会资本共同对旅游卫视实行协作改革,内蒙古卫视、青海卫视等也效同此法。

在广告经营业务上,公司化后的东方卫视采用三种策略提高广告经营收入。

1. 与27家省级卫视联合成立"全国省级广告联盟"

由上海前景广告传播有限公司整合28家省级卫视,以刊价7折的优惠价格销售4大类12个固定广告时段。整合销售使省级卫视在广告成本、交叉覆盖率和总收视份额上都形成了一定竞争优势,并且有利于打造频道形象和品牌。然而,由于各家省级卫视覆盖率、收视率、节目质量等的不均衡,广告联盟的收益分成很难形成稳定、灵活且严谨的分配方案和监管机制,容易出现地区不平等分配现象。加之广告代理制度在国内还不健全,专业咨询、调研决策机构缺失,致使卫视联盟无法了解市场的真实供需状况。此外,全国性投放联盟并不一定符合客户区域性业务发展的要求。因此全国联盟的概念性价值要大于它的实际功用,最终这个联盟在运作一段时间后以失败告终。图1-1为省级卫视广告联盟广告收益分配方案。

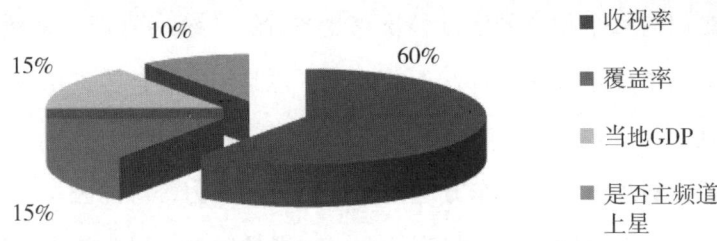

图1-1 省级卫视广告联盟广告收益分配方案①

2. 实行"群狼"广告代理机制

广告运营中心将广告客户分为大盘客户、外包项目、直接客户和散客等类型,其中重要品牌的大盘客户由业务能力较强的4A国际广告公司代理。广告运营中心根据广告客户的需求和市场制定灵活的广告产品和政策,实行"群狼代理"差异竞争模式——"一大、三中、五小的广告代理公司结构……一大是指一个广告总代理公司——上海东富传媒广告有限公司,代理频道70%的广告时间;三中分别是:上海财今文化传播、上海天视文化和北京三星影视,共同承担20%多的广告时间;其余五家就是节目制作带广告的制作公司"②。

3. 享有独立广告经营权和电视剧采购权

上海文广新闻传媒集团将运营中心的广告自主权下放给东方卫视、第一财经和生活时尚频道。各频道独立负责频道广告业务的经营,集团运营中心则负责审核、备案合同,协调服务和监督广告内容的播出等管理职能。随着各地媒体集团化整合的趋势,传媒集团运营中心管理的频道越来越多,由于频道种类和属性的多样性,传媒集团对广告业务的统

---

① 马莉:《连横以撼央视,28家卫视三试广告联盟》,载《21世纪经济报道》,2003年11月4日。
② 朱学东、黄俊杰、周笑岩:《海派再起——东方卫视一周年》,载《传媒》,2004年第10期,第22页。

一经营难以对每个频道的实际情况考虑周全,"统一管理、分散经营"的举措提高了集团管理广告业务的效率,也是广电媒体推进市场改革的重要表现。

在经营管理方式上,东方卫视实行财务和人力资源的公司化运作模式。一方面,对全频道和栏目实行全成本考核制度,以制片人负责制的方式对节目的投入和产出进行整体控制,从人员、办公场地、设备到节目制作进行全过程的动态控制,以降低节目制作成本,提高频道收益。另一方面,东方卫视采取公司化用人制度,面向全国招贤纳才,业绩考核标准为员工市场表现的能力,取消退休人员的待遇。签约制的实行突破了原上海卫视事业编制的桎梏,降低了人员成本。

在资源整合战略上,东方卫视注重加强区域性媒体和社会制作力量的合作。首先,在境外媒体、央视和地方媒体的重重挤压下,省级卫视寻求打破四级办电视的壁垒,建立跨区域合作联盟,其中突出的代表是以东方卫视为核心的"长江三角洲模式"、以贵州卫视为核心的"西部黄金卫视模式"以及以广东卫视为核心的"泛珠三角9+2模式"。在"长江三角洲模式"中,东方卫视横向联合长三角11个重点区域城市台,以合作的方式弱化城市台竞争局面。卫视与城市台整合新闻资源,以联手策划新闻话题、打造新闻节目《城际连线》的方式进行城际合作,充分发挥卫视新闻资讯和电视剧首播的资源优势,形成以苏浙沪经济圈为核心的长三角区域联盟。此外,东方卫视还与新华社等国家级新闻机构以及第一财经频道、体育频道等集团内兄弟媒体合作,共同制作了《深度105》《第一财经新闻》和《体育新闻精选》等节目。

其次,广电总局对市场准入机制的放宽使省级卫视得以与更广泛的社会制作力量展开了除新闻节目之外的合作。东方卫视联合具有实力的社会制作机构,大规模开展以共赢为前提的社会化制作。共有四种合作模式：①共同投资制作，收益按比例分成；②节目制作机构以竞标方式购买平台播出时段，并可自主经营10%片长的随片广告；③平台买断节目，独立负责广告经营，独享收益；④节目制作机构投资制作节目，平台进行保底销售，按比例分享收益。合作形式和盈利分成方式的多样性和灵活性体现了东方卫视"为市场而制作"的战略目标。包括光线传媒、欢乐传媒、派格传媒、CNBC等六家数字化电视制作公司以不同合作模式与东方卫视联合制作了《摩登时代》《男孩女孩》《东方夜谭》《中国经营者》等节目。

东方卫视的公司化运作体制仅仅推行了三年。2006—2008年间，集团采取了一系列意在"举台办卫视"的举措，将已逐渐市场化的生产机制调整收紧，重新归由集团统一领导。这些回归事业属性的举措进一步体现了中国传媒集中化的深入。

二、事业属性的回归

"不断增长的传媒组织的集中化不仅是经济利润在少数公司保护伞下的集合，更重要的是，这种趋势实际上重组了传媒之间及其与总体商业组织的关系结构。"① 随着集中化的逐步深入，资源一体化的可能性得以提高，"文化事物可以轻易地从这一媒体转移到另一媒体，建立了一套生产的联系"②。从这个角度分析，旨在优化资源配置的回归策略对传媒集团内部弱资源媒体的意义要远大于强资源媒体。此次集团内部资源整合对卫视频道的三大内容生产造成了一定的影响。

---

① 约翰·R.霍尔、玛丽·乔·尼兹：《文化：社会学的视野》，周晓红、徐彬译，商务印书馆2002年版，第237页。
② 约翰·R.霍尔、玛丽·乔·尼兹：《文化：社会学的视野》，周晓红、徐彬译，商务印书馆2002年版，第237页。

1. 新闻生产层面

集团于2006年成立电视新闻中心，收编聚合东方卫视、上视新闻综合频道、东视新闻娱乐频道的新闻资源，统一调配新闻采编、制作力量。资源整合后的电视新闻中心有600多名员工，承担向集团四个频道供给新闻、专题片的任务。因为上星以及盖覆面等优势，东方卫视的受众面向比其他三个频道更为广泛和多元，但是资源统一调配的新闻中心却无法提供相应配套的新闻采编播服务。在某种程度上，这样的收编统一行为对卫视的新闻生产过程产生了直接的影响。

2. 节目生产层面

2005年起，湖南卫视《超级女声》的热播开启了中国电视选秀节目的风潮，鉴于收视率以及广告收入等一系列极为诱人的回报，东方卫视也加入了制作大量选秀节目的阵营。真人秀节目制作对节目制作团队的成熟度和节目制作能力提出了很高的要求，而东方卫视节目制作的现有业务水准尚不具备加入全国范围选秀之战的能力。2006年，为了更好地做好电视选秀节目，集团调配东视大型活动部和新娱乐综艺团队制作大型选秀节目《加油好男儿》，东方卫视只承担播出和市场营销的任务。这样的举措的确缓解了东方卫视的制播压力，但却忽视了成长中的媒体自身的发展规律。大规模外部力量的介入使东方卫视没有机会在制作大型节目的实战中培养自身团队。

节目播出后所取得的良好经济效益和社会效益，这一结果进一步使集团加大了对东方卫视的控制。2007年，东方卫视实行事业部制转型，广告经营业务重归集团广告经营中心。在此后一轮轮的省级卫视大型综艺节目竞争中，东方卫视都采取跨部门的集团式作战方式。

3. 电视剧播出层面

2007年，集团将电视剧采购权划归集团影视剧制作中心，缺乏电视剧采购自主权的东方卫视既没有与其他省级卫视在黄金时段展开首播剧竞争的优势,又无法与占有播出时段和播出体量等优势①的本地电视剧频道抢占上海观众。东方卫视空有一个卫视的躯壳,在很多问题上却没有实质的操作权。2008年,出于对影视剧对广告客户高吸附率的判断,集团决定卫视晚间黄金档取消综艺节目,实行"新闻+三集连播电视剧"模式。但由于电视剧质量和目标受众的不确定性,2008年度电视剧收视成绩平均排名在10名以外(表1-1),没有达到支撑频道发展的预期效果。

表1-1 四家省级卫视2005—2008年35城市收视份额排名②(单位:名次)

年份 频道	2005	2006	2007	2008
东方卫视	7	6	11	11
湖南卫视	1	1	1	1
浙江卫视	3	9	9	6
江苏卫视	6	6	2	2

2006—2008年间一系列的机制调整在东方卫视个别综艺节目制作上体现了一定的集团资源聚合的优势,但总体而言,集团内部实际形成的权力角力关系成为东方卫视频道生产和发展的桎梏。旨在形成"小集团大卫视"的收紧举措在发展过程中,却造成了"大集团小卫视"的反转局面。与此同时,在集团内部层级上电视新闻中心、影视剧中心

---

① 上海本地电视剧频道在晚七点开始连播三集电视剧,而东方卫视必须在晚七点半新闻联播结束连播两集电视剧,出于播出时段和体量的劣势,东方卫视很难在本地培养固定的收视观众。
② 根据央视索福瑞公司数据整理,笔者选择湖南卫视作参照的原因是湖南卫视是较早具有清晰频道定位和目标人群的省级卫视,常年在收视率和收视份额上保持前列,江苏卫视和浙江卫视位处江浙两省,与东方卫视所在的上海在文化上具有同源性和接近性,是东方卫视长三角区域实力扩张的主要竞争对手。

和广告经营中心与东方卫视互不领导，这种基于平级关系的协同作战实际很容易造成内部资源恶性竞争的局面。

播出内容自主权的缺失使东方卫视失去了绝对竞争力，加之全国省级卫视频道细分化的进程逐步展开，2006年以后，综合性频道定位的东方卫视遭遇了收视率和收视份额的滑铁卢。频道亟须重塑角色、确立定位以及细分目标受众。

三、频道角色定位的重塑

如前文所述，大部分省级卫视都采取综合性立台。随着传媒产业的市场化逐步深入，它们在传媒自由竞争格局中逐渐意识到自身存在市场细分化滞后的缺点。只有明确自身定位，才能聚合资源形成有效传播、强化核心竞争力。由频道同质化、同构化向专业化、特色化转型成为省级卫视21世纪初头十年的工作重点。

在此方面的革新，湖南卫视首当其冲。湖南卫视自从1997年开始推出了一系列面向青少年的节目，如《快乐大本营》《玫瑰之约》《新青年》等。这些节目良好的收视率、满意度和栏目竞争力逐步为湖南卫视确立主流目标观众奠定了基调。2004年，湖南卫视推出"快乐中国"的频道口号，宣布打造中国最具活力的电视娱乐品牌，成为中国第一家具有清晰频道定位和品牌形象的电视媒体。15—34岁的青年人成为湖南卫视的目标受众，流行、时尚、新锐是核心元素，娱乐节目成为其王牌主打产品。

除此之外，2002年在海南省上星的旅游卫视打破卫视竞争的单一格局，推出一系列绿色、健康、旅游为核心理念的节目，并在其后逐渐成为差异化竞争的专业频道。至此，其他卫视也相继进行资源整合和频道改版，试图摸索符合自身特色的道路：如区域定位的东南卫视、主打特色人文牌的北京卫视、锁定女性观众的广西卫视、"情义中国"的山东卫视、强调"情感中国"的江苏卫视以及着力电视剧的安徽卫视等。2006年，以本省历史文化资源为出发点，吉林卫视、陕西卫视和重庆卫视先后确立了"幽默卫视""人文天下"和"故事中国、人文天下"的频道定位。

为了避免淹没于卫视特色之争，东方卫视进行了深刻的反思。频道内部意识到地域特色的打造不能仅仅依赖一档体现上海风情的旅游节目，或者一场彰显海派文化的高雅表演，而应着眼于如何将国际化城市里的信息汇流，用权威、新鲜、敏锐的视点将这些信息提炼、表达和呈现。上海卫视亟须明确三个问题：我是谁？我在向谁？传达什么？"从理念上来看，推出东方卫视的一个重要方面是从市场角度来的，是研究市场的。尽管我们内部看都有很多不满意的地方，如果要总结一点经验的话，就是从市场来定义自己，这个可以说是一种转换，一种根本的市场理念的转化。"① 市场竞争要求上海卫视舍弃综合频道的情结，从"大众化"的务虚过渡到"分众化"的务实，确定符合频道定位的目标受众群体。

经历产业转型后的上海东方卫视确立了"都市特质、媒体主流、大台风范"为形象定位，"新闻见长、影视支撑、娱乐补充、体育特色"为内容定位，"现代的、国际的、青春的、海派的"为基本风格②。卫视开播仪式宣传视频里的解说词准确表达了频道转型后的主体定位："上海东方卫视，凝聚着一个时代的城市理想……根据自己特有的地缘特质及独特的历史地位打出了中国都市旗帜、国际传媒标准、社会制作

---

① 朱学东、黄俊杰、周笑岩：《海派再起——东方卫视一周年》，载《传媒》，2004年第10期，第20页。
② 见东方卫视官方网站：www.dragontv.cn。

窗口、全国城市平台的旗号……充分发挥上海城市本身独有的充分优势，海纳百川，追求卓越，更好的服务全国。"叶志康①将东方卫视的定位归纳为三点：介绍上海的窗口，服务全国的平台，面向世界的媒体。从上海到全国再到世界的路径意味着东方卫视将频道发展战略放到了更为广阔的媒介环境中。万荣②描述了东方卫视转型后的景象：它将是"一个没有边际的大台，它的信息是权威的、它的视野是开阔的、它的内容是前卫的、它的胸襟是宽广的"③。"没有边际"一词正是东方卫视去本地化意识的表现，更广阔的传播地域意味着更多重的收视环境、更庞大的潜在收视群以及更多元的收视需求。因此，明晰频道竞争优势、保证内容生产与频道定位的严丝合缝成为谋求核心竞争力的关键。

2008年，东方卫视进一步提出"吸引主流人群，影响高端人群"的改革战略，与凤凰卫视打造"影响力"不同的是，东方卫视对这个收视人群的定位是基于对社会中产阶层的经济实力以及年轻受众超前消费实力的考量，这两个人群被认为是高端广告品牌客户的诉求人群。高学历、高收入、高职务，也就是具有较强消费意识、较雄厚的消费经济实力的"三高"人群成为东方卫视的目标受众。

四、综合实力的对外扩张

无论是中央电视台、省级卫视、还是地方频道，其传播影响都包含地理和话语的双重空间概念。省级卫视利用卫星的物理技术特性突破了传播范围的地理局限，同时也扩张了频道影响力所能达到的文化边界。

---

① 时任上海文广集团总裁。
② 时任上海东方卫视营运总监。
③ 李雅静：《8个月一个传媒的崛起——访东方卫视营运总监万荣》，载《中国广播》，2004年第8期，第142页。

以下从频道的落地覆盖和影响力拓展两个方面讨论东方卫视在转型期间综合实力的对外扩张。

1. 攻城拔寨的落地覆盖

覆盖率是省级卫视收视率和影响力打造的前提。覆盖率决定了吸引注意（媒介及媒介内容的接触）的渠道和可能性，为引起有目的的变化（认知、情感、意志行为等的改变）提供了基础资源。省级卫视的落地情况关系到收视人群的覆盖范围和收视率，是竞争广告客户的重要砝码，是拓展更广泛经济效应和社会效应的基础和保证。

入户有线网是省级卫视实现落地扩张首要克服的难题。据美兰德统计数据，全国3141个区县级以上的行政区域有2316家有线网络公司。有线网各省、市、地区的有线网络传输公司繁多而零散，且常年保持各自为政的状态，因此，落地办作为省级卫视组织架构中非常重要的部门，将建立和维护地方有线网络关系列为工作的重中之重。

20世纪90年代早中期，地方有线电视网急于开拓市场吸引更多用户，加之网络普遍存在带宽充足、节目资源匮乏的状况，大部分省级卫视采用"自然落地"的模式就可以进驻地区有线电视网。90年代后期，由于有线网带宽资源的限制，加之央视数个频道和省内、本地频道占有了大部分带宽，有线电视网可以分配给省级卫视的带宽非常有限。"对等落地"取代"自然落地"，两个省级行政区可以将自己的省级卫视落地到对方的有线电视网。随着市场化机制的深入，各地有线网络（尤其是北京、上海等大城市和经济较为发达的东南沿海城市）开始向内陆省份收取数额不等的利益补偿费（即"落地费"或"差额费"①）。

---

① 差额费主要由地区的经济水平、人口数量、消费水平等发展不均衡而造成，中国市场平均被分为四级，北京、上海和广州为一级，省会城市和部分发达地区为二级，部分地级城市和部分经济发达的县级为三级，其他为四级。低一级省级卫视如要在高一级落地，需要补差额费。

随着"台网分离"的普遍化,省级电视台不再直接经营有线电视网,市场化的有线电视网陆续实行省级卫视"付费落地"。2004年,以杭州有线网络中心为代表的各地有线网络开始以竞标的方式拍卖省级卫视的落地权。此后,省级卫视若想顺利完成在某区域的落地覆盖,并且获得较好的频段,必须缴纳数额可观的落地费。① 根据克顿公司的统计,"从2001年到2004年,全国省级卫视每年的覆盖预算几乎都在以翻番的速度递增。一些省会和沿海发达城市的落地价格甚至上涨了10倍。曾经只需十几万元、几十万元就可以落地的城市,在一年间就蹿到二三百万元。2006年,一个省级卫视要保证在全国31个省会城市的有效覆盖,每年必须付出5000万人民币以上的成本支出,2007年则达到近一亿元。而全年广告经营收入超过两亿元的卫视频道还不超过10家"②。此外,许多落地办或传媒集团全资子公司更通过代理部分地区有线网络谈判权的方式获得自家卫视落地其他地区的筹码③。

虽然东方卫视的上星时间较晚,但是其覆盖人口规模和覆盖地区范围逐年保持了较高的增长速度。上海市市委、市政府于2003年对省级卫视落地制定了16字方针原则——"全面开放、对等落地、规范管理、市场运作"。16字方针出台之前,上海本地市场的广告体量为东方卫视提供了广阔的市场机遇,文广集团为频道发展提供了雄厚的资金支持,因此东方卫视不急于走出去,外省省级卫视一度水泼不进。尽管一些省份落地到上海需要付出额外的一笔差额费,但这项以行政资源换取卫视落地权的政策打破了上海电视的地方保护壁垒。政策执行一年后,先后

---

① 缴纳落地竞标费从杭州、宁波等东南沿海经济发达城市率先开展,并逐步向内陆地区延伸。
② 杨龙:《落地潜规则》,载《中国新闻周刊》,2008年第4期,第28页。
③ 江苏广电总台全资子公司长江龙跨省代理了岳阳市等地的有偿落地谈判权,山东卫视落地办代理了山东本省德州、东营等地区的有偿落地谈判权。

有28家省级卫视落地上海。

2003年,上海市允许江苏、浙江等省级卫视在上海本地落地,东方卫视垄断本地的局面至此结束,此举为上海地区媒体市场建立有序良性的竞争环境奠定了基础。随着"对等落地"的放开,外地卫视的进入对东方卫视的本地广告市场和话语空间产生了冲击。相对地,东方卫视得以对外扩张,逐步参与全国范围收视份额的抢夺,产生更大范围的文化影响力。同时,东方卫视对全国市场的扩张能够将外地客户的注意力吸引到上海文广集团和上海本地,客观上加大了本地频道的广告增量。

市场机制的引入使省级卫视的落地之争实质上成为资本实力之争,谁拥有更雄厚的资金实力,谁就更容易获得落地权谈判的资本。上海本地强势的广告市场和文广集团雄厚的财力为东方卫视的区域外落地提供了有力的资金保障与支持。2004年,东方卫视落地全国253个城市,省会城市的覆盖率达到90%。2005年,东方卫视与香港广播国际有限公司签署协议入境澳洲,成为继央视中文国际频道之后唯一获得澳政府批准落地的中国媒体。同年,东方卫视与澳门广讯传媒有限公司签订协议落地澳门。2006年8月,东方卫视与中国长城(欧洲)电视平台合作在欧洲落地。美兰德CMMR2008年数据显示,东方卫视对重点城市[①]人口的覆盖达到18748.7万,覆盖率达到78.6%,位列省级卫视第四名。[②] 国家省级卫视2003—2008年全国覆盖人口如图1-2所示。

---

① 根据美兰德,重点城市是指直辖市、省会、计划单列市(拉萨除外)的35个中心城市,这些城市具有人口密度大、消费能力强等优势,是广告客户产品投放的重点区域。
② 根据北京美兰德媒体传播策略咨询有限公司(CMMR)2008年度第十次"中国电视频道覆盖及收视状况调研"数据。

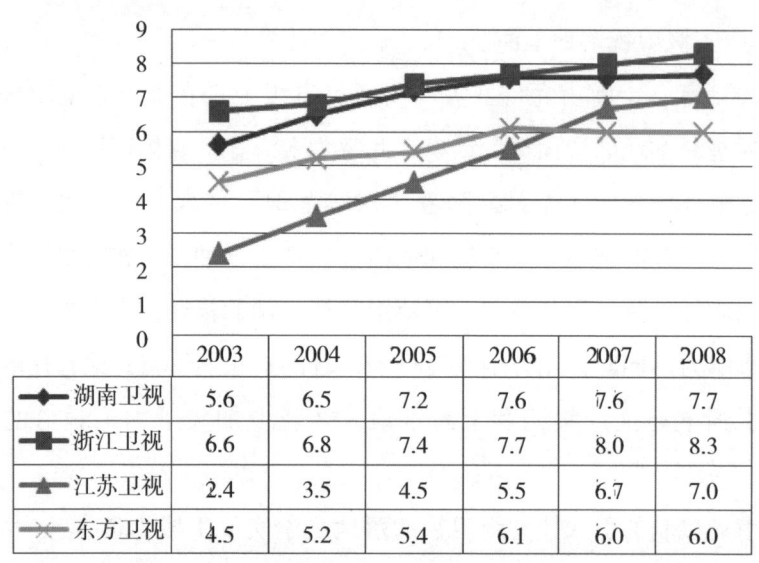

图1-2 国家省级卫视2003—2008年全国覆盖人口（单位：亿）

2. 影响力的打造

在夯实落地覆盖基础的同时，转型期的东方卫视在省级卫视阵营中逐步建立了一定的影响力。频道影响力由频道的收视率、品牌认知度、美誉度、忠诚度和频道联想等构成，是频道综合实力的主要表现形式之一。2004年初，一份面向长三角地区10个城市的东方卫视影响力调查评估中（该调查以电视影响力五星模型及评估指标体系为基准），东方卫视呈现了如下的成绩①：53%的受访者认为东方卫视代表了上海的形象，是服务全国的综合性频道，38.8%认为东方卫视的频道风格与港台媒体相近，频道印象是现代、时尚、青春、视野国际化、节目内容形式新颖、具有大台风范，92.1%的受访者能准确辨认东方卫视的台标，55%人认为改版后的东方卫视比上海卫视更好，观众对频道宣传片和台

---

① 朱雯：《东方卫视影响力评估研究》，南京师范大学硕士学位论文，2005年，第20页。

标的满意度分别为70%和82%，东方卫视的频道美誉度和忠诚度都位列省级卫视之首。

值得注意的是，调查结果显示东方卫视的新闻节目并没有在帮助人们了解上海、提升上海形象上面有所作为，观众满意度仅为24%。① 新闻节目主持人方宏进、袁鸣的知名度指数远低于脱口秀节目《东方夜谭》主持人刘仪伟。在全天节目播出单中，两档娱乐节目《东方夜谭》《娱乐星天地》的认知度和满意度最高。频道的主要观众群是年龄为25岁以下的年轻群体、36岁到55岁的中年观众，身份为学生、机关干部、企业白领等。这些观众分别对娱乐节目以及文化、经济等专题节目感兴趣。

此外，央视索福瑞2008年第一季度收视数据显示，收入在5601元以上的主力消费人群在东方卫视的集中度约为其他省级卫视的三倍②，前三季度"三高"人群收视率为0.195，位列省级卫视第一。有71%的观众是在收看了东方卫视对重大事件的新闻报道后开始关注东方卫视，重大体育赛事的转播也受到关注。观众对于东方卫视的频道联想是"35岁不到的、生活在都市；思维活跃、现代，谈吐风趣幽默并且热爱生活；受过良好的教育，拥有大学文化；个性随和，大多数人都能成为他的朋友"③。

由以上的评估报告可见，东方卫视立足长三角的地域策略收获成效，频道对江苏、浙江等周边省份的影响力比上海卫视时期提升不少。

---

① 朱雯：《东方卫视影响力评估研究》，南京师范大学硕士学位论文，2005年，第24页。
② 根据央视索福瑞主力消费人群集中度数据显示，东方卫视为205.2，索福瑞标准建组的省级上星频道仅为73。
③ 朱雯：《东方卫视影响力评估研究》，南京师范大学硕士学位论文，2005年，第33页。

"新闻见长、娱乐补充、体育特色"的内容定位为东方卫视锁定了青年和有相当社会、经济地位的中年人为主流观众群,这与东方卫视自身的青春、海派、现代的气质定位基本相符。但由于中国电视观众构成的实际情况所限,"三高"人群在观众基数总体构成中并不占有数量上的绝对优势,因此,东方卫视的全国平均收视率并没有得到根本性改观。2008 年,东方卫视的全国平均收视率排名位列省级卫视第 11 位,广告收入仅有 4 亿多元,与湖南卫视 15 亿、安徽卫视 10.2 亿收入相去甚远。频道在全国收视范围的月达到率、稳定观众规模、观众忠诚度以及观众喜爱率都排在五名之外。国家省级卫视 2003—2008 年收入走势如图 1-3 所示。

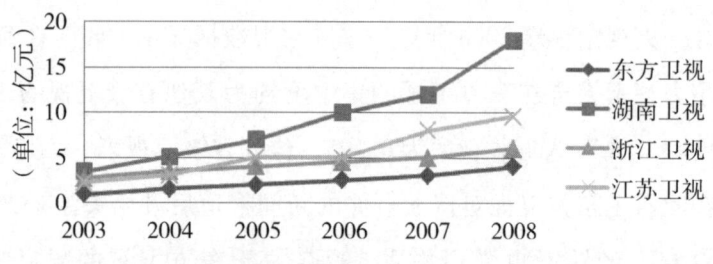

图 1-3　国家省级卫视 2003—2008 年收入走势

转型期所获得的成绩和面临的危机,为东方卫视深化改革积累了经验和教训。总体而言,随着省级传媒集团集中化的逐步深入,东方卫视等省级卫视在这一阶段的发展和转型是在省级传媒集团内部资源重组的宏观调整下进行的。其间,各家卫视的组织内部结构、生产机制和生产效能规模基本定型,中国省级卫视的阵营格局初步确立。

第三节 "深化布局"的调整期（2009—2014 年）

在省级卫视发展过程的任何一个历史时期，体制改革和机制调整都不会是偶发性的独立事件。行之有效的改革需要市场先机、政治利好、技术支持等条件的关系互动而形成某个成熟的时机，由主体内部顺应外部形势自发地与旧有体制作切割。2009—2014 的六年①是东方卫视巩固深化发展期战略布局的六年。六年里，东方卫视历经了三任总监的走马上任、文广集团大战略调整、体制内员工集体出走等关键事件。东方卫视的战略深层布局和调整对整个频道发展产生如何的影响，改革时期东方卫视呈现如何的格局，以下将从结构体制的深化和集团内部的卫视格局两个层面讨论。

一、"制播分离"体制的深化

2009—2014 年期间，东方卫视经历了两次直指"制播分离"的递进式体制改革。上海市政府与上海广电系统对体制改革的敏锐洞察为上海文广集团深化体制改革做了充分的思想和智力准备，国家政策与广电总局意见导向是改革得以实施的决定性因素，上海城市发展中具有国际影响力的关键性事件为改革的实现提供了契机。以下将从三个方面深描东方卫视的两次结构性变革。

1. 提升娱乐事业版块

2008 年，中国中央、国务院印发的《关于深化行政管理体制改革

---

① 本书对东方卫视生产机制和文本的研究截至 2014 年 7 月 30 日，由于行文的关系，笔者的研究将不涉及此后的卫视表现和文本案例。

的意见》对推进事业单位的分类改革提出了指导方针："按照政事分开、事企分开和管办分离的原则,对现有事业单位分三类进行改革。主要承担行政职能的,逐步转为行政机构或将行政职能划归行政机构;主要从事生产经营活动的,逐步转为企业。"这个文化体制改革的指示精神催化了广电系统对"一元体制,二元运作"的深化改革。在这个意见的指导下,广电总局于2009年8月下发《关于认真做好广播电视制播分离改革的意见》。文件指出制播分离可以降低节目成本、提高节目质量、激活发展运营机制,并对制播分离的总体要求、范围和方式提出了指导性意见。

在广电总局的授意下,上海文广集团于2009年底施行集团整体转企改制。集团拆分为上海广播电视台以及上海东方传媒集团公司。15个模拟电视频道、11个广播频率和1套高清频道归上海广播电视台拥有,保留频道频率管理、宣传内容编辑、新闻节目以及播出控制等部分业务版块的事业体制。除新闻版块之外的所有节目制作业务划归新成立的上海东方传媒集团。上海文广集团是全国首家实行"制播分离"的广电体系传媒集团。作为首个国家广电总局批准广电集团实行整体转企改制的试点,"'上海模式'为广播电视改革提供了宝贵的经验,对带动全国广电体制改革具有极为重要的示范意义"[①]。2011年,上海文广集团进一步实施整体战略的调整,提升娱乐版块事业群,组建东方娱乐传媒集团有限公司。东方卫视的深化改革正是在这个大环境下进行的。以下将从三个层面进行分析。

一是东方卫视被整合到集团"东方娱乐"单元,与影视剧中心、广告经营中心和运营管理部等运营部门以及新娱乐、艺术人文、星尚等

---

① 国家广电总局办公厅主任、广电总局新闻发言人朱虹对媒体的发言。王道军:《转企改制,上海文广领跑》,载《上海国资》,2009年第11期,第22页。

业务单元共同隶属于上海东方娱乐传媒集团有限公司。这个举措加重了娱乐在东方卫视频道生产中的比重，娱乐节目成为卫视投入、研发、生产的核心。

二是广告运营中心将卫视广告经营权移交给卫视广告运营部，实现卫视广告自营。与地面频道相较，东方卫视面对的是全国范围的观众，要参与到全国卫视广告市场的竞争中，广告自营可以根据自身节目、客户需求等量身定制有针对性的广告投向。

三是为了确保优质电视剧资源最先流入卫视平台，东方卫视的电视剧业绩列在了集团影视剧中心业务考核标准的首位。上海文广集团增加了卫视独播剧和自制剧的投入，以与地面频道的电视剧形成区隔。

2. 建立闭环式生产系统

中共十八届三中全会《中共中央关于全面深化改革若干重大问题的决定》提出"在坚持出版权、播出权特许经营前提下，允许制作和出版、制作和播出分开"。此文件给"制播分离"的深化改革正式定调。为了进一步推进政府职能转变和改革创新，作为改革"试验田"的上海自贸区于2013年9月挂牌成立。不久，上海文广集团便在自贸区内设置了百视通和东方明珠两个上市融资平台，以期通过市场化的做法"倒逼集团内部体制机制变革"[①]。2014年，由市委常委、宣传部牵头，上海大小文广实行整合重组，撤销原上海文化广播影视集团（大文广）的事业建制，因2009年改制而分离出来的上海东方传媒集团整体并入国有独资的上海文化广播影视集团有限公司。

以"大小文广合并"为主要内容的新一轮上海广电行业改革，目的在于重组组织内部管理架构，厘清企业内部各单元产权，进一步优化市场资源配置，深化制播分离。2013年12月，作为"大小文广合并"

---

① 屈丽丽：《上海文广改革欲打造东方迪斯尼》，载《中国经营报》，2013年3月1日。

改革的先锋，新东方卫视中心的成立突破了上海文广集团长年的多层级法人管理架构，采用互联网"以用户为中心"的产品生产理念。① 新东方卫视中心将过去的矩阵式生产机制向扁平化管理过渡，建立了闭环式生产系统。新东方卫视中心撤销了上海东方娱乐传媒集团有限公司的原有管理架构和职能，由原东方卫视中心、新娱乐、艺术人文中心、大型活动中心、星尚传媒五个机构组成。中心设置"三部三中心"——节目生产中心、节目研发中心、频道运营中心、广告经营部、综合管理部、业务拓展部组成生产协调团队。

"它是一个环，环的中心是人、是团队。这个圆环由三中心、三部门组成，体现从研发、生产到播出的整个环节。研发按照市场需求、产品需求、客户需求；生产是以受众需求为中心，为市场和播出而制作；通过深化制播分离改革，将内容制作和播出相分离；播出通过招标的方式，选出真正受欢迎的内容。"② 虽然新一轮改革仍然保持了党管媒体的事业属性，但通过淡化事业编制概念，强化市场化导向的用人机制和生产机制，东方卫视中心在制播分离的运作上做出了进一步的尝试。

（1）行政机构减少，削减行政管理层级，鼓励领导层回归业务岗位。

改制后的东方卫视中心缩减了一半的中层干部，鼓励具有较强业务能力的人员投入到一线生产团队，对其他人实行按需分流。原总编室主任、东方卫视副书记等领导层都卸下事业编制，成为节目制作一线的独

---

① 黎瑞刚曾多次在 SMG 集团内部会议上重申用互联网思维进行集团改革，强调传统媒体的基础设施应与移动互联网接轨。2013 年末开始的"大小文广合并"的新一轮改革便是基于互联网思维进行的。

② 东方卫视中心的相关资料来自 SMG 集团书记王建军有关受访记录。引自温静：《一线广播电视台变形记——对话五大电视台高层》，载《中国广播影视》，2014 年 5 月 9 日。

立制作人。在过去的集团生产机制中，从集团、公司、频道、制片人到编导形成了矩阵式内部组织形式，底层的创意和节目方案要被上面看到需要经过一层层的行政层级，严重阻碍了集团整体的创新创优。行政管理层级的削减形成了相对公平、透明的扁平化组织架构，在一定程度上体现了集团解放和改革"官本位"思想的意图。在保持管控的前提下，适度的放权是集团在市场化过程中深化体制改革的切实之举。

（2）机构合并突破了原单位的行政壁垒。

在原有上海东方娱乐传媒集团管理体制下，节目团队分属东方卫视中心、艺术人文中心、大型活动部、新娱乐公司、星尚传媒公司五大机构，虽然以上的人力资源由集团统一管理调配，但由于集团常年粗放型的内部竞争导致各机构已形成独立的产业链，并在集团内部形成割据之势力，机构之间相互存在一定的竞争关系。新东方卫视中心的成立意在打破众多"小巨人"[①]的内部竞争，整合内部资源共同打造集团综合实力。东方卫视中心闭环式生产系统如图1-4所示。

（3）增大独立制作人的权限范围。

改革后的东方卫视中心设立了18组节目团队和20个独立制作人[②]，独立制作人推出原有事业编制，独立拥有项目竞标权、收益分享权、经费支配权、创意自主权、团队组建权和资源使用权。独立制作人相当于互联网的产品经理，独立负责项目的投入、经营和产出。独立制作人所率领的节目团队可以突破以往的频道、电视台的行政壁垒，跨频道、跨电视台的接项目、做节目。在独立制作人的六大权利中，收益分享权是此次改革的最大突破，这意味着项目获得收益后，在完成既定指

[①] 黎瑞刚认为集团内部各个独立产业链形成的"小巨人"不利于集团的做大做强，见温静：《一线广播电视台变形记——对话五大电视台高层》，载《中国广播影视》，2014年5月9日。

[②] 部分节目团队采取联合制作人共同负责的方式。

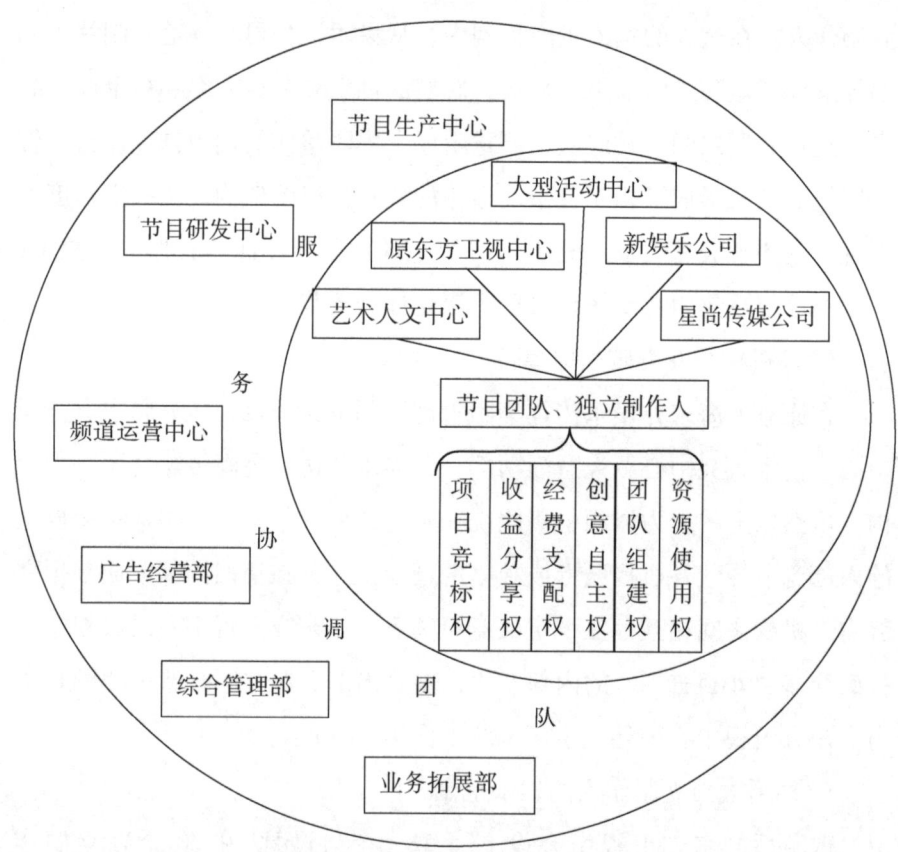

图1-4 东方卫视中心闭环式生产系统

标的前提下,全成本核算之外的所有收益归节目团队所有,从而达到调动节目团队的生产热情和能动力的目的。

(4) 与广告主共同开发播出平台。

以往广告客户只参与节目招商阶段和播出阶段,单纯实行广告时段的买卖。改革后广告主得以参与节目研发过程,与东方卫视共同成为节目内容的拥有者,通过精准定位观众、整合广告销售全流程等方式实现利益捆绑，共同开发和拓展播出平台的价值①。这一点充分体现了来自经济场力量对电视场的侵入和影响。

新东方卫视中心在形式上看来此次改革突破了旧有多层级管理架构，体现了以人才为本的市场化用人机制和激励机制。业内人士评价这次改革是"以东方卫视为依托，以独立制作人为突破，形成了一种不断开发新节目的氛围和运行机制，蓄积力量，推动了整个上海文广集团娱乐节目的创新发展"②。

但是，此次改革依然强调了企业的国有性质③，在这个前提下，集团党组关系、资产权属关系和业务契约关系的理顺还需要时日。如何实现项目招标的公开透明、如何将行政权力完全下放给独立制作人、广告经营部与独立制片人的项目经营如何区分权责都是要在具体生产过程中通过实践摸索的。东方卫视中心成立之后，笔者观察到一个细节，原来的真人秀节目总导演都是节目制作团队的负责人担任，但2014年《笑傲江湖》的总导演由东方卫视中心总监挂名，而不是节目团队的负责人。这向东方卫视中心到底是"放权"还是"收权"提出了疑问。

二、广电集团内部的卫视格局

多数省级卫视与地方广电集团之间是"小集团大卫视"的关系。隶属于各行政区的省级卫视是本省精神文明的门户，大部分广电集团都采取"举台办卫视"的方针策略，为省级卫视发展提供最优化的资源保障。省级卫视通常是广电集团内部广告收入贡献最多的频道，比如，2009年、2010年湖南广电全台收入分别达到75亿、103亿，其中湖南

---

① 根据东方卫视2014优质资源推介会中东方卫视中心总监李勇的讲话。
② 陈晶晶：《直击上海广电大改革》，载《综艺报》，2014年3月9日。
③ 根据新华社对上海市宣传部部长徐麟的采访 http：//news.xinhuanet.com/mrdx/2014-03/31/c_133226981.htm。

卫视分别贡献了23亿和36亿。对于本地年总产值只有3300亿的省级城市长沙而言，湖南卫视对本省经济的贡献不言而喻。无论从经济效益还是文化效应上看，湖南卫视真正符合"城市名片"的身份定位。浙江卫视、江苏卫视、安徽卫视等省级卫视都体现了这种"大卫视小集团"的运作机制。

长期以来，东方卫视与上海文广集团之间"大集团小卫视"的关系，主要原因在于东方卫视对集团内部以及上海本地经济的贡献甚微。以2010年为例，上海文广集团总收入为110亿，其中东方卫视为集团创收8亿多（图1-5），尚不及地面频道新闻综合的9.35亿，更无法在总产值为16872.42亿的上海经济数据里有多少表现。因此，东方卫视在集团整体产业资源布局中并不受到重视，加之电视新闻中心和影视剧中心与东方卫视是合作关系的平级机构，既不能保证最好的电视剧资源在卫视平台首播，也无法保证随时调配记者供卫视报道突发新闻。新闻资源的被整合、电视剧的弱势使东方卫视整体出现疲软态势。2010年，东方卫视全年收视排名下滑了三位（图1-6），尽管广告收入比前一年提高了3亿元，尚比不过本地新闻综合频道的9.2亿，与湖南卫视、江苏卫视的37亿、19亿更是相去甚远。

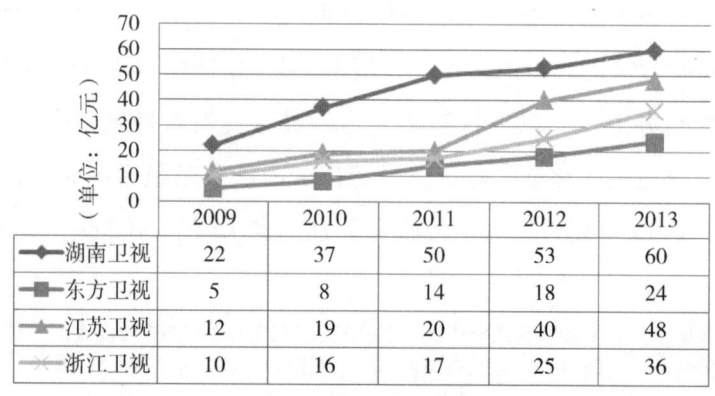

图1-5　2009—2013年四家省级卫视年广告收入

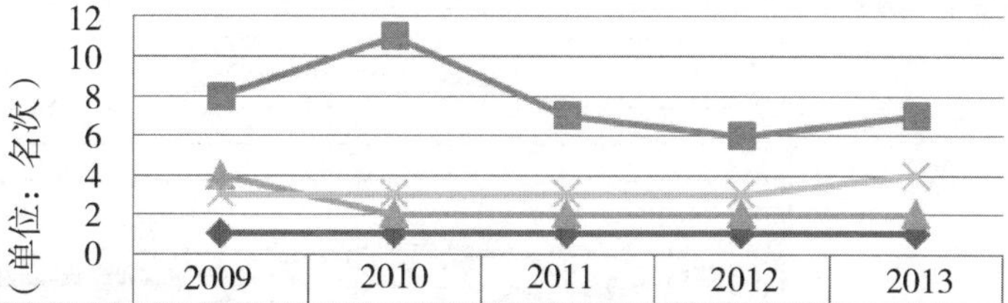

(单位：名次)	2009	2010	2011	2012	2013
湖南卫视	1	1	1	1	1
东方卫视	8	11	7	6	7
江苏卫视	4	2	2	2	2
浙江卫视	3	3	3	3	4

图1-6 2009—2013年四家省级卫视35城收视排名

体制的结构性改革和机制的转变意在集全台之力办卫视，力图将"小卫视大集团"扭转为"大卫视小集团"。2011年，娱乐事业版块的提升将东方卫视置于集团娱乐业务单元的核心，"举台办电视"的机制在2013年唱歌真人秀节目《中国梦之声》项目的运营中得以集中体现。集团总裁裘新亲自动员、排兵布阵，集团集中优质资源，耗资过亿制作该节目。节目在上海本地进行全媒体无缝推广宣传（由于SMG旗下媒体几乎涵盖了上海本地所有的广播、电视频道资源，并掌握社区灯箱、公交站台、平面媒体、网络媒体等优质平台资源，因此该节目播出期间产生了较大的宣传影响力）。笔者注意到《中国梦之声》节目的工作人员名单里几乎囊括了东方娱乐各个频道的总监级、副总监级主管，他们分别对接某个宣传口（纸媒、新媒体、户外等），合力完成节目的营销推广。

第一季《中国梦之声》在收视率、影响力和广告效益上取得了不错的成绩，也为东方卫视从立台到历年改革的十年之路交上了一份较为满意的答卷。2013年歌唱类季播真人季节目市场份额比较如图1-7所示。

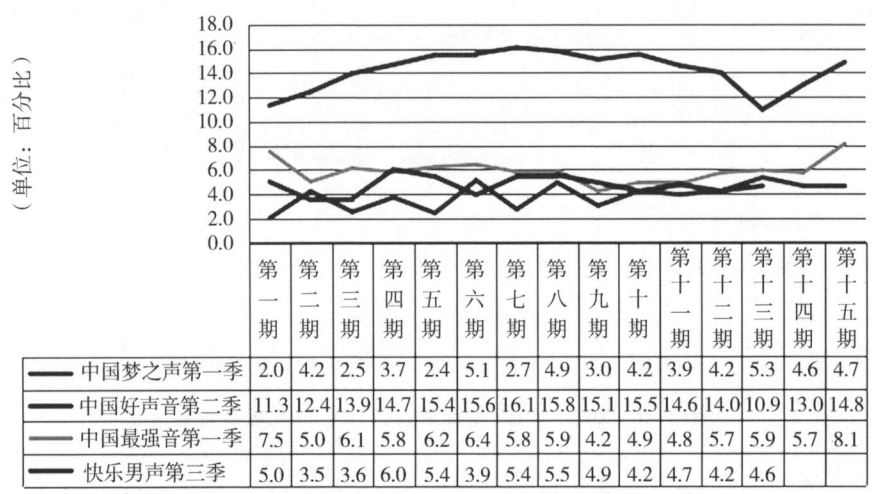

图1-7 2013年歌唱类季播真人秀节目市场份额比较

新东方卫视中心的尝试意味着上海文广集团确认并升级了"大卫视小集团"的概念，黎瑞刚指出，行业地位和影响力除了排名数据之外，最重要的是具有影响力的产品，他强调首要就是通过调整娱乐版块的组织框架实行东方卫视体制和机制的改革①。这预示着东方卫视多年来在频道定位上有了一个阶段性的答案——娱乐先行。2011—2013年部分省级卫视综艺节目收视份额比较如图1-8所示。

通过将"文化事物的内容和形式还原为文化事物产生的环境"②，我们获得了东方卫视进行社会性生产的概貌。综述以上东方卫视频道发展经历的三个阶段，省级卫视的发展依赖于政府对传媒产业发展的知觉灵敏度和认知程度，体现了更多的政府职能部门的意志。改革开放以来，随着政府对传媒的市场化行为逐步深入以及传媒集团集中化程度的

---

① 2014年1月，黎瑞刚再次上任为上海文广集团总裁，本段引自他在上任后干部大会上的发言。

② 约翰·R.霍尔、玛丽·乔·尼兹：《文化：社会学的视野》，周晓红、徐彬译，商务印书馆1999年版，第139页。

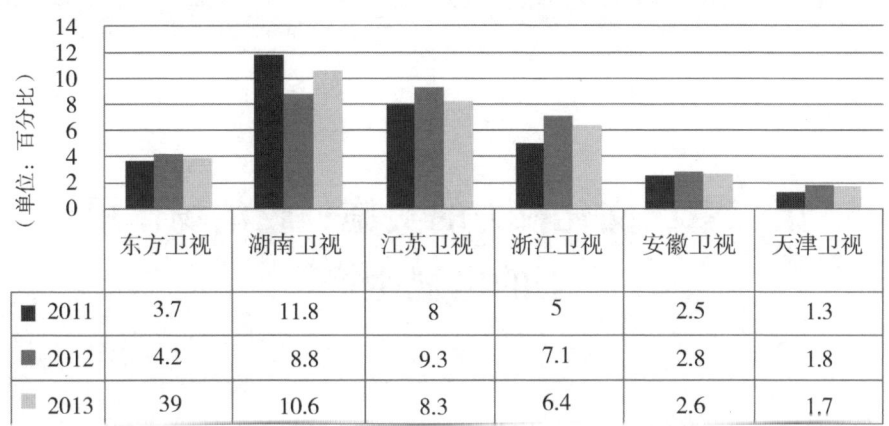

图1-8 2011—2013年部分省级卫视综艺节目收视份额比较

不断加强，省级卫视在传媒格局中的资源所经历的屡次分化和整合，是以政治和经济为主导的控制因素在维护电视文化生产既定秩序整体时的权力角力。这个角力的过程如何体现在频道日常生产机制中？接下来，笔者将东方卫视置于不同资本合力形成的场域中从新闻、娱乐、影视三个层面具体描述其生产机制的建立与沿革。

第二章　文化权力的实施：政治场作用下的电视生产

政治场具有类似"元场域 meta–field"的功能，"在所有的场域中起分化与斗争的组织原则的作用"①。在布尔迪厄看来，来自政治场的力量对电视生产的影响远不及经济场，因此，他没有对政治场施以过多笔墨。虽然笔者借用在分析东方卫视频道生产的过程中采用了布尔迪厄的理论框架，但是需要特别指出的是，法国在20世纪八九十年代的社会结构与中国近30年的社会结构有着本质上的差异。对于电视生产实践的分析依然要依据所在国家和社会的具体情境进行。

在中国电视产业发展的很长一段时间里，政治场对于经济场而言是有主导作用。随着电视媒介市场化进程加快，来自经济场的权力逐步进入电视场核心位置，政治场与电视场原有的关系发生了一些变化。其中，新闻节目的生产更多地接近政治和社会权力关系的场域；娱乐节目和电视剧的生产更多接近经济场，但在大部分情况下政治场仍然具有决定性作用。

---

① 戴维·斯沃茨：《文化与权力：布尔迪厄的社会学》，陶东风译，上海译文出版社2012年版，第156—159页。

<<< 第二章 文化权力的实施：政治场作用下的电视生产

第一节 市场化进程中的政府规制

政治场与电视场之间存在着一种讳莫如深的微妙关系。一方面，来自政府和社会权力场域的力量对电视场生产进行管控和制约，以使电视场发挥传输主流价值观、塑造公众性格、协助管理社会公共事务以及体现国家意识形态的作用。在此过程中，受制于政治场的电视媒体意图极力保有独立性，构筑社会真实，扮演制衡政府和社会权势的角色，以及聚合社会舆论。

另一方面，电视场生产依赖政府和社会权力所形成的权力场域提供制度化的文化资本和话语权力。电视场之所以如此容易受到来自政治场力量的影响，根源在于其在体制结构上以及信息资源渠道上对政治权力的依赖性，这使得电视场不可避免地与政治场形成了共谋的关系。进一步，政治场通过对电视场的介入实现与经济场、受众场和文化场的互动。

政府规制是"行政机构制定并执行的直接干预市场机制或间接改变企业和消费者供需决策的一般规则或特殊行为"①，是在市场经济体制中对市场内部机制的调节和改善，以维护市场内部秩序。政府规制通常采用经济规制和社会规制两种方式。政府通过设定价格规则、投资规则、进退市场的规则等方式进行经济规制。在中国，主要执行媒介规制的机构是国家广播电影电视总局（以下简称"广电总局"）以及各级行政管理机构。

---

① 丹尼尔·F. 史普博：《管制与市场》，余晖译，上海人民出版社1999年版，第27页。

政府对于广电产业的经济规制主要在所有权制度、投融资、产业调节运营以及税收政策等方面。我国广电产业发展之初，其行政事业经费都是由国家进行全额拨款或差额拨款。以下从三个方面阐述过于依赖国家资本对广电行业发展造成的影响。

1. 产权结构不清晰

媒体产权制度是指"以媒体资源和财产为基础，以围绕媒介资产所形成的权力体系为核心，在一定的社会主体之间划分界定，保护和行使这些权力的规则体系"[1]。我国广播电视体制与西方国家有所不同，其产权主体是单一法人，财政、人事和广电资源都由国家统一支配。这种"直线型组织结构"体现了"广电局一体化的事业单位性质"[2]。随着广电体制市场化改革的不断深入，直线型组织结构造成了事业性和企业性法人的权责不清，权利体系无法统一，经济主体的激励机制不健全。

2. 实际生产缺乏稳定性

《广播电视管理条例》对广播电视事业主体性质的明确规定，赋予了国家广电行政部门对广播电视行业实际生产进行管理的权力。这种管理机制体现于广电系统各层级。比如，省级广电集团的最高层领导往往在政府宣传部门担任了相当级别的行政职务。行政力量在微观上对电视生产的直接影响体现在由于频繁更换频道总监而导致的平台架构的不稳定性和频道生产理念的多变性。某位东方卫视资深员工向笔者透露，他在东方卫视任职期间，频道总监先后更换了六任，前后任领导在频道生产理念和节目制作理念上往往大相径庭，致使频道生产体系缺乏一定稳

---

[1] 刘发成：《中美广电通信经济与法律制度比较研究》，重庆出版集团2006年版，第53页。

[2] 党东耀：《论中国广电媒体的产权结构体系与制度变迁趋向》，载《广西大学学报》2005年第5期，第75页。

固性。①

3. 商业模式发展缓慢

在相当长一段时间内，广电产业的核心业务无法与社会资本和金融资本对接，缺乏自主经营的条件和能力。"广电轻资产的资本结构、过高的资本负债率以及产业链条上收入分割于不同主体的组织形式，使广电企业的融资上市都很难。"②

随着广电行业的市场化改革不断深入，政府在保证广电传媒生产社会效益的前提下也逐步要求市场效益的创造。我们可以认为，广电行业的市场化转型一方面是深化改革的大势所趋，归根结底在于政府对广电体制市场化结构调整的觉悟。政府通过"制播分离""媒体集团化"等方式不断明晰产权主体，实行事企分开和政企分开，为多元化资本的操作留出空间。中国广电产业逐渐呈现出资本运营兼并联合的市场结构。

在广电产业由计划经济向市场经济转型的当下，政府对广电产业的社会规制表现出与经济规制同样的滞后性。社会规制是政府为了增进社会福利而进行的有关安全、卫生、健康以及文化、教育制定一定标准和限定性规则。对广电行业的社会规制通常采用法律法规、行政管理、宣传管理等方式。国家广电局对省级卫视采取事前报批、出台条例、导向把控等方式进行监管和调控，从内容制作和编排方面对省级卫视的市场行为进行直接管理。

例如，对广告经营模式和广告编排的监管和调控即是政府对省级卫视实行社会规制的重要手段。广告收入作为省级卫视节目产品前端的主

---

① 根据2013年10月22日的访谈记录。
② 温婷：《广电产业核心资产可逐步对接资本市场》，载《上海证券报》，2009年12月15日。

要收入来源,是省级卫视市场竞争的核心,是造成省级卫视对节目实行唯收视率量化指标的主要因素。2009年,广电总局出台《广播电视广告播出管理办法》,禁止电视剧中插播广告,2010年,广电总局联合国家工商行政管理总局等12部委出台《2010年虚假违法广告专项整治工作实施意见》,重点整治省级卫视的医疗、保健、药品等违法广告。2013年,广电总局传媒司召开省级卫视广告部主任会议,加强广告播出管理。

然而,广电产业从计划经济向市场经济转型的过程中,产业主体的经营权和管理权仍然比较混乱,政府规制机构的建立存在问题。这些问题大都是"四级办台体制衍生的粗放式管理效能造成的","《广播电视管理条例》规定了我国的广电接受中央和地方的双重领导管理,但广电的行政管理部门和广播电台、电视台是直接的上下级领导和被领导关系,实行'局台合一'的机构体系。广电行政管理部门充当着宣传、建设和管理的三重角色,实行'三位一体'的管理体制。在改革中,政企、政事、管办不分的现象十分严重"①。

第二节 宏观调控的非制度性

戈尔丁从批判的角度解读舒德森的媒介政治经济学,认为把新闻过程的结果和新闻组织的经济结构直接联系到一起是一种误解,他以中国市场开放作为例子强调了国家干预制度使商业产业和公共产业之间平衡

---

① 肖凯林:《全球化背景下中国广电业政府规制对策思考》,浙江大学2004年硕士学位论文,第26页。

点发生转移。"制度化文化资本是政治与电视场域互动的中介"①，传播政策的制定者可以通过严控传播管制减少电视生产者的制度化文化资本，相反地，也可以以放宽的方式赋予其文化资本。笔者认为，在中国，通过在所有制形式、价格等广电产业结构以及公共表达的许可范围等方面的限定，政府对广电市场进行管理，其中一个主要形式即是"用公共利益限制商业企业，目标是保证文化产品的多样性，包括采取一些在纯粹市场条件下难以存活的方法"②。

"国家透过行政与经济手段，有效地整合市场规制和道德制裁两种机制，从而影响和指导电视剧生产和制作方向。"③ 历年来，广电总局在屡次发文中都强调省级卫视的"综合定位"，并指出省级卫视编播电视剧属于"宣传管理"性质，而不是"单纯的商业行为"④。但基于资本逻辑的电视剧市场并不以价值观和社会责任为主导，在激烈的竞争态势中，电视制作机构和电视播出渠道往往采取价值趋利的竞争策略。

为确保广电媒体的所有制性质和内容多样化，政府往往采取宏观调控的方式对产业内部生产结构进行调整。这种意见或政策带有机动性、非制度性。因此，随着政府政策的流动性调整，省级卫视的编播策略和竞争态势持续变化。以下以广电管理部门对省级卫视电视剧播出政策的调整为例（表2–1）。

---

① 邱鸿峰：《美国、欧盟媒介融合政策述评——兼论作为政治—电视场域互动中介的制度化文化资本》，载《国际新闻界》，2011年第12期，第18页。
② G. 戈尔丁、P. 默多克：《文化、传播和政治经济学》，杨击译，见张国良编：《20世纪传播学经典文本》，复旦大学出版社2001年版，第592—593页。
③ 赵月枝、吴畅畅：《大众娱乐中的国家、市场与阶级》，载《清华大学学报》，2004年第1期，第32页。
④ 根据广电总局2014年《关于进一步规范卫星综合频道电视剧编播管理的通知》，资料来源：广电总局网站。

表2-1 2009年以后广电总局对省级卫视电视剧播出的部分政策调控以及省级卫视应对策略

政策来源	时间	政策	省级卫视对策
《广播电视广告播出管理办法》（61号令）	2009年	2010年1月起，电视剧非黄金时段每集可插播两次广告，每次时长不得超过1分30秒。其中黄金时段（19:00—21:00）可插播一次，每次不得超过1分钟	2010年起，普遍在片头之后剧情开始之前，以及剧情结束之后、片尾之前插播广告，并增加片尾字幕的贴片广告。一线阵营出现广告定制剧
《关于进一步规范卫星综合频道电视剧编播管理的通知》	2010年	国家法定节假日外，电视剧播出量不得超过每天总量的45%；法定节假日和双休日外，同一部电视剧每天总集数（包括重播集数）不得超过6集（每集不超过46分钟），双休日不得超过8集，晚间19:00—24:00不得超过3集	2010第二季度开始，省级卫视的跳播、交叉套播和联播三集以上的混乱行为有所规范，改为二集或三集连播。省级卫视电视剧播出比下降，大量开发以综艺节目为主的常态节目

续表

政策来源	时间	政策	省级卫视对策
《关于进一步加强电视上星综合频道节目管理的意见》		34家省级卫视综艺节目每周不得播出两档以上,黄金时段(19:00—21:00)播出综艺节目时间不得超过90分钟	2012年,湖南、江苏、东方、山东、辽宁等卫视采用三集连编排策略,用电视剧填补综艺节目的时间空位,以增加广告时段、弥补广告收入的损失
《关于进一步加强广播电视广告播出管理的通知》(79号令)	2011年	非黄金时间段影视剧持续播出时间不得少于15分钟,黄金时间影视剧播出时间不得少于25分钟;禁止片头之后、剧情开始之前和剧情结束之后、片尾之前插播广告;播放片尾画面或演职人员内容时禁止播放任何形式的广告	减少单集剧时长、增加植入性广告、广告游走字幕或角标等方式
《广播电视广告播出管理办法》的补充规定		清理并撤销2012年电视剧的插播广告时段,每集电视剧中不得以任何形式插播广告;中止执行79号令的第二条"规范影视剧中间插播广告行为"	
全国电视剧播出工作会议	2014年	同一部电视剧在黄金时段播出不得超过两家卫星频道,一晚黄金时段联播不得超过两集	4+X四星联播时代结束,一线阵营将更多采用独播、自制剧,二线阵营首播剧优质资源匮乏,三线阵营将放弃新剧首轮播出

资料来源:广电总局网站、中央政府门户网站

以上材料基本反映了2009年以后广电总局对省级卫视电视剧及其广告编播行为政策调控的流变,以及省级卫视所做的应对性调整。从2011年起首发禁播《流星花园》意见以来,广电总局每年陆续出台调

控和指导省级卫视生产和编排的禁令，除了电视剧之外，调控内容还涉及电视节目、广告等。例如，针对省级卫视娱乐节目同质化、低俗化的情况，2012—2013年间，国家广电总局陆续出台了《关于进一步加强电视上星综合频道节目管理的意见》《关于做好2014年电视上星综合频道节目编排和备案工作的通知》。这些条例的主要内容包括：保证新闻节目的数量和时长，每周晚19:30—22:00的娱乐节目不能超过两档，限制相亲、涉案、情感类节目，建立道德和主旋律节目，扩大纪实、少儿等节目的播出比例，限制歌唱类选拔节目和电视晚会的数量和播出时段等。同时广电总局要求对新闻类、歌唱选秀类、道德建设类、境外引进节目进行提前两个月申报备案，晚间19:00—22:00的几乎所有节目类型都必须提前备案报批。与"限娱令"一样，"限广令"在条例制定和措辞上的不严密往往成为省级卫视钻空子的漏洞。比如，针对2011年12月广电总局的"限广令"，多家省级卫视采取减少单集剧时长、增加植入性广告、片头之后正片之前增加广告、游走字幕或角标等方式应对。而这些对策对观众的电视剧收看体验的影响是有过之而无不及。

广电总局的相关条例和意见在一定程度上遏制了省级卫视节目娱乐化、低俗化的现象，却没有从根本上改变其同质化的竞争格局。各家省级卫视马不停蹄地跟在"限娱令"后面撤掉或停止研发已有节目（有些节目已经洽谈了广告商或排好档期，下档意味着巨大的经济损失），或是对已有节目进行"去娱乐化"的洗白。2014年，为了达到广电总局增加少儿节目的要求，各家省级卫视扎堆制作《爸爸去哪儿》《人生第一次》《爸爸回来了》《爸爸请回答》等一系列亲子旅游类和教育类节目，由娱乐同质化的风潮转向亲子同质化。

笔者并不否认广电总局在维护省级卫视内容生产的品质和监督其承担社会责任方面所做出的努力，但政策性调控造成省级卫视在实际生产过程中很多不可控变动因素以及经济负担。每年出台的相关条例都是针对广电行业现状进行的应对性调控。一个政策的出台确实对某些不良现象起到了遏制的作用，但省级卫视的应对策略进一步造成了新的不良现象的产生。省级卫视养成了见招拆招的对策，钻政策漏洞，规避条例措辞的不完善，需要新的限制政策继续出台。这种年复一年"猫和老鼠"的游戏并不能从根本上建立有序、健康的产业环境。作为独立的经济实体，省级卫视的内容生产应符合市场资源配置和社会效益的双重要求，对省级卫视的政府规制应符合市场规律，诉诸市场手段而非政府行政手段进行调节。

第三节 缺失体制优势的"新闻立台"

省级卫视在上星的初期，大都标榜自己为"新闻立台"的综合频道，承担本省新闻宣传的任务，报道本区域在经济、政治、文化等方面的发展状况，体现了更多的政治和经济、文化示范效应。然而，在现行的传媒体制下，无论是信号覆盖率、资源占有率，还是媒体地位，省级卫视很难与中央电视台的新闻报道相抗衡，展开正面角力。作为唯一的国家级电视媒体，政党和政府的官方发言者，中央电视台在人力、资源、政策等方面的优势远超国内其他任何电视媒体，并拥有国家政策和重大消息的首要发布权。同时，中央电视台的新闻评论亦代表国家对于新闻事件的定调和态度。每晚七点的《新闻联播》除了在中央电视台新闻综合和一套并机播出之外，全国大部分省级卫视执行联播任务，此举形成了中央电视台新闻全覆盖的宣传局面。2009—2011年新闻时事类节目收视份额如图2-1所示。

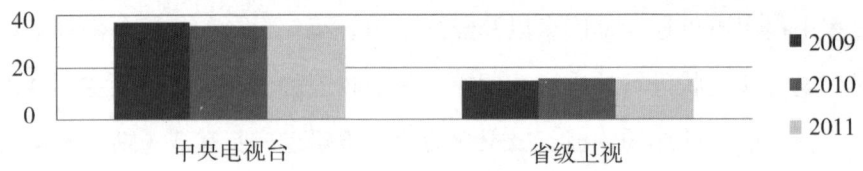

图 2−1　2009—2011 年新闻时事类节目收视份额（单位：百分比）

数据来源：CSM

20 世纪 90 年代末，大多数省级卫视在市场化转型的过程中为避免与中央电视台进行正面角力，试图寻找娱乐、财经、电视剧、女性等作为频道的特色化定位。在这样的大背景之下，东方卫视却在 2003 年正式提出"新闻立台"，以建立"走向世界"的专业信息频道为发展目标。不同于其他卫视的无奈或是主动转型，东方卫视坚持"新闻立台"的提出，一方面是基于上海特殊的政治、经济地位，另一方面也体现了上海电视人新闻专业主义的理想（这部分将在第四章详细阐述）。以下，笔者将对政治场影响下的东方卫视新闻生产进行深描。

一、"温和节制"的党管媒体

上海电视新闻事业发展的几个阶段与上海经济飞速发展的几个时期是吻合的。1992 年邓小平南方谈话带动了浦东新区的发展，落户浦东的东方电视台与上海电视台形成竞争态势，中国首次在一个省级行政区里出现两个省级无线电视台。东视与上视新闻暗中角力，往往一条新闻两家电视台争抢，虽然造成了一定程度的重复劳动和资源浪费，但这种激励机制使上海观众受惠于多元的新闻视角和不断创新创优的新闻报道方式。

1993—2003 年，上海连续十年实现了国民生产总值高于全国增长率，上海开展了改革开放以来的第三次大讨论——"大突破、大发展"。经济体量的增长必然带来更多的政治话语，加之上海政治力量从地方到中央的贯通，上海市政府希望通过打造面向全国的卫视新闻，体现地方成绩与中央政策的呼应。东方卫视"新闻立台"的初衷承载了上海市宣传事业与 SMG 新闻事业的共同理想，切实体现了党管媒体的属性。

甘斯对 20 世纪 60 年代美国的新闻编辑部的新闻价值的评价是"温和节制"①，这一点对于东方卫视以及大部分中国省级卫视的新闻生产而言也是同样适用的。"任何一个新闻机构甚或一种表达方式，越是希望触及广大的公众，就越要磨去棱角，摒弃一切具有分化力、排斥性的内容"，最终致使新闻的"随大流"②。

"媒体的发展必须以尊重社会现实条件为前提，要看到现实环境的条件许可。必须认清国情、省情以及社会现实条件。不要太脱离现实，否则就可能会翻船。需要处理好两者之间的分寸，处理这种关系考验着媒体领导者的知识、指挥、艺术甚至品格。"③ 以"尊重社会现实条件"和防止"翻船"为前提的审时度势使这种"温和主义"的价值观很容易得到大部分新闻从业者的认同（无论这种认同是被动或主动的）。在东方卫视的新闻生产机制上突出表现在两个方面：一是跟随和借力政治的代表；二是对"失序新闻"④ 的重点报道。以下从两个方面阐释这个机制的建立。

---

① 赫伯特·甘斯：《什么在决定新闻：对 CBS 晚间新闻、NBC 夜间新闻、〈新闻周刊〉及〈时代〉周刊的研究》，石琳、李红涛译，北京大学出版社 2011 年版，第 64 页。
② 皮埃尔·布尔迪厄：《关于电视》，许钧译，南京大学出版社 2011 年版，第 65 页。
③ 芮必峰：《新闻专业主义——一种职业权力的意识》，载《国际新闻界》，2011 年第 12 期，第 75 页。
④ 失序新闻是指报道对于种种秩序的威胁和用以重建秩序的措施，包括自然、科技、社会和道德失序四个主要类别。引自赫伯特·甘斯：《什么在决定新闻：对 CBS 晚间新闻、NBC 夜间新闻、〈新闻周刊〉及〈时代〉周刊的研究》，石琳、李红涛译，北京大学出版社 2011 年版，第 65 页。

1. 确立"合纵连横"的生产机制

上海卫视立台之初,政治、地缘等环境的利好为其新闻生产机制的建立奠定了坚实的基础。为了横向、纵向打通新闻渠道,整合新闻资源,并确保新闻生产的尺度安全,东方卫视确立了"合纵连横"的新闻生产机制。

所谓连横,第一步是日播节目《城际连线》和周播《城际特快》的打造。东方卫视构建了一个整合长三角六省一市城市新闻资源的平台以及一个京、沪、粤三个国内一线城市的新闻共享平台,形成城际共享新闻资源,共同策划重点新闻话题,并在突发事件和重大事件的报道上实现连线直播。此外,与兄弟电视台一起建立了中国公共电视传输网(CPTN),卫星、光缆、网线等技术被用来共享全国各个城市里发生的民生新闻,这些新闻具有共同的特点:趣味性强、人情味足、可突破地域性限制。各家电视台上传当地符合条件的新闻素材,并在网络中选取适合本地观众的素材。东方卫视还与台湾 TVBS 联合制作新闻资讯节目《双城记》,实现了台北与上海的城际联合。

第二步是"收视重镇"的攻城拔寨。2004 年,东方卫视在成都、青岛、杭州等多个收视重点城市开展了《花开中国》系列直播活动。经过一年的周游列省,东方卫视逐渐与兄弟台建立战略联盟,谋求共赢合作,在全国范围内推广了自己的媒介形象,塑造了品牌影响力。

所谓合纵,是与高一层级的新闻单位建立合作。以新华社和中国国际广播电台等为代表的新闻媒体在中国主流意识形态传播过程中起着引导舆论和话语方式的作用,在中国的政治环境中扮演着重要的角色。通过与这样的新闻媒体合作,东方卫视在新闻资源、选题操作和报道尺度等方面能够得到充分的保证。

新华社是东方卫视向上寻求的第一个合作对象。20 世纪 90 年代中期，新华社为了打造一个像美联社、路透社一样的全球新闻视频音频传输网，成立了新华社音像部（2009年该部调整为新华社音视频新闻编辑部）。新华社制作了《新华纵横》和《新华视点》两档电视节目，供给地方各级电视台。由于当时媒体的异地监督和跨省监督屡次被推到舆论的风口浪尖，省级卫视对异地社会新闻的报道显得非常敏感。为了突破制度的瓶颈，形成共赢局面，东方卫视在国内新闻方面与新华社展开全面合作。

一方面，新华社将为以东方卫视为主的频道的供片量作为记者的考核指标之一，增加了音像部记者的积极性和业务能力；另一方面，在"新华社"的官方旗号下，东方卫视获得了国内重大事件联合采访的资格，增强了重大新闻的及时性和权威性。借助中央一级新闻社的力量，东方卫视整合全国新闻选题资源，于2005年创办了新闻专题栏目《深度105》，该栏目成为中国新闻深度调查类节目的典型。

合纵的另一个对象是中国国际广播电台（以下简称"国际台"）。中央针对境外媒体信号落地中国有明确的要求，省级卫视不可以直接接通境外媒体的新闻信号，必须有一个前置系统进行审片。中央电视台、国际台等国家认定的几个新闻机构担任此角色。通过建立合作关系，国际新闻[①]音视频得以无缝传输给东方卫视，卫视国际新闻获得了一张长期"准生证"，数次对国际事件进行第一时间的直播，如人类首次登陆火星、俄罗斯别斯兰人质事件、美国总统大选等。此外，2006年，东方卫视还引进了公安部政治部联合各地公安部门制作的警务类节目《中国警务报道》以及司法部主办的《律师视点》，以求用贴近民生的话语、真实的案例，向全国观众普及法律常识。

---

① 使用外媒（包括路透社、美联社、CNN、BBC、东森台等）的开放信号（连续40s内），遮外媒频道标识播出。

2009年开始,新华社开办了中国新华新闻电视网;各区域性电视台之间逐渐达成互不异地监督的默契;区域政治气候发生变化;频道层面屡次行政调动。这些变局使卫视新闻生产逐渐失去了建台之初的政治、资源、话语等方面的利好条件。

2. 强化仪式性新闻、失序新闻的报道

2007年以前,东方卫视于晚间七点档播出自制新闻节目,这一策略被许多人误解为东方卫视新闻与中央电视台新闻抗衡的表现。事实恰恰相反,中央电视台的《新闻联播》节目最初落地上海时,上海提供了优于全国其他地方的落地资源。在当时有线网资源稀缺的情况下,上海专门开放了无线CH38和有线DS12等多个频道用于完整转播中央电视台的全部四套节目。不仅是《新闻联播》,央视多个频道的节目可以全天覆盖上海地区。2007年之后,随着政治大环境的转变,上海宣传事业意识到需要更加积极地向主流政治话语靠拢。2007年7月11日,东方卫视加入省级卫视晚七点播放《新闻联播》的行列,将自制新闻节目《东方新闻》提前到晚六点。《新闻联播》的播出意味着东方卫视自制新闻节目的撤退,这一举措被业界人士和观众认为是向中央示好。随着高层行政调动和政治气候的变化,不仅是《新闻联播》的播出,东方卫视的整个新闻生产也是以安全生产为首要目标。

与此同时,东方卫视新闻事业的重点进一步着眼于突发事件和国际事件(特别是仪式性新闻和失序新闻)的报道,以展现东方卫视直播能力、新闻资源整合力和新闻深度。① 2008年,北京奥运会、汶川地震、玉树地震、雅安地震、世博会等重大事件给东方卫视压抑的新闻事业带来一些机遇。在这些事件的编辑报道上,东方卫视启动应急直播机

---

① 赵淑萍、忻勤:《东方卫视新闻崛起的历程及其理念——访东方卫视新闻采编中心总监陶秋石》,载《青年记者》,2012年第36期,第76页。

制,成为在新闻直播业务上少数能与中央电视台相比较的省级卫视。

"过度追求轰动性、吸引观众注意力的新闻制作观念使新闻生产者关注于报道那些'没有政治后果'的社会新闻(特别是自然灾害、人为事故等)或政治生活中'最具有轶闻色彩、最仪式化'的事件。"①甘斯认为失序新闻可以被划分为"自然、科技、社会以及道德失序"四个主要类别,通过对失序和重整秩序的报道,新闻媒体可以将观众引入到"两个恒久价值,即对社会秩序的向往,以及用于维持这一秩序的国家领导权的必要性"②。东方卫视以对"自然失序新闻"③和"社会失序新闻"为主的重大新闻报道为契机打造新闻影响力,恰恰体现了其"温和主义"的新闻价值观以及对维持和重建秩序必要性的强调。

以下从国内新闻和国际新闻两个方面探讨东方卫视如何在资源有限的情况下通过重大新闻报道打造其新闻品牌影响力。

(1)提高国内重大突发新闻事件的采编播能力。

为了锻炼记者在突发事件时的直播能力,东方卫视展开了一系列软话题的训练性直播,比如,"江苏大丰麋鹿放养全纪实""黄陵公祭""苏州世界遗产大会"等。这些日常训练保证了东方卫视新闻团队在重大新闻事件出现时迅速反应。2005年,东方卫视在新闻节目播出过程中中断常规节目,直播伦敦地铁爆炸事件,成为中国唯一一家直播该事件的电视媒体。

2008年汶川地震事件是东方卫视新闻团队的一次集体亮相。汶川

---

① 皮埃尔·布尔迪厄:《关于电视》,许钧译,南京大学出版社2011年版,第74—75页。
② 赫伯特·甘斯:《什么在决定新闻:对CBS晚间新闻、NBC夜间新闻、〈新闻周刊〉及〈时代〉周刊的研究》,石琳、李红涛译,北京大学出版社2011年版,第65页。
③ 甘斯认为自然失序新闻报道报道的是洪水、地震等自然灾害,以及一些可被归因于自然力量的飞机失事或者矿井塌陷等工业事故。20世纪60年代美国的社会失序是国际暴力政治失序和国内种族骚乱、反战游行、示威和"破坏"。

地震发生次日，东方卫视策划了题为"聚焦汶川大地震特别报道"的系列报道；5月16日，卫视整合全天版块，进行从早间7点到凌晨1点的20小时无缝直播；截至2008年5月24日，累计播出时间200多小时。上海文广集团集全台之力，打通从电视新闻中心、东方卫视到技术中心等各部门，通盘策划新闻选题、频道包装、编排节目，以背景分析、现场连线、事件回顾、嘉宾访谈、特别报道等多种形式，对事件进行全方位的跟踪报道。集团先后派出200余位新闻采、编、播人员，组成15路报道组深入震中，用海事卫星电话、Flyaway等卫星传送技术确保新闻传送的有效及时。卫视与新华社等中央媒体机构以及各地方电视台进行联合报道，与四川卫视、成都电视台长期维系的合作关系在此时也体现了优势，两家电视台为东方卫视提供了许多一手的新闻素材，有些素材的获取甚至是优先于央视的。

正是有了东方卫视等频道对地震事件的详尽报道，民众才对汶川灾情有了相对及时、直观的了解，保证了全国性突发事件信息得以公开传播，使民众确认重建秩序的必要性，增加了民间与政府共渡难关的向心力。同时，东方卫视主动联络海外媒体新闻机构，向日本、韩国、东南亚、美国等新闻机构提供地震相关新闻素材，为国际民众了解汶川地震事件提供了又一角度和窗口，为中国的重大灾难事件获得了一定的国际舆论支持。2008年5月12日到5月31日，汶川地震期间，东方卫视的全天收视率和收视份额都位列省级卫视的第二名，仅次于事件发生所在省的四川卫视。

2008年的新闻大年是对省级卫视新闻制作能力综合测评的一年。地震报道发力在前，北京奥运会报道、神舟七号飞船发射紧接在后。东方卫视抓住机遇，充分发挥了频道优势，整年收视率位列省级卫视第三名。此后，每逢重大突发事件，东方卫视都第一时间中止节目常态编排，对突发事件进行全天式集中报道，如2014年的马航事件等。若是考虑到东方卫视集团资源战略转移，消费主义倾向加重，以及资源有限的大背景，东方卫视能够做到此，已实属不易。

（2）开拓国际新闻的多样性视角。

东方卫视在对新闻的国际影响力打造上，很长一段时间都处于摸索状态。比如，2003年播出的 *News at Ten*。作为全国第一档英语新闻，该节目的受众面向是在华工作生活的外国人和有学习英语兴趣的中国人。虽然 *News at Ten* 响应了20世纪90年代末全民学英语的风潮，也在新闻事业领域获得了多个褒奖，但是节目囿于语言和受众群体人数的限制，只受到少数渴求英语语言环境的青年人的关注，对在华生活的外国人影响力不大。与全国百姓的基础收视人数相比，在华外国人只占据了极小的比例，每天30分钟长度的英语新闻又很难形成对外国观众长期的吸附力。面对此情况，东方卫视调整思路，改变了国际新闻的着力点，形成了与央视、凤凰卫视相似的窗口定位——国内观众了解国际事件的窗口；境外媒体了解中国的窗口。这个定位的改变，使得当时 *News at Ten* 等英语新闻节目撤出卫视，转向上海外语频道。

与国内影响力的打造方式相似，东方卫视国际新闻的影响力也是在重大新闻事件，特别是仪式性新闻和失序新闻的直播和连续报道上做文章。2004年"勇气号火星探测器登陆火星"事件据称为人类有史以来第一次星际直播，也是东方卫视国际事件直播的处女秀。其后，东方卫视陆续直播了俄罗斯别斯兰人质事件、阿拉法特逝世、纪念"9·11"五周年、伦敦地铁公交爆炸、美国总统大选等国际性新闻事件。其中，印尼海啸、南亚地震、纪念奥斯威辛集中营解放60周年、万隆会议50周年庆、马航失踪、乌克兰危机等重大事件，东方卫视派出特派记者进行现场报道。通过这些国际重大新闻事件的直播和系列报道，东方卫视在省级卫视阵营中竖起了新闻大旗,形成了一定的影响力,成为继央视和凤凰卫视之后的又一国际新闻资讯平台。

二、"凤凰""深圳"的新闻生产经验

囿于体制性新闻生产资本的缺失,东方卫视在实践新闻立台的道路上遇到了很多阻碍和困难。上海媒体的保守文化对卫视公共新闻的生产实践和新闻从业者职业理想的实现造成了一定的阻碍。相较而言,凤凰卫视和深圳卫视近几年来在新闻生产方面力图突破瓶颈,形成符合地域特点和频道特色的新闻节目样态,为东方卫视重新审视自身生产环境,调整新闻生产结构提供了经验性的视角。以下将就凤凰卫视与深圳卫视的新闻生产经验与东方卫视进行比较分析。

凤凰卫视的环球新闻中心在全球设有25个定点记者站,覆盖近150个国家和地区,以确保记录全球新闻事件的第一现场。以卢宇光为代表的记者群,以吴小莉、许戈辉、陈鲁豫为代表的主持群,以及以阮次山、曹景行、郑浩为代表的评论员群成为凤凰品牌人力资源战略的核心。一个区域性媒体是否处于新闻现场通常有两个明显的标志:其一,带有频道标志的话筒是否入画;其二,记者是否在场并发声。前两者在场作为前提,演播室里主持人、评论员、专家对事件的剖析和评论才有可能给观众带来权威的印象。而在这一点上,凤凰卫视以对美伊战争的报道作为里程碑,实现了"华人在现场"——"华人立场和华人角度"——"理性客观态度",通过这次国际重大新闻事件报道,凤凰卫视建立了"华语媒体的公信力和影响力",实现了"向华人报道世界的资讯,向世界发出华人的声音"的频道定位。[①] 随着央视等国家级新闻

[①] 钟大年、于文华:《凤凰考:建构一个新传媒》,北京师范大学出版社2005年版,第45—46页。

媒体生产机制的升级,凤凰卫视的新闻生产机制进一步提升为"基于过往的事件、人物和场景,强调回看和反思"的"历史—人文生产机制"①。

当然,以凤凰卫视作为我国省级卫视新闻发展的方向,更多的是一种努力发展的方向,或是其新闻操作的参考。毕竟凤凰卫视有其极为特殊的生存空间和环境,包括东方卫视在内的各大省级卫视几乎很难有类似的制作、播出的环境。在很多业界人士的眼里,凤凰卫视生于北京、长于香港,既占有政府提供的优质信息资源和强势话语权,又拥有香港自由表达公众观点的良好意见土壤。不同于东方卫视的"夹缝中求生存",凤凰卫视的新闻节目则是游走在双重体制下的共生儿。选择'边缘题材',除了是为了在理念层面实现专业追求和社会关怀,也是为了在现实层面制造'错位竞争'的空间。"② 如何在理性建构的前提下最大限度地形成新闻影响力,凤凰卫视模板对东方卫视的新闻生产提供了很好的思考路径。

同样是"新闻立台"的深圳卫视,其频道定位和战略规划也非常清晰。深圳地处毗邻港澳台的经济特区和南风窗口,远离政治核心区域,新闻话语相对自由。深圳卫视依靠特区的地缘优势,提出了新闻品牌栏目要有"独特角度、精准锐度、恰当尺度、专业深度",形成以日播节目《正午30分》《深视新闻》《直播港澳台》和周播节目《军情直播间》《决胜制高点》《关键洞察力》为品牌栏目的新闻资讯节目带。这些新闻栏目以"国际时事"和"深度观点"为切入口,分别关注"军情、国际关系和关键人物/事件/机构",形成了内地—港澳台—世

---

① 徐帆:《锵锵和鸣:凤凰卫视的角色制造与节目生产》,北京大学出版社2013年版,第141页。
② 徐帆:《锵锵和鸣:凤凰卫视的角色制造与节目生产》,北京大学出版社2013年版,第128页。

界的多维视角。深圳卫视的全天新闻体量排名省级卫视前列，频道成为全国省级卫视黄金时间段播出新闻栏目体量最大的卫视，也成为在晚间黄金时间段用日播新闻节目与其他频道的娱乐节目正面角力的频道。"2012年这三档节目先后43次获得同时段收视排名第一"①，其收视表现常常优于同时段的季播综艺节目。

深圳卫视新闻中心主任苏荣才总结深圳卫视新闻创新探索成功的三个原因，对东方卫视有一定的借鉴意义。

首先，机制和制度的保障。深圳卫视的新闻创新受到了包括深圳市委、宣传部的支持，保证了新闻栏目制作创新的灵活机制。比如，晚间日播节目《深视新闻》已经可以做到"发稿不用送审，时长自行决定，编排灵活处理"，使深圳卫视的新闻报道"回归新闻价值和传播规律"②。

其次，团队化建设。深圳卫视的三档新闻主力栏目是由一支70多人的队伍独立承担的，广电集团非常注重对这支新闻力量的培养和打造，使它的执行能力和创新能力得到不断提高。

再次，创新4D策略的贯彻执行——"差异化（Difference）、脱敏化（Desensitization）、多元化（Diversity）、深度化（Depth）"③。

"差异化"是指节目定位和日常采编手法实行差异化处理，资讯关注度由深圳本土向港澳台、东亚、东南亚乃至世界辐射，涵盖政治、经济、军事国防、区域性合作等时事要闻。

---

① 崔燕振、陈君聪：《深圳卫视频道定位与核心栏目竞争力打造的思考——美兰德公司总经理崔燕振访深圳广电集团总裁陈君聪》，载《当代电视》，2013年第6期，第26—28页。
② 苏荣才：《让世界听到深圳发出的声音——〈直播港澳台〉及深圳卫视新闻的创新发展》，载《南方电视学刊》，2013年第11期，第45页。
③ 苏荣才：《让世界听到深圳发出的声音——〈直播港澳台〉及深圳卫视新闻的创新发展》，载《南方电视学刊》，2013年第11期，第45页。

"脱敏化"是指对新闻话题边界的不断拓宽和探索。为了能够最大程度地报道关乎国计民生的一些敏感话题，新闻中心建立了一套"化解疑难、管控风险、技巧表达的具体表达和作业流程"①。

"多维化"是指新闻消息源的、新闻报道角度、新闻评论观点的多元化。节目既关注专家、权威人士的意见和观点，也为新闻当事方、微博等民间声音提供了足够的评论空间。

"深度化"是指在自媒体盛行、信息碎片化的媒体环境中，强化传统电视媒体在新闻报道深度上的优势，不断拓展新闻资讯的深度和广度。

由于来自不同的媒体环境和地缘文化，东方卫视无法完全复制凤凰卫视和深圳卫视"新闻立台"的生产机制。但以上两者的经验对东方卫视新闻生产具有一定提示作用。虽然"新闻立台"在中国当下的体制和环境下是比较尴尬的，但通过建立良好的新闻生产机制，认清如何利用东方卫视所处的地缘优势，加强新闻核心团队的打造和培养，提高他们新闻业务水平和创新能力，"新闻立台"仍有可能走出一条创新实践的道路。

---

① 苏荣才：《让世界听到深圳发出的声音——〈直播港澳台〉及深圳卫视新闻的创新发展》，载《南方电视学刊》，2013年第11期，第45页。

第三章　市场逻辑的主导：经济场作用下的电视生产

布尔迪厄对法国电视的批判是基于其所在的社会等级结构之上，法国社会等级结构依赖经济资本和文化资本两个资本类型的分配来确立社会秩序中的地位。其中，政治场域更接近以经济资本占中心的经济场域。然而，布尔迪厄针对法国社会所指出的政治场与经济场之间的关系，在中国社会中表现有所不同。本章将从经济场与电视场的互动角度，阐述和总结东方卫视电视生产系统中的资本互动。

基于20世纪末的法国电视现象，布尔迪厄提出了对电视非政治化、个人化的担心，认为本应成为"民主的非凡工具"的电视之所以蜕变为"象征的压迫工具"，其根源在于经济逻辑对新闻场、电视场以及文化生产场的影响。20世纪末的中国省级卫视，其行政管理和生产运作都更依附于政治力量。进入21世纪之后，电视场强大的象征资本省，作为经济场的代言人在文化生产场域中实施文化权力。以下，笔者将从新闻立台、综艺兴台和影视强台三个方面深描经济场作用下的东方卫视生产实景。

<<< 第三章 市场逻辑的主导：经济场作用下的电视生产

第一节 "新闻立台"的市场化转向

省级卫视的媒介地位在根本上是由传媒体制决定的。作为"机构及其稳定关系所形成的结构，以及这种关系所遵循的原则和规范，体制的核心是制度，包括定义、制约和促成方法，以及社会个体行动和互动的正式或非正式规则"①。在中国现行的传媒体制下，电视台在政治和意识形态上隶属于事业单位，同时实行企业化市场管理。新闻事业制播分离的停滞不前反映了几十年来中国新闻体制改革的进展缓慢。新闻单元的事业化架构意味着东方卫视新闻要承载国家意识形态，但在东方卫视整个频道被置入企业化运营的大环境下，市场的引入决定了频道资本利益先行的色彩。因此，党管媒体的事业属性与市场化竞争的企业属性需要进行一定的磨合，多重利益取向，正在影响新闻业者的新闻热情。

一、软性题材的选择

市场机制的引入使新闻类节目被纳入收视率的逻辑中。尽管卫视新闻版块并没有感受到与综艺、影视版块同样程度的收视压力，集团对于新闻版块的收视指标往往远低于同一时段的其他类型节目。但随着媒体产业化的逐步深入，电视媒体逐渐步入自给自足、独立营运阶段，新闻版块一年两亿多的生产投入需要相应的广告收入给予回报。对新闻理念价值的追求不可避免地逐步转向对新闻生产的社会与经济价值的追求。因此，东方卫视的新闻呈现出愈来愈多的消费主义倾向。东方卫视

---

① 陈昌凤：《中国传媒集团发展的制度障碍分析——新闻体制：中国传媒集团的"瓶颈"》，载《新闻与传播评论》，2003年第0期，第77页。

2014年新闻节目广告刊例表如表3-1所示。

表3-1 东方卫视2014年新闻节目广告刊例表

播出时间	栏目及播出位置	15秒
07:00—09:00	《看东方》（片前、中）（周一到周五）	25000
07:00—08:30	《看东方》（片前、中）（周六、日）	25000
08:30—09:00	专题（片中）（周六、日）	28000
12:00—12:30	《东方午新闻》（片前、中）（周一至周日）	40000
17:00—17:30	专题（片前、中）（周六、日）	40000
18:00—18:30	《东方新闻》（片前、中1）	70000
18:30—18:58	《东方新闻》（片中2）	78000
18:58	《新闻联播》（片前）	75000
19:30	《新闻联播》（片后）	110000
22:00	《东方直播室》（片前）（周一）	100000
22:00—23:30	《东方直播室》（片中）（周一）	98000
约23:30	《子午线》（片前）（周一到周五）/《环球交叉点》（片前）（周六）/《双城记》（片前）（周日）	78000
23:30—24:00	《子午线》（片中1）（周一到周五）/《环球交叉点》（片中1）（周六）/《双城记》（片中1）（周日）	95000
	《子午线》（片中2）（周一到周五）/《环球交叉点》（片中2）（周六）/《双城记》（片中2）（周日）	82000
约24:00	《子午线》（片中3）（周一到周五）/《环球交叉点》（片中3）（周六）/《双城记》（片中3）（周日）	75000
24:00—24:30	《子午线》（片中4）（周一到周五）/《环球交叉点》（片中4）（周六）/《双城记》（片中4）（周日）	55000

数据来源：东方卫视广告部

"新闻立台"的选择和"三高"人群的定位在某种程度上是东方卫视向广告商表明姿态，宣告它能提供更优质的内容并吸引更年轻、更高消费阶层的观众群体。为此，东方卫视采取了一些与低消费阶层观众划清界限的方式，包括划分新闻版面时确保时政、财经、文化、国际新闻等的篇幅①，逐步压缩社会新闻和民生新闻的篇幅，采用体现国际都市气质的节目包装，增加专家、学者等精英人士的话语权等。这些策略使节目在相当长的一段时间里吸引了 14—25 岁的年轻观众以及 46—55 岁的"三高"人群，当然也使所在平台流失了部分观众基数中占比较大的低消费阶层观众。

尽管收视率不能作为衡量新闻节目质量的标准，但是无论是频道主管还是节目制作人都不由自主地将收视率与自己团队的工作能力和业绩挂钩②。东方卫视在近几年的新闻节目生产中越来越多地考虑在提升观众质量的同时扩大观众群的规模，在新闻内容选择和叙事方式上倾向于选择能让节目更符合预期收视、销路更好的策略。比如，晨间常态节目《看东方》开始以实用性的生活资讯和趣味性的软新闻为主要题材，以与中央电视台晨间新闻《朝闻天下》"权威、严肃"的新闻形式形成差异化竞争。周一晚间新闻谈话类节目《东方直播室》逐渐倾向于在具有普世价值的社会性话题中寻找"耸动的、夺人眼球的"的新闻故事和"性格突出、善于表达"的新闻当事人③，以避免因收视率下降失去广告商而被频道撤下的危险。这种偏重经济与文化题材、内容生活化的新闻编辑理念是新闻业者应对资源、话语和政策等方面优势缺乏采取的无奈之举。2014 年《东方直播室》新闻选题如表 3-2 所示。

---

① 比如，2013 年《看东方》节目中经济资讯的出现频率为 93.3%，文体资讯的出现频率为 40%。根据王嘉曼：《北京卫视和上海东方卫视早间新闻节目内容的分析》，东北师范大学硕士学位论文，2014 年，第 79 页。

② 事实上，无论是频道主管还是新闻节目制片人，他们对收视率都比较在意。在个别访谈中，笔者注意到他们用不在意的方式来表达大环境下难以改变现状的无力感。

③ 根据对某编导的访谈，时间：2014 年 7 月 15 日。

表 3－2　2014 年《东方直播室》新闻选题

1 月	《达人追梦录》（一）、《达人追梦录》（二）、《达人追梦录》（三）
2 月	《达人追梦录》（四）、《达人追梦录》（五）
3 月	《达人追梦录》（六）、《谁来温暖你的风烛之年》《天使的暴力》
4 月	《直击幼儿园安全事件》《我想有个家》《生死婴儿岛》《谁能接受家门口建医院》
5 月	《谁来扫除黄色阴霾》《谁动了我的隐私》《"中国大妈"来了》《180 个孤残儿的"爸爸"》
6 月	《襁褓里的秘密》《谁来拯救我的"单独二孩"》《公共空间之争》《小区里的"养老院"》《假如我在现场》
7 月	《血色花季》《舌尖上的风波》《培训班里的秘密》
8 月	《生命中最后的选择》《胚胎之争》《夫妻间该事事透明吗？》《我们需要怎样的慈善》
9 月	《生命中最后的选择》《我与大学谁容不下谁》《谁来拯救困境儿童》《明星染毒之后》《遭遇疯狂粉丝，我该怎么办？》
10 月	《家有小胖怎么办》《遭遇性骚扰，我该怎么办》《举报之后》《性侵之后》
11 月	《归来》《谁的双十一》《孩子，谁把你抛弃》《谁为英雄挺身而出》
12 月	《飞越疯人院》《"非法"的救命药》《家有个植物人》《真相背后的真相》《我想换张脸》

二、频道重心的偏移

由于综艺节目在广告招商中更容易标得较高的价格，出于频道创收的需要，SMG 在 2007—2011 年间的集团战略资源调整中逐步转移东方卫视产业布局的重心——新闻让位于娱乐。2007年,集团将"娱乐"版块置于卫视的整体构架中,并处于一个核心地位,这就意味着在产业化的趋势中,能带来更多经济实惠的"娱乐"元素逐步代替"新闻"成为东方卫视的发力重点。东方卫视新闻全线后退,卫视新闻栏目日总播出量一度减少。2003年,卫视的日播新闻总时长约七个小时,2007年以后,卫视新闻总时长最短时只有四小时左右。2003年及2013年东方卫视新闻栏目编排对比如表3-3所示。

表3-3 2003年及2013年东方卫视新闻栏目编排对比

时段	2003年	2013年
7:00	《看东方》	《看东方》
12:00	***	《东方午新闻》
18:00	《城际连线》	《东方新闻》
18:30	《环球新闻站》	***
21:00	《直播上海》	***
22:00	《今日新观察》	《东方直播室》(周一晚22:00)
23:00	《体育新闻》	《子午线》
周末	《七分之一》(周日20:00)	《环球交叉点》(周六23:36)
整点新闻	《东方快报》(全天八次)	***

从表3-3新闻节目编排中可以看出,2003—2013年期间"新闻"体量在东方卫视的平台呈减少和后退趋势,黄金时段和次黄金时段的大部分节目都是娱乐节目、季播综艺节目和影视剧。截至2013年底,属于东方卫视内部团队制作的新闻栏目只有《东方直播室》,但是这个栏目却时常要给综艺节目做相关的内容配合。比如,2012年《声动亚洲》、2013年《中国梦之声》和2014年《中国达人秀》播出期间,《东方直播室》用了近两个月的节目版面做娱乐软话题专题。节目内容主要是选手身世、选秀才艺和话题故事。这样一来,《东方直播室》中

社会新闻的锐气和深度消解一空,大大降低了新闻节目观众的黏连度。观众的评价也验证了这点,笔者摘录了一些新浪微博上网友对《东方直播室》"我为梦狂"系列节目的评论。

"妩媚甜心 miki":东方卫视的"我为梦狂"是《中国梦之声》的续集,很好看。

"再见麦兜响当当":《东方直播室》现在越来越无聊了,完全成了《中国梦之声》的附庸,以前《东方直播室》每期必看,期待"我为梦狂"收尾吧。

"90-峰峰-90":还是喜欢骆新主持有深度的节目,那种能够廉价的煽情和励志还是算了。

"咸蛋要当超人了":节目越来越没品位了,一直在为选秀打广告,亏我以前还一直喜欢东方直播室。

"覃明钊":"我为梦狂"也做了两个月了吧,感觉《东方直播室》有点变味了,为什么不另外开一个栏目呢?

"_X_Y小宇哥":《东方直播室》要是没有题材就停播算了,整的什么我为梦狂,完全是娱乐节目,打着东方直播室的旗号赚关注。越来越差。

——摘自新浪微博网友的评论

对于电视场而言,最显性的利益分割便是组织内不同部门对平台播出时间的占有。媒体组织内部成员拥有不同形式和比重的资本,他们最终要依赖对播出平台的占有和控制能力实现资本向利益的转换。因此,东方卫视在重心娱乐化转移的过程中并不是毫无阻力的,特别是在集团内部的新闻资源整合完成之后,新闻生产部门在日常采编播过程中与东方卫视一直呈现合作且制衡的状态。

三、新闻资源的集团化整合

1999年起,为了增强传媒行业的区域性竞争力,广电产业的体制发生根本性变化,各省级、地方的传媒集团陆续成立。本着降低生产成本的原则,各传媒集团内部对已有资源进行整合和再配置。2007年,东方卫视新闻生产团队在上海文广传媒集团资源整合的战略下被剥离,归入集团电视新闻中心。① 电视新闻中心承担向集团东方卫视、新闻娱乐频道②、新闻综合频道三个频道供给新闻、专题片等任务,旨在打造一个促进集团内频道间、节目间的新闻资源管理和沟通的新闻共享平台,并逐渐升级成为全媒体融合平台,以最终实现全媒体资源优势互补。电视新闻中心在国内各地设立驻站记者③,并在中心内部设立了以首席记者为核心的个人工作室④。

该平台采取新闻生产全程网络化操作的方式,对新闻来源进行统一采访、撰稿、编审、入库,播出平台各自选稿进行二次加工。新闻生产频道制向中心制的转变的大背景是SMG集团矩阵式管理模式(图3-1)的转变。联合相关性产业形成事业部的结构调整在新闻生产上的用意在于减少集团内部新闻资源的内耗,实现新闻资源共享。此举在重大新闻事件的直播和连续报道上确实体现了一定优势,避免了各新闻团队

---

① 整合上视、东视、东方卫视的三支新闻采编播队伍,中心有新闻业务者600多人,在阵容上在国内仅次于中央电视台。
② 2008年起,新闻娱乐频道调整为新娱乐频道,以综艺节目为主营业务。
③ 广州(华南)、三亚(海南)、西安(西北)、成都(西南)、香港(港澳台)、辽宁(东北)、北京(华北)、武汉(华中)、南京(华东)等九个城市各设一个记者站。
④ 新闻中心目前设立宣克炅工作室和袁文逸工作室,宣克炅工作室主要面向上海市内突发事件和民生新闻的报道,袁文逸工作室主要面向国际重大突发事件的报道。

"场域"理论视角下的东方卫视节目生产 >>>

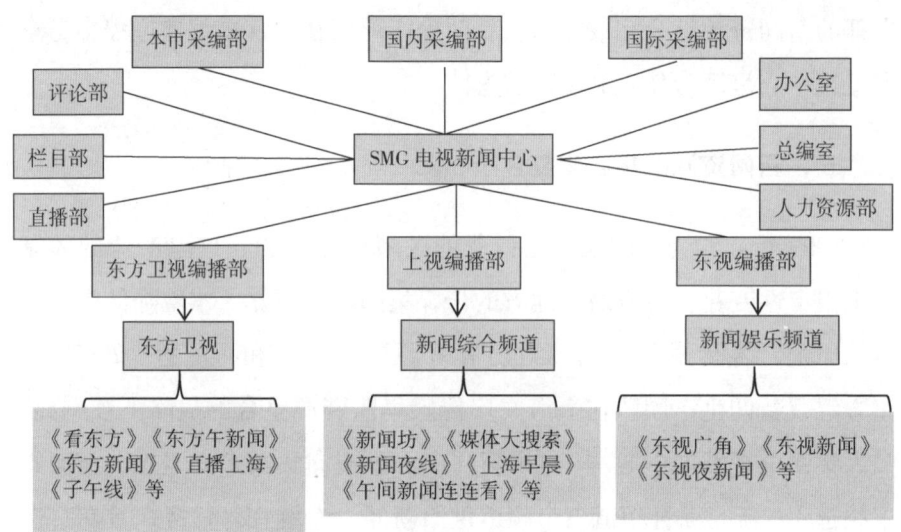

图 3-1 SMG 电视新闻中心基本架构

重复采访所造成的资源浪费,降低了单条新闻的制作成本。但在日常新闻节目的制作上,由于集团内部各部门、各频道行政力量的角力和牵制现象依然存在,"花圃"里"盆景"各自为政的现象并没有得到根本解决①。"可能带来的却是我们电视新闻工作者'觅食''抢食'能力的退化,致使我们本就不够健全、弱于国际同行、弱于国内报界、弱于小报狗仔队的生存能力的持续退化!……可能伤害到电视新闻选择的多样性、观察社会视角的多样性甚至多出电视新闻好作品的可能性。"② 蒋为民认为这场在集团内部关于新闻资源整合与否的争论深层次原因在于媒体的产业化与专业化之间存在着矛盾。③

---

① 黎瑞刚将 SMG 频道各自为政的现象比喻为花圃中的盆景各自吸收养分,相互的根系不连通。
② 陈梁:《电视新闻流变——上海 1958—2008》,复旦大学博士学位论文,2010 年,第 155 页。
③ 蒋为民:《"颠覆电视":媒介融合背景下 SMG 全媒体战略及实践的研究 2001—2011》,复旦大学博士学位论文,2012 年,第 84 页。

从表 3-4 的广告刊例价可以看出，东方卫视新闻节目的广告刊例价格与地面新闻综合频道并没有拉开太大差距，在部分时段上，新闻综合频道的刊例价格甚至高出东方卫视两倍多。因此，受众面向更加广泛多元的东方卫视在新闻生产的成本投入方面不会占有太多优势，电视新闻中心无法为卫视量身定做一个记者团队①，遑论打造具有鲜明频道特征的记者品牌。

表 3-4 上海新闻综合频道 2014 年部分广告刊例价

播出时间	栏目及播出位置	15 秒
07:00—09:00	《上海早晨》（片中）	21000
约 12:15	《午间新闻连连看》（片中）	18000
12:45、17:30	《媒体大搜索》（片中，2 次）	45600
约 18:00	《新闻坊》（片前）	45000
约 18:15	《新闻坊》（片中）	81000
约 18:25	《新闻报道》（片前）	87000
约 18:45	《新闻报道》（片中）	172800—178800
约 21:30	《新闻夜线》（片前）	39000
21:45—22:25	《新闻夜线》（片中）	37200—52800

数据来源：SMG 新闻综合频道

某资深记者称之为"隔着一层皮做事"，"电视新闻中心有自己的绩效考量指标，东方卫视只是其中的一部分……有时卫视需要直播或做临时性的特别新闻报道时，发现中心没有可供临时调配的编辑和记者"②。电视新闻中心成立的最初几年里，相较于东方卫视，新闻综合频道的本地新闻报道在人力资源上占据一定优势。时任东方卫视副总监

---

① 截至 2014 年 7 月，电视新闻中心的采访部是不分频道设置的，编播部分为卫视编播部和上视编播部。
② 根据对某位新闻节目主编的采访，时间：2013 年 5 月 23 日。

徐之浩认为卫视的新闻是"被高端"的，他举例2010年的上海高层火灾新闻事件，"站在办公室就能看到事故现场，苦于没有自己可调配的记者团队，只能飞字幕，而新闻综合频道已经架机直播了……"①。作为专门跑本地社会民生新闻条线的记者宣克炅，只要上海发生突发性新闻事件，他都会在第一时间赶赴现场为新闻综合频道进行连线报道②。2004年，新闻娱乐频道的《东视新闻》设立"小宣在现场"专栏版块。2014年新闻综合频道晨间新闻节目《上海早晨》推出"小宣说"版块，宣克炅以新闻脱口秀的方式对民生、社会、突发、社会监督等话题进行点评。坊间流传的上海人四怕中，第一条就是"下班回家的时候看到宣克炅站在家门口"，这句调侃足见现场报道对于打造记者品牌、栏目品牌和频道品牌的关键意义。

近几年，BBC、CNN等新闻媒体基本完成了与SMG电视新闻中心类似的生产机制升级，以建立内容数据库和全媒体融合为核心目标，打破团队间的竞争壁垒，提高新闻资源利用率，实现全媒体资源整合。但东方卫视新闻生产机制的改革不能完全以这些全球性新闻媒体③为蓝本。基于资源整合、减少不必要成本为目的而打造数字化、网络化共享平台固然符合一定的时代发展精神，但作为仍然处于拓展和夯实全国影响力阶段的区域性媒体，新闻梯队建设、一线记者专业主义的实践以及新闻品牌锻造的逐步完成假以时日方能实现。

---

① 张鑫：《传东方卫视"人事地震"，SMG战略将大调整》，载《凤凰网》，2011年2月15日。

② 静安区高层住宅大火、闵行区高楼倒塌等突发性事件，宣克炅是最先到达现场进行报道的新闻记者。

③ BBC从2006年开始实行机制改革，于2012年基本完成新闻生产的全媒体改革。目前BBC新闻团队总计8000余人，分为全球新闻部、英国新闻部、苏格兰地方新闻部、新闻采集部和市政新闻部。庞大规模的新闻记者团队保证了国际、国内和地方各条线新闻源的全面覆盖。

2012年以后，随着组织内部生产机制逐步理顺，卫视新闻节目影响力不断扩大，电视新闻中心在业务管理上进一步与东方卫视做切割的同时①，对娱乐的版面扩张并不是毫无抵抗的。"新闻版面的时间现在是固定的，电视新闻中心是咬住不放的。每天几段时间一掐，中间排娱乐节目和影视剧，全天整体收视就上不来。周末晚间黄金档的季播真人秀，你明明知道快速重播一定会有很好的收视反响，但新闻版面卡在那里，快速重播就是实现不了。"② 东方卫视中心内部人士向笔者表达的无奈之情侧面反映了新闻生产者在守住固有版面上所做的努力。

电视新闻中心与东方卫视中心在架构上属于平级单位，相互不存在领导与被领导的从属关系。新闻与娱乐版面的你进我退，实质上是新闻生产者与娱乐生产者权力制衡的结果。相较于新闻综合频道，东方卫视的新闻节目并不一定给整个集团带来更多的经济效益。但对于上海电视业而言，东方卫视是唯一一个能建立全国性影响力、树立电视工作者职业声望以及实现上海电视新闻从业者"成名的想象"③ 的平台。

第三节 "综艺兴台"的本土与创新

外部权力场力量的制衡是一个动态的过程，这个互动过程对电视场内部的直接影响是不断改变内部空间力量的格局，形成电视场内部持续的动态调整。东方卫视新闻生产的局限以及集团战略核心布局的转移为

---

① 比如，2012年，电视新闻中心从东方卫视收回了早间新闻节目《看东方》的审片权。
② 根据对东方卫视中心某行政人员的采访，时间2015年3月8日。
③ 陆晔、潘忠党：《成名的想象：中国社会转型过程中新闻从业者的专业主义话语建构》，《新闻学研究》，2002年第71期，第17—59页。

娱乐版块业务的发力提供了空间和契机。

2006年，《加油好男儿》《我型我季》《舞林大会》三档选秀节目的产业链各环节总共创造了超过38亿元的价值，对社会经济的总贡献达到76.89亿元①。真人秀节目拓展的经济效益和社会影响力使东方卫视看到了频道发展的前景。随着集团大战略和卫视竞争策略的调整，加之高层人事的变动，东方卫视的综艺节目生产跟新闻生产一样，亦历经了多次战略性调整。每次调整都直接影响频道的新闻、综艺和影视剧的比重，以及新节目的创新创优。

国内电视台的综艺节目通常采用三种生产经营方式：电视台自制自营；电视台与民营节目制作机构联合生产，电视台自行经营；节目制作机构独立生产节目，以包销或对赌的方式卖给电视台。东方卫视平台播出的具有较强社会影响力和经济效益的现象级综艺节目②大部分是由电视台自制自营的（2012年的第四季《中国达人秀》、2012年《舞林争霸》由灿星团队制作除外）。

下文将以频道综艺节目战略调整的流变作为主线，从自制节目、模式节目的本土化路径、节目团队的激励机制和研发三个方面描述东方卫视综艺节目的生产机制。

一、本土自制节目的养成

20世纪90年代初，作为改革开放领头羊的宣传前沿阵地，上海电视曾经创造了很多中国电视业的历史纪录。相较于传统严肃的上视，东

---

① 根据国家广播电影电视总局广播电视规划院、广播影视发展改革研究中心于2006年12月出具的《上海真人秀节目产业价值链研究报告》。
② 现象级节目指每期节目成本在300万以上，全国网收视率超过2%，创造的综合价值在亿元以上，形成较高社会影响力的节目。引自胡里、南瑞：《寻找"现象级"节目》，载《综艺报》，2014年第12期。

视在电视综艺节目上显现了其创新创优的优势。比如,首次转播奥斯卡颁奖礼,全国首档电视游戏类节目《快乐大转盘》的播出等。《快乐大转盘》开创了国内综艺娱乐节目之先河,收视率常年位居本地频道之榜首,并获得了电视"星光奖"的三个一等奖,成为国内业务单位学习取经的对象。上海文广集团对上视和东视进行资源整合以后,来自东视的团队更成为东方卫视综艺节目制作的主力,卫视王牌节目前三季《中国达人秀》、第一季《中国梦之声》《舞林大会》《妈妈咪呀》《笑傲江湖》《花样姐姐》的主力团队都来自东视。

前文谈到,上海卫视时期,频道主要定位为外宣窗口,发挥文化情感纽带的作用。一方面,频道串编了大量国外高雅艺术节目以及反应上海文艺发展动态的精品节目,如《上海大剧院》《品艺风景线》《视听满天星》等;另一方面,频道策划了多个跨地域、跨国家的大型文艺晚会,如《中秋夜、两岸情——上海、台北卫星双向传送》《上海大剧院、悉尼歌剧院两千年跨越》等。在求新求变的电视大环境的刺激下,2003年改版后的东方卫视从"后卫"的守势转为"前锋"的攻势。作为集团改革试点的先锋频道,东方卫视除了做出"新闻立台"的差异化定位,更要在竞争起点较低的综艺娱乐节目上做足文章。

1. 依托国际都市背景和地缘优势,承办大型活动与赛事

城市化和国际化进程高速发展的上海,传媒业总是能率先获得国际各前沿领域的讯息,并近距离接触国际尖端活动与赛事。上海每年有数百场大小活动赛事,涵盖体育、音乐、艺术设计、影视戏剧等多个文化种类。"东方风云榜""上海国际电影节""白玉兰电视节""风尚大典"等数个国内、国际大型文化活动每年在上海举办一次,东方卫视是这些活动开闭幕式全球直播的固定平台。品牌活动和频道的强强联合,增加了东方卫视的品牌影响力,也凸显了东方卫视承办大型活动直

播工作的能力。东方卫视对相关活动的报道和展播,让二三线城市及偏远地区的观众得以近距离接触前沿文化信息、感受优秀文化熏陶、提高文化品位与修养。

2. "大都市娱乐节目形态"的建立

20世纪二三十年代,上海是全国文化娱乐中心,而如今上海电影业已经走向没落,百乐门的车水马龙也不复存在。上海文化娱乐急需一个传承海派文化特色的平台。2005年开始,湖南卫视《超级女声》在全国范围内掀起了唱歌选秀的热潮,几乎每个省级卫视都有一档唱歌选秀节目。东方卫视一方面制作三档选秀节目进行正面竞争,另一方面为了逐步建立差异化竞争机制,频道确立了"大都市娱乐节目形态",即体现都市、精致、高端,具备海派风格的娱乐节目形态。也就是说,这些节目形态要与都市人日常生活工作密切关联,能够跟高端人群产生共鸣。

为此,东方卫视与唯众传媒联合制作了《波士堂》《上班这点儿事》《头脑风暴》等泛财经话题的节目,以体现东方卫视身处经济金融中心的优势和权威话语。2005年,卫视引进高端谈话类节目《杨澜访谈录》,节目中主持人杨澜与全球政治、经济、文化等领域的精英人士对话交锋,节目体现了受访嘉宾的独特经历和人格魅力,通过描述成功人士个人与社会的互动,为观众勾勒了时代的风云变迁。在2007年,《波士堂》《杨澜访谈录》等节目甚至一度被放在黄金时段(20:00—22:00)播出,以吸引频道的高端观众人群。一向被放在黄金时段的电视剧被挪到次黄金时段(22:00—24:00)播出。

此外,东方卫视率先在除夕夜、中秋等国家传统节日制作联欢晚会,如《春满东方除夕晚会》《两岸三地共祝中秋晚会》等,晚会有别于央视传统晚会的大叙事特点,采用风格类型多样的表演形式,强调娱乐、联欢,体现时尚、海派的气质,塑造卫视的品牌影响力。东方卫视是第一个在除夕夜时间段播出自制春节联欢晚会的省级卫视,《春满东方除夕晚会》直接与央视春晚对擂,为观众提供了另一种过除夕的电视体验,大量分流了央视春晚的观众群①,尤其是苏浙沪地区的观众。

3. "上海制造"——追求新锐、创新的独特品质

上海文广集团的历届高层一直强调娱乐节目要追求品位品格以及锐意创新。开台十年间,东方卫视制作了《东方夜谭》《创智赢家:全国青年创业精英大赛》《莱卡我型我秀》《加油!好男儿》《舞林大会》《非常有戏》等节目。虽然这些节目大多是对《与星共舞》《学徒》《美国偶像》等西方模式节目的模仿,但切实提高了集团内部综艺节目团队的制作水平,激发了他们的创新意识。东方卫视从节目形式、内容、环节上进行差异化和本地化的创新研发。以下简要介绍《舞林大会》(2006年首播)、《非常有戏》(2007年首播)和三档脱口秀节目(分别于2003年、2010年和2012年首播),分析东方卫视娱乐创新的尝试:

《舞林大会》的节目原型是美国明星舞蹈真人秀《与星共舞》(Dancing With the Stars),《舞林大会》播出时正值全国平民唱歌选秀的高峰时期,而将明星打回平民原型,让他们跳并不擅长的国际标准舞,与当年盛行的平民选秀形成了差异化特色。节目以其个性化的特色、高端的品质和时尚的风格,很快形成了品牌影响力。节目一度创造了最高12.8%、平均9%的本地收视率。

现代娱乐形式和新媒体对戏曲这样的传统艺术产生巨大的挤压和冲

---

① 2006年东方卫视除夕特别节目《春满东方,我爱上海》获得4.6%的收视率,当年中央电视台春节联欢晚会在上海地区的收视率从2005年的23.8%下降到17.4%,之后东方卫视一直坚持自制除夕晚会。

击，戏曲艺术只能在专业频道针对戏曲爱好者等特定人群播出，传统的表演形式很难符合现代人的审美趣味。《非常有戏》将大众文化偶像和传统戏曲结合在一起，将电视媒体、偶像文化、流行时尚与民族艺术做了有机结合，增加了青年观众的观看黏性，拓展了传统艺术的观众市场，也增加了传统戏曲的内涵与现代气质。该节目的首播收视率达到了3.5%，对于地域局限性和内容局限性都很强的戏曲节目来说，这个收视表现非常突出。

东方卫视对脱口秀节目形式向来是情有独钟的。开台以来，频道先后创办了三档脱口秀节目。2003年首播的《东方夜谭》是中国第一档电视脱口秀节目，也是中国最早一批实行制播分离的卫视节目之一。派格传媒总裁孙健君在《东方夜谭》开播时称主创们是"伟大的历史参与者"。节目有别于以往传统谈话节目，模仿美国脱口秀节目《今晚秀》（Tonight Show），主持人刘仪伟用幽默、喜剧的话语方式调侃百姓生活，节目开播两年内稳居收视冠军位置，成为卫视的王牌节目。《东方夜谭》一直坚持贴近百姓、触及社会、表达民声，并不断地在既定的节目形式上创新叙事方式和话语方式。同时，笔者也看到《东方夜谭》尽量避免触及敏感话题和时政题材，其娱乐性和表演性质比较浓厚。《东方夜谭》取得显著收视成绩之后，成为各家电视台竞相模仿的标杆节目。

2010年，东方卫视与凤凰卫视联合打造了海派清口脱口秀《壹周立波秀》。周立波在这档电视脱口秀节目中增加了海派清口的元素。他的上海老克朗装扮、沪式普通话和大量关于上海人生活的描述使这档脱口秀充满了地域性的文化色彩。与《东方夜谭》不同的是，《壹周立波秀》一改以往脱口秀的脱敏性，直面社会热点话题，极尽调侃之词针砭时弊。

2012年，继《壹周立波秀》之后，东方卫视针对年轻观众群体制作了《今晚80后脱口秀》，该节目捧红了京派相声演员王自健。操着一口京腔普通话的80后男生身着精致的海派西服，成为新上海人的典型代表。该节目受到了年轻观众族群的喜爱，25—44岁的观众构成占总收视人群的44%，代表了具备一定消费能力和购买力的群体，这个人群与东方卫视目标定位的人群是吻合的。

为了获得最广泛的收视人群，省级卫视往往采取大而全的节目编排模式——俗称"新闻+节目+电视剧"三驾马车。尽管各家省级卫视一直宣扬进行频道专业化定位的改革，但除了旅游卫视等少数频道外，大部分省级卫视并没有脱离综合频道的本质。多重覆盖和频道定位的同质化造成了四级电视频道间的全面竞争，必然导致节目内容生产的重复性。2005—2014年省级卫视部分同质化节目如表3-5所示。

东方卫视一方面正面迎战同质化竞争，另一方面通过引进原版西方模式节目，寻求差异化竞争、开辟蓝海市场。面对白热化的"红海"市场，扎堆儿做节目的做法必然过度消耗媒体资源，造成节目同质化严重、观众审美疲劳的后果。电视市场空间只有通过生产机制的创新，提供差异化节目内容和商业模式，才能开辟蓝海市场。2006年《舞林大会》《创智赢家》的实践使东方卫视逐渐意识到大体量节目（活动周期较长，成本投入较高，推广宣传力度较大）会在短时间内提升频道的品牌知名度和影响力。西方节目的制作标准相对较高、创意新颖，相较于其他地域的电视人，身处海派文化中心的上海电视人擅长于精工细作，以及在模仿和本地化西方节目的过程中掌握节目制作理念。

表 3-5　2005—2014 年省级卫视部分同质化节目①

首播年份	同类型首播节目	同类型首播卫视	省级卫视同质化节目	东方卫视竞争节目
2005 年 2006 年	《超级女声》 《寻找紫菱》	湖南卫视	《梦想中国》《绝对唱响》 《非同凡响》《快乐男生》 《花儿朵朵》《第一次心动》 《红楼梦中人》 《寻找美丽新娘》	《我型我秀》 《加油东方天使》 《加油好男儿》
2009 年	《人间》	江苏卫视	《8090》《金牌调解》 《有话好好说》《背后的故事》 《爱情保卫战》《和为贵》 《调解面对面》《让爱做主》	《幸福魔方》
2010 年	《我们约会吧》	湖南卫视	《非诚勿扰》《爱情连连看》 《幸福来敲门》《全城热恋》 《缘来就是你》《称心如意》 《相亲齐上阵》 《转身遇见TA》 《为爱向前冲》《爱情传送带》	《百里挑一》 《谁能百里挑一》 《盛女大作战》
2010 年	《中国达人秀》	东方卫视	《天下达人秀》《中国梦想秀》 《中华达人》《势不可挡》	《中国达人秀》
2012 年	《中国好声音》	浙江卫视	《我的中国星》《中国好歌曲》 《唱出爱火花》《中国最强音》 《中国星力量》	《声动亚洲》 《中国梦之声》 《妈妈咪呀》
2013 年	《我是歌手》	湖南卫视	《全能巨星》《最美和声》 《我为歌狂》《梦想星搭档》 《最美和声》《中国红歌会》	《不朽之名曲》

① 根据历年省级卫视节目编排表整理。

续表

首播年份	同类型首播节目	同类型首播卫视	省级卫视同质化节目	东方卫视竞争节目
2013年	《超级笑星》	安徽卫视	《我们都爱笑》《喜剧之王》《喜剧之夜》《本山带谁上春晚》《我为喜剧狂》《中国喜剧星》	《笑傲江湖》
2013年 2014年	《爸爸去哪儿》《花儿与少年》	湖南卫视	《爸爸回来了》《人生第一次》《好爸爸、坏爸爸》《星星知我心》《我不是明星》《家有儿女》《我猜我宝贝》《爸爸请回答》《中国新生代》《妈妈听我说》	《花样爷爷》

二、外来模式节目的本土化路径

李欧梵在谈论上海文学与西方文学之间关系时，提出了二者之间存在着复杂的"文本置换"过程。① 这个过程体现了上海新文化中的文学现代主义，可以被概括为阅读、翻译、改编、吸纳的过程。上海电视文化的现代化进程也有着相似的文本置换的过程——模仿模式、翻译学习、购买版权、本土化。

中国观众对西方模式节目并不陌生，从20世纪90年代广东电视台率先制作的《生存大挑战》，到受《美国偶像》启发后引发全国选秀风潮的湖南卫视《超级女生》《快乐男生》，中国电视真人秀节目从一开始就在复制和模仿国外优秀节目。东方卫视也一度仿造海外模式制作了如《舞林大会》《明星大练冰》《创智赢家》等真人秀节目，这些仿制为节目制作团队积累了很多真人秀制作经验。《中国达人秀》的原版引

---

① 李欧梵：《上海摩登》，毛尖译，人民文学出版社2010年版，第130页。

进则是东方卫视以及中国综艺节目历史上的一个里程碑。

2009年，时任东方卫视总监的田明提出"真实娱乐"概念，这个概念涉及三个核心层面：一是反映社会生活、关注民生，承担更多社会责任；二是触及民众情感与心灵；三是媒体竞争的优势在于对观众进行议程设置的能力。无年龄、才艺等门槛、面向广大民众的《中国达人秀》成为田明实践用新闻理念制作娱乐节目的成功之作。2010年《中国达人季》CSM35中心城市组4+收视率如图3-2所示。

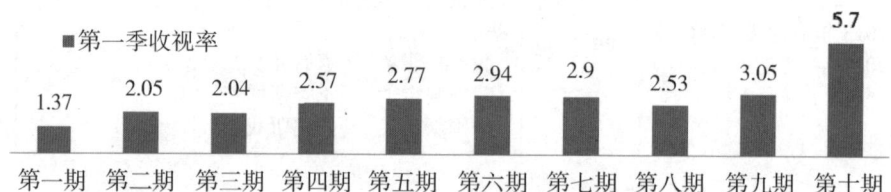

图3-2　2010年《中国达人秀》CSM35中心城市组4+收视率

2010—2014年，《中国达人秀》共播出五季，很多学者都对其生产机制到文化意义做了深入分析，在此不再赘述。以下从两个层面谈一下东方卫视引进《中国达人秀》对中国电视制作业的意义。

1. 《中国达人秀》的模式引进凸显了东方卫视的频道实力和新锐、海派的频道气质

虽然之前的中央电视台、江苏卫视、湖南卫视等都有过学习国外模式的经验，制作了一批如《舞动奇迹》《激情唱响》《幸运52》等节目，但这些节目大多是依葫芦画瓢，单纯复制节目外形，缺乏对节目的系统学习。《中国达人秀》的原版引进之于东方卫视节目团队的最大价值在于，这是中国电视节目团队首次对西方节目生产标准和工序的系统学习，"海外飞行制片人"的全程协助和指导让上海团队率先于全国其他同行接受严格的模式实操训练。《中国达人秀》在收视率和口碑上获得的成功开启了中国电视业"西学东渐"的先河。

<<< 第三章 市场逻辑的主导：经济场作用下的电视生产

随着国外模式节目产业的逐步完善，IPCN、世熙传媒等国内模式公司纷纷成立，代理海外模式节目的中国版权，国内电视台逐渐意识到模式节目是经过长期研发、试错，经过市场的考验，形成的优化节目方案。只有引进原版模式节目的制作，才能系统地学习到西方节目制作理念和实践这些理念的方法论。《中国达人秀》的播出将中国电视带入了"模式引进时代"。2010—2013年，全国各家省级卫视陆续引进了《我是歌手》《中国最强音》《年代秀》《中国好声音》《转角遇见他》《妈妈咪呀》《爸爸去哪儿》等几十个海外模式节目。

2.《中国达人秀》证明了电视节目可以取得商业化和社会影响力的共赢

长期以来，电视综艺节目充斥着大量敏感话题、奖金、搏出位的表演等低俗、恶趣味内容。电视业者落入了只有煽情、恶俗的东西才能抓住观众的刻板印象。2007—2009年，国家广电总局曾几度发声遏制电视情感节目低俗化和法制节目娱乐化。《中国达人秀》输出了"相信奇迹、相信梦想"的正能量价值观，关注社会中小人物的人生百态，宣扬他们为梦想奋斗的精神。2010年，第一季《中国达人秀》的播出使东方卫视的周末收视率提高了600%，总决赛更获得了5.7%的全国收视率，位列省级卫视同时段收视榜首。广电总局为《中国达人秀》破例取消了"不得采用手机、网络投票、电话投票等任何场外投票方式"的规定，这一举动使第一季《中国达人秀》总冠军在全民手机投票中产生，体现了官方话语对该节目所弘扬的价值观和时代精神的肯定。

《中国达人秀》（*China'S Got Talent*）品牌打造成功之后，东方卫视连续引进了《梦立方》（*The Cube*）、《顶级厨师》（*Master Chef*）、《中国梦之声》（*Chinese Idol*）、《争分夺秒》（*Minutes to Win*）等西方模式节目。这些节目或运用高速摄影机、"时间冻结"技术、时间切片系统等高科技,或与西方优秀制作人、设计师、品牌商合作,制作精良考究、节目成本高,展现了海派电视节目的精致和高端。由于理念过于创新、节目所反映的文化与本地习惯不同等原因,其中一些难度系数高、大成本的节目虽然获得了良好的专业口碑,但收视反响平平。

模式节目制作工艺具有流程化、标准化和工业化的特点,可被广泛复制到同类型节目的研发和制作中。引进模式节目使东方卫视节目团队得以快速追赶国际先进电视制作工艺的标准,为节目自主创新研发夯实了基础。

三、节目研发保障和激励机制的设立

在布尔迪厄看来,场域不是固定不变的结构,而是由个人的习性和行动参与的流动性空间。电视场的个体行动者会根据"在不同类型的权力"的"分配结构中实际的、潜在的处境"调整自身在场域中的位置,以获得这一场域中把持"利害攸关的专门利润的得益权"[①]。通过改变位置,行动者的某项技能或资本能够发挥更大的作用,或成为有效争夺利益的武器。

2011年,以田明为代表的东方卫视综艺节目核心制作成员[②]以走出传统广电体制(上海文广集团)、走向市场(加盟星空华文传媒,成立灿星制作公司)的方式主动改变自身于电视场中长久不变的位置。他们认为凭借自身多年制作大型综艺节目的经验和能力所形成的文化资本在市场化格局中能够更好地与经济资本和社会资本进行有效转换,从而实现更高效的经济再生产。端着铁饭碗的体制内员工投入一家亏损十几

---

① 皮埃尔·布尔迪厄、华康德:《实践与反思——反思社会学导引》,李猛、李康译,中央编译出版社1998年版,第133—135页。
② 包括金磊、沈宁、吴群达、徐向东、章骊等三十几名人员,他们加入灿星制作后分别担任总裁、副总裁等职。

亿人民币的外资公司怀抱,并很快制作了获得巨大市场收益和社会影响力的真人秀节目《中国好声音》。一线业者的主动换位为省级卫视生产机制的改革提出了经验和警醒。以下从人才、体制、机制三个方面阐述"灿星制作"发力的原因。

1. 以"人"为本的核心竞争力

社会个体作为游戏参与者在场域内权力关系的斗争中起着重要的作用。以田明、金磊为代表的原新娱乐团队在多年的真人秀节目实践过程中积累了丰富的经验和能力。对于电视节目生产而言,节目核心团队的作用尤为关键。电视是一个需要协同作战的行业,频道/节目的价值观、竞争力都要靠核心团队的生产实践来体现。随着《中国好声音》的成功,更多的电视生产团队意识到了协同作战和人才资源对于电视产品而言的核心价值。无论是广电体制内,还是社会制作机构,一批以总导演为中心的优秀电视生产团队纷纷涌现。①

2. 体制内向体制外的转向

上海文广集团作为半事业性半产业化的传媒集团,内部人员庞杂,层级部门繁杂。对于业务部门而言,过多的事务性工作会消耗日常工作有效时间,消磨创新创优的热情。"体制外"的最大好处是创作团队可以规避大量事务性的工作,比如,行政会议、业务学习等,而怎样生产出优质的节目内容成为核心工作内容。

3. 激励机制的刺激

走出体制外使灿星制作获得了节目生产、营销的主动权,公司进而引入商业合作中惯用的"对赌"模式,制定了一种不同于以往制播分

---

① 灿星的成功促使广电集团进一步巩固节目团队核心制,比如,东方卫视中心内有李闻雨、严敏、朱慧等为首的18支节目生产团队;湖南卫视有以洪涛、廖柯等为首的多支节目生产团队;浙江卫视有以余杭英、岑俊义等为首的多支节目生产团队。

离的收益分成方法——"对赌"（灿星团队的内部激励机制将在第四章详细阐述）。"对赌"协议不但激励了制作公司和播出平台，也激励了明星导师、广告商和合作伙伴对后端节目产业的开发。手机歌曲铃声下载、音像制品、商业演出等聚合成为一条音乐全产业链。第二季《中国好声音》开播前广告销售已达10亿。

新娱乐综艺团队的集体出走给体制内的一线优质业者做出了示范，也给SMG等省级影视传媒集团敲响了警钟。第一季《中国好声音》成功播出之后，SMG一线资深人士陆续跳槽灿星制作，各省级传媒集团内的节目生产团队和后期制作团队[①]被集体挖墙脚的消息频传。这使省级卫视深刻体会到"养人难，留人更难"，建立留住团队的机制势在必行。2011年、2012年的广告招商会上，东方卫视推出的新节目寥寥无几，但湖南卫视、江苏卫视等兄弟台宣布将有几十档新节目的上档。东方卫视数年不变的版面微调的状态暴露了SMG创新创优意识和能力的薄弱。裘新在一次集团会议讲话中说："不是创新，就是消亡。"上海文广集团逐渐意识到，节目内容是产业和渠道发展的基础，在多变的动态竞争市场环境中，保持惯性和稳定的结果必然是消亡，只有创新创优才能在竞争中取胜。

为此，上海文广集团设置了"灵活、开放、层级少"[②]的流程，以增长收视率、增强影响力以及提高市场份额为核心战略任务，建立了一整套创新创优保障机制[③]。这套机制的设立体现了时任集团领导旨在打

---

① 仅2014年，SMG世熙影业总经理苏晓、原东方卫视副总监陈晔、节目研发中心副总监田芳等数名一线核心人员离职，自行成立公司或与江苏卫视、浙江卫视等播出平台以及世熙传媒等社会制作机构合作；幻维数码制作公司四名主力剪辑师离职，自行成立公司或入股其他公司。
② 根据裘新在2013年"创新创优大会"上的讲话。
③ 集团出台了《节目创新创优指引》手册保障创新创优机制的实施。

造和维护团队的打造和维护而推行的 ISO 集团发展战略——"国际化、开放化、证券化"①。

首先,"开放化"(Opening-up)的办台策略。与行业各领域展开核心资源、资本和平台上的整合,形成良性、共赢的行业生态。

集团的开门办台,打破空间壁垒,从上视大厦的空间改造可见一斑。2012 年末到 2013 年初,上海文广集团对上视大堂一、二楼做了整体规划和改造。作为集团总部所在地,上视大堂过去的单一功能(看看新闻网和一财演播棚,以及大堂休息区)变成了集企业文化展示、主创团队头脑风暴到观众测试的多功能区域。一楼大堂"客堂间"的观众测试区域,被测区域采用单面透视镜,节目研发人员可以获得观众观片直观反应。观众测试贯穿在节目研发过程中的节目定位、流程内容、节目与广告客户相关度等各个环节,根据测试结果影响台审片结果,并为节目创意研发提供参考性意见。二楼设置了蓝坊、红坊、绿坊、彩坊四个创意工坊,集团的创新创优团队在里面进行头脑风暴,工坊成为集团新节目的孵化地。

其次,设立创新创优基金,开展"千金买创意"活动。创新创优基金总额为一亿元,用于支持和鼓励集团内节目主创团队积极研发新节目创意提案。勇于试错和有能力试错意味着频道在发展的过程中集团给予的资金保障和创新机制。创新需要成本和代价,也需要允许试错的勇气和魄力。BBC 常年实行创新研发机制,往往近千份的提案中只有一份会脱颖而出,进入生产制作环节②。SMG 设立创新创优基金主动承担创新过程中的成本,为主创团队的创意节目提供资金支持。

再次,采用优胜劣汰的竞争机制。鼓励主创团队预估节目的收视和

---

① 刘逸帆:《不是创新 就是消亡》,载《中国广播》,2013 年第 6 期,第 27 页。
② 根据对 BBC 文化节目创意指导 Caroline van den Brul 的访谈资料。

收益,甚至与集团实行"对赌"。从频道收视、广告收益和社会影响力等多方面对节目进行综合评定,保留和鼓励优质节目,收视不理想的节目设置一定的保护期进行整改,如保护期过后收视仍然没有起色,撤出时间段为新节目腾出空位。

最后,建立"国际化"(International)的人才架构。SMG近年来不仅积极引进购买国外先进节目模式,也多次派节目创作团队到海外学习操作经验和理念,打造团队整体实力。集团与外国专家局引智计划合作,将创新创优活动中胜出的几支团队送到BBC学习,内部称"英国班"。各团队带着节目提案的初步创意接受BBC研发制作团队资深人士为期一个月的培训,培训的过程中团队成员将获得节目研发、制作、包装、产业链等一系列西方经验。在模式节目蔚然成风的当下,培养团队的自主研发能力是集团高瞻远瞩的一步棋。2014年,《狗狗向前冲》《笑傲江湖》等季播节目作为"英国班"学习成果陆续在东方卫视上播出。

除此之外,集团通过资本重组、投资并购等方式实现"证券化"(Securitization)的产业布局,以用资本驱动的方式为集团节目团队设立激励机制留出空间①。

2014年,"新东方卫视中心"通过机构合并和扁平化的管理机制突破行政壁垒,增大了独立制作人的权限范围。这个机制理论上认可由20组独立制作人带领的团队为集团内任意电视频道制作节目,并在条件成熟的前提下将业务范围扩展至集团体制外。尽管集团内地面频道在东方卫视上跨平台制作节目的传统由来已久,频道打通后独立制作人团队是否能制作出与卫视气质调性相一致的节目也有待观察,但去层级化、壁垒化的机制改革势必会为东方卫视的节目制作注入更多创新活力。在这个新机制的作用下,改革进行的八个月内,东方卫视播出了

---

① 产业证券化对集团节目团的激励机制这一点,目前还没有观察到显著成效。

《笑傲江湖》《小善大爱》《狗狗向前冲》《女神的新衣》《梦想改造家》《花样爷爷》《我们一起来》等近十档新节目。

以上可以看出,东方卫视综艺节目策略的几次变奏,本质上是历任上海文广集团高层对"海派文化""高端""都市"的体认不断转变。由自制节目到模式引进再到节目创新研发,东方卫视综艺节目的不断摸索也是近十年来中国省级卫视综艺节目发展路径的缩影。笔者认为,随着制播分离制度的进一步深化,电视行业将逐渐加强频道和观众的细分化,并建立成熟规范的节目生产机制。届时,节目同质化现象会逐渐得以改善,更多带有本土化特色的创新节目将在荧屏上呈现。

第三节 影视强台的实现

电视连续剧以其情节的连贯性、收视时间的固定性以及收视人群的针对性成为省级卫视全天收视率表现中至关重要的部分。以省级卫视各类节目播出比重和收视比重来看,电视剧是支撑省级卫视收视份额的关键(表3-6)。

表3-6 2005年、2009年、2011年省级卫视主要类型节目播出和收视比重对比(%)

2005年			2009年			2011年		
类别	播出比重	收视比重	类别	播出比重	收视比重	类别	播出比重	收视比重
电视剧	31.6	49.8	电视剧	34.3	49.2	电视剧	36.7	42.2
新闻/时事	9.1	9.3	生活服务	10.1	2.9	新闻/时事	9.0	6.0
生活服务	8.6	3.1	新闻/时事	8.5	8.2	综艺	8.3	16.0
专题	6.9	4.4	专题	6.6	4.2	生活服务	8.2	7.0
综艺	4.7	8.1	综艺	6.4	10.3	专题	7.4	5.2

数据来源:CSM

作为省级卫视三驾马车之一的电视剧，其生产机制与综艺节目、新闻节目有较大不同。电视剧的生产环节基本在频道之外完成，省级卫视以购买播映权和发行权、集团购销一体公司化运作等模式进行电视剧采购。因此，投资政策导向、市场结构以及集团体制内影视产业的总体布局是省级卫视电视剧采购和编排策略调整的主要影响因素。开台十年来，依据国家广电总局电视剧播出政策的变更以及频道自身在省级卫视电视剧编播格局中位置的变换，东方卫视对自身购剧和编播策略进行流动性调整。

一、市场竞争的流变

从2005—2013年的中国电视剧生产发行走势（图3-3）可以看出，2009年是电视剧量产的拐点。虽然电视剧发行部数在之后有所回升，但2009年以后的中国电视剧生产发行呈现出两个特点。

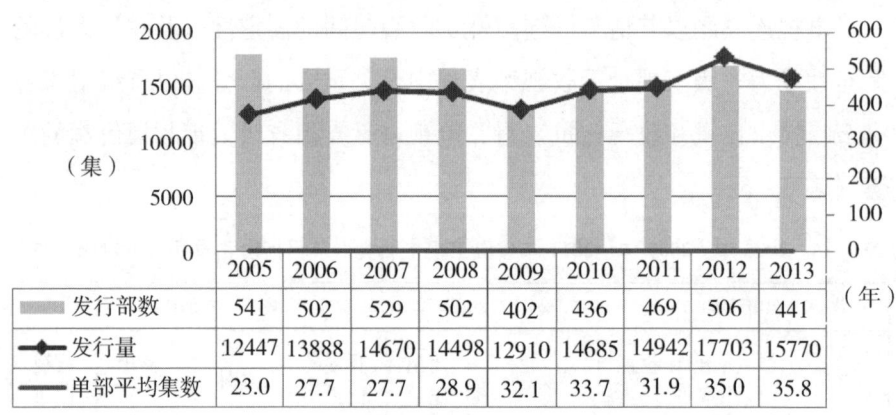

图3-3　2005—2013年中国电视剧发行走势

数据来源：CSM

一是发行部数从高位震荡趋向平缓，每年电视剧批准发行部数基本不超过500集。

2009年之后,大量制作粗糙、成本低廉的电视剧涌入市场,一度造成供大于求的低层次竞争局面。观众逐渐对情节狗血、品位低俗的电视剧产生反感情绪。专注小成本制作、以量取胜的电视剧制作机构因失去竞争优势而逐渐被淘汰,资本实力雄厚的电视剧投资方日趋理性,开始将目光转向聚集编、导、演优质资源的精品电视剧。

二是单部剧集数稳中有升,长篇连续剧层出不穷。

单部电视剧平均集数从2008年的28.9集涨到2013年的35.8集,市场上发行了多部50集以上的长篇连续剧。其中,以《新水浒传》(86集)、《新三国》(95集)等四大名著改编的电视剧以及《甄嬛传》(76集)、《还珠格格》(98集)等宫廷古装剧为突出代表。

2009年以后,很多电视频道采取黄金时段三集连播的编排策略,这意味着一部在频道中仅持续两周的30集电视剧很难获得长期的、聚集性的观众收视效应。资本实力强的投资方倾向于将资金投放给剧集长、制作规模大、品质精良的高成本电视剧,播出平台也期望通过对观众一段时间的长期吸附创造更高的收视份额和广告回报。

以2010年3月—5月间安徽卫视和东方卫视首播的《甄嬛传》为例:前三分之一播出阶段(第1—26集,播出日期:3月26日—4月7日)安徽卫视在省级卫视42城收视率排名中仅一次获得第一,平均收视份额为2.69%,东方卫视开播当天收视率仅排第八名,平均收视份额为2.40%。到播出三分之二阶段(第26—52集,播出日期4月8日—4月20日)安徽卫视共有11天排名第一,平均收视份额为3.71%,东方卫视共有11天排名第二,平均收视份额为3.34%,名次整体提升1—2名,收视份额提升约1%。播出最后三分之一阶段(第53集—76集,播出日期4月21日—5月2日)安徽卫视基本稳居第一,平均收视份额为4.79%,东方卫视稳居第二,平均收视份额为4.42%,

大结局当晚的收视份额比首播日分别翻了 2.65 倍和 3.48 倍。2010 年《甄嬛传》一剧两星首播 42 城收视情况和《甄嬛传》一剧两星首播基数天排名情况分别如图 3-4、图 3-5 所示。

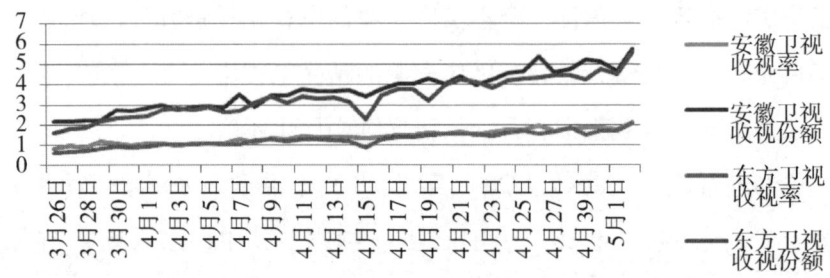

图 3-4　2010 年《甄嬛传》一剧两星首播 42 城收视情况（单位：百分比）

数据来源：CSM

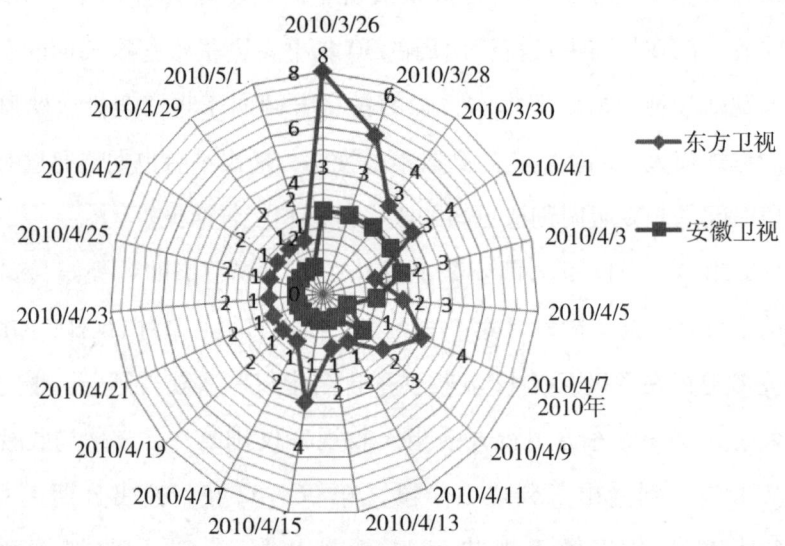

图 3-5　《甄嬛传》一剧两星首播基数天排名情况（单位：百分比）

数据来源：CSM

电视剧行业的理性回归促使社会资金逐渐流向高投入高回报、定位精准、追求质量的精品电视剧。随着准入门槛的逐渐提高，带有投机心理的电视制作机构逐渐被淘汰出局，市场份额将逐渐集中在少数实力雄厚的制作机构手中。电视剧资源集中度和垄断性逐渐提高，马太效应日渐凸显。

1. 卫视阵营实力鸿沟逐渐增大

中国电视剧播出平台的马太效应反应在三个层面。

首先，播出市场整体呈现两极分化趋势。省级频道和中央电视台占据的播出份额逐年增加。中央电视台每年仍加大播出比重（12.9%—14.8%），省级卫视播出比重稳步增长（34.3%—38.4%）。加之覆盖范围广、观众基数大、购剧资金充足等特点，使更多的优质电视剧流向省级频道和中央电视台。相反地，由于播出范围、观众基数和购剧资金等限制，地市级及以下频道的市场份额逐年递减，导致优质电视剧资源的进一步缺失。

其次，省级电视台抢占中央电视台的市场份额。中央电视台的收视份额总体呈下降趋势（从2006年的22.1%下降到2013年的15%），市场份额逐步缩水。近几年，随着省级卫视二、三线阵营的逐渐崛起，总体收视份额逐渐集中，整体占比较高（2013年占比为43.9%），市场份额不断提升[①]。2011—2013年部分省级卫视电视剧市场份额比图如图3-6所示。

---

① 根据艺恩咨询，2006—2010年央视电视剧市场份额分别为从20.9%缩水至17.1%，省级卫视电视剧市场份额从31.6%提升至43.3%。

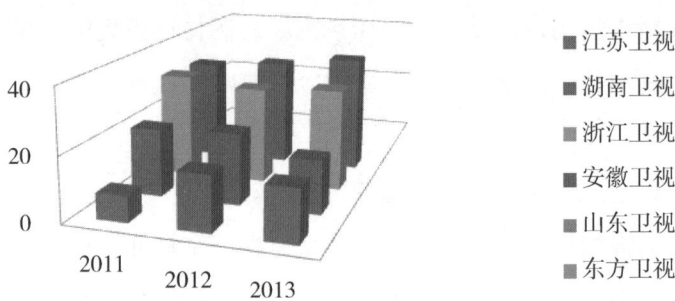

图 3-6　2011—2013 年部分省级卫视电视剧市场份额比较

再次，省级卫视内部一线阵营、二线阵营及三线阵营的差距逐步拉大，导致广告商集中投放给电视剧黄金资源。收视率过 1% 的电视剧集中在个别卫视频道，这些频道在资源集中度、收视份额和广告收入等方面表现强势。2011—2013 年电视剧收视率过（含）1% 的省级卫视分布图如图 3-7 所示。

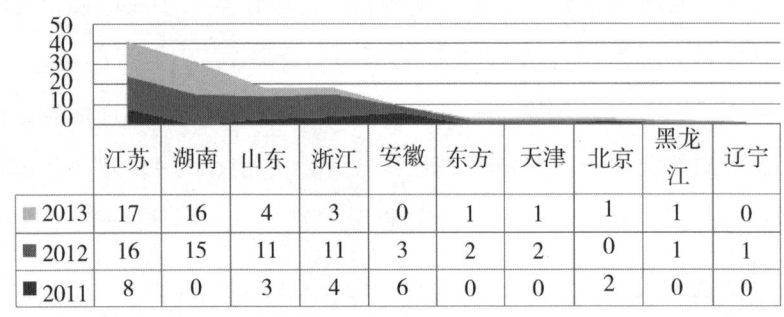

图 3-7　2011—2013 年电视剧收视率过（含）1% 的省级卫视分布图

2011—2012 年，省级卫视开始加大三集连播、独播剧和自制剧的编排力度，以应对广电总局出台的一系列限娱令、限广令政策。采用三集连播意味着全年要增加近 50% 的购剧预算，整体资源利用率下降，并且容易造成同质化竞争以及协调统一播出进度难等问题。省级卫视利用独播剧、自制剧的排他性垄断优质剧集资源，此举的风险在于无法与其他频道分摊购剧成本,弱化了其整合营销宣传的影响力。

因此,鉴于独播剧、自制剧对省级卫视的资金实力、频道黏连力和资源整合力提出的高要求,只有具备品牌影响力的一线卫视(湖南、浙江、江苏等卫视)或所属集团综合实力雄厚的卫视(如东方卫视)才有能力买断电视剧的播映权。2005年起,湖南卫视先后设立了金鹰独播剧场、金芒果独播剧场和钻石独播剧场①,几乎全年只播独播剧。2011年,省级卫视22部自制剧由一线卫视阵营的四家卫视全部包办(图3-8)。同年,依托上海文广集团资金实力的东方卫视购剧预算达到8亿元(图3-9)。相较而言,大部分二、三线卫视因缺乏同等竞争实力而面临收视份额被分割,广告市场和优质电视剧资源愈来愈集中在少数优势频道的手中。

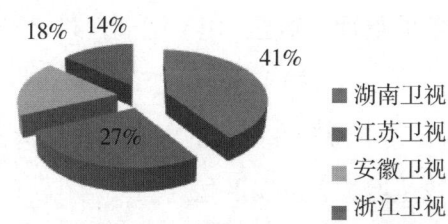

图3-8　2011年省级卫视自制剧生产情况比例图

广电总局"一剧两星"②的过渡性政策暗示了"一剧一星"将是电视剧播出平台结构调整的最终目标。届时,湖南、安徽、江苏、东方等掌握稀缺剧目资源的少数卫视将占有更多的收视份额和市场份额;大

---

① 金鹰独播剧场于每晚19:30联播两集,后于2005年改为每晚22:00起联播两集,2012年改为19:30起联播三集;湖南卫视于2012年针对限娱令开设金芒果独播剧场每晚19:30联播两集,于播出后7个月撤档,钻石独播剧场于2014年7月设立,每周三、四晚22:00—24:00联播两集。
② 广电总局于2014年4月提出,旨在维护省级卫视电视剧多样化经营,此政策拟于2015年1月起执行。

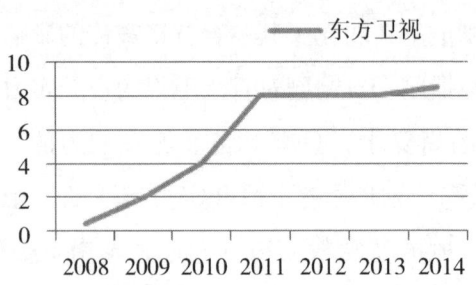

图 3-9　2008—2014 年东方卫视购剧预算（单位：亿元）

部分二线卫视将不可能通过多家联播、分摊成本的方式获得优质首播剧目，实现收视份额上的突破；一些亏损经营的三线卫视则面临电视剧资源利用率为负值的危险。

2. 影视制片行业趋向并购整合

目前中国电视剧市场结构呈现的是少数强势公司和大量中小民营制作公司共同参与竞争的局面。截至 2013 年末，共有 137 家影视机构具有"电视剧制作许可证（甲种）"资质，7248 家获得"广播电视节目制作经营许可证"[1]，其中持有许可证的国有制作机构占比约 5%，国内民营制作公司数量快速增长、发展迅猛。

由于电视剧产业的低准入、市场集中度以及电视剧的高利润率，更多的热钱以投融资的方式涌入电视剧生产市场，致使我国的电视剧产业目前处于市场剧烈竞争的态势。每年电视剧总产量规模虽然不小，全国年平均产量却很低。依据 2013 年电视剧全年发行量为 441 部、15770 集计算，平均每家具备经营许可资质的制作机构的年产量只有 2.18 集、0.06 部电视剧。一些年产量低、未形成市场占有率的中小型制作公司逐渐在市场竞争中被淘汰或收购吞并，新的中小型公司相继涌入。

---

[1] 根据国家新闻出版广电总局公布的《关于 2014 年度全国〈电视剧制作许可证（甲种）〉、〈广播电视节目制作经营许可证〉机构情况的通告》。

以中国国际电视总公司、中国电视剧制作中心为代表的国企电视剧机构和由上海新文化传媒有限公司、海润影视等为代表的部分民间影视制作机构具备产业并购能力和市场主导能力,逐渐成为占据电视剧市场优势资源的强势制作商。其中,华策影视、上海新文化、华谊兄弟和华录百纳等企业已经完成IPO上市。2009—2013年中国影视制作机构发行集数份额数据显示,排名前十的制作公司制作发行集数份额的总和不超过20%①,但随着产业并购和行业证券化的趋势,涵盖前期调研、中期生产和后期延伸开发的生产链平台将逐渐形成。

上海文广集团旗下尚世影业②的发展路径就是旨在形成这样的一个多元化生产链平台。尚世影业吸纳弘毅基金、联新资本等社会资本入股,与北京金盛信马、北京春天融合等四家影视剧制作公司合作,通过项目孵化、营销发行、项目支持等方式共同打造上下游产业链。公司成立至今每年平均以50%以上的利润增长率快速发展。2012年,尚世影业以1.14%的市场份额位列中国影视制作公司发行集数第十名。2013年,尚世影业在影视制作公司播放量和收视率排名上分别位列第三、第六,并完成多元化股份改革,为上市做准备。

二、平台性产业链的形成

基于多种经营、电视剧制播分离以及整合购剧的考量,省级广电集团纷纷在原有体制基础上成立了集购销为一体的购剧部门,并由此衍生主营影视投资制作业务的子公司。卫视平台、影视中心和影视投资公司三者涵盖了电视剧策划、生产到经营的产业链整个过程,形成了省级广

---

① 依据艺恩咨询的数据显示2009—2013年的发行集数前十名制作公司的份额总和分别为16.87、12.88、17.85、15.67。
② 前身是上海电视传媒公司,成立于2007年,2010年更名为尚世影业。

电集团内的购销一体化平台。

1. 集团框架下的"产销分离"

以各省广电集团为代表的传媒巨头的逐渐形成,体现了一个关于传播机构性质的本质矛盾:"公共媒介应该作为一种公共领域来运作的理想和媒介私人所有权越来越集中的现实之间的矛盾。"[①] 这种矛盾限制了信息的流动和运营机制的灵活调整。一个开展多种经营的传媒集团可以利用不同类别经营业务的利益重叠,实施"协同作战"式的商业竞争。在这种竞争中,垄断企业往往负责制定旨在吞并或消灭弱小竞争对手、扩大自身资本积累的竞争规则。上海文广集团对电视剧平台性产业链的打造一度为东方卫视的"影视强台"提供了保障,使东方卫视在二线阵营中脱颖而出,具备与一线卫视抢占优质电视剧资源的实力。

与东方卫视新闻生产、广告经营的经历相似,行政上的剥离使东方卫视在购剧上经历了自主经营到购剧权收回的过程。2003 年,东方卫视获得不同于集团内其他频道的待遇——独立购买、制作、发行电视剧的权利,这使东方卫视极易将自身打造成集产、销为一体的平台性产业链。东方卫视先后参与拍摄了《历史的天空》《国家干部》等电视剧,并形成了"以投代购""联合制作""预购"等多种购剧模式。

2009 年,上海文广集团制播分离过程中,东方卫视的自制剧版块被划归尚世影业(前上海电视传媒公司)。之后,电视剧购买预算划归集团影视剧中心管理,东方卫视在电视剧经营业务版块只承担提供播出平台的作用。影视剧中心负责全集团包括电视剧频道、新闻综合频道、

---

① G. 戈尔丁、P. 默多克:《文化、传播和政治经济学》,杨击译,见张国良编:《20 世纪传播学经典文本》,复旦大学出版社 2001 年版,第 590 页

艺术人文频道等大多数频道电视剧的采购和经营。为了完成集团的电视剧年度收视份额指标，影视剧中心未必将最好的电视剧资源留给卫视平台，而是倾向于提供给创收相对多的频道，此举一度造成优质电视剧在地面频道而不是卫视频道播出的局面。2011年以后，集团进行战略调整，加大影视剧中心考核指标中东方卫视的权重，并且增加分配给东方卫视的购剧预算。影视剧中心与东方卫视形成考核共同进退的局面之后，两个部门在时任东方卫视副总监苏晓的牵头下逐渐对卫视电视剧的定位达成了共识。

广电集团下属的影视剧公司依托体制内播出平台的资源可以规避内容制作的风险，同时电视剧制作较高的利润率与播出平台的低利润空间形成互补。播出渠道与民营影视制作公司之间本身就存在信息不对称，国有体制内影视公司的先天优势进一步对民营影视业者的生存空间造成挤压。尚世影业与东方卫视之间从一开始的依附关系、市场关系发展成为如今的战略伙伴关系。原上海文广集团尚世影业总经理苏晓任职前，先后任东方卫视副总监、影视剧中心主任。原东方卫视总监杨文红也曾兼任影视剧中心主任一职，这些史料暗示了东方卫视、影视剧中心和尚世影业之间在电视剧生产、购销和播出整个环节上的紧密联系。上海文广集团的雄厚资金和尚世影业的影视全产业链为东方卫视抢占优质独播剧资源提供了保障。2009—2012年期间尚世影业制作的16部电视剧，全部在东方卫视平台首播。

苏晓[①]认为尚世影业最大的优势和劣势都是因为身处上海文广集团的国有体制中，并指出影视剧产业已经不需要缺乏核心人才激励机制和

---

① 苏晓于2014年离职上海文广集团，自办影视公司。

运营效率的国有体制①。尚世影业也意识到在集团内完成产销的方式意味着另一种形式的制播联合。播出平台在立项早期就与制作公司共同介入剧本、选角、拍摄等前期、中期制作环节，以确保项目符合播出平台的气质定位。为了避免对集团资源的过度依赖，尚世影业一直将自身业务与集团内的相关度控制在20%以内。

2. 产业竞争层次的升级

（1）收视率之争催生独播剧、自制剧。

为了占据优势电视剧资源，获取更集中的市场份额，位于一线阵营的几家卫视以及有较强实力的部分二线卫视很早就在探索"一剧一星"的编播模式。独播剧和自制剧也随着电视剧产业的逐渐成熟延伸至各个阵营。2000年以后，以湖南卫视为代表的一线卫视逐步加快独播剧和自制剧的步伐。直至2011年，湖南卫视黄金时段独播剧达到100%，江苏卫视也近80%。2003年起，东方卫视每年平均推出3部以上独播剧，2010年起更是减少联播剧，加大独播剧和自制剧的力度，并在2014年提出"拼播打底、独播加强、定制制胜"的战略目标。省级卫视2009—2013年首播剧四星联播走动如图3-10所示。

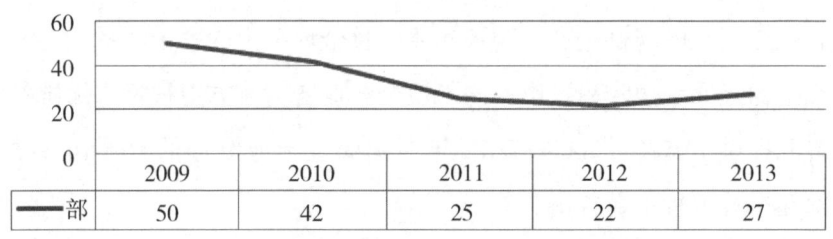

图3-10　省级卫视2009—2013年首播剧四星联播走动

---

①　苏晓：《梦想，换条路继续前行》，"新媒体观察"官方网站 http://www.xmt-news.com/2014/0724/783.shtml。

除了收视率竞争，电视剧购剧成本也是影响省级卫视编排独播剧的重要因素。根据某电视剧经营者测算，省级卫视只有年广告收入超过20亿或所在集团年收入超过50亿才有可能采取电视剧独播战略。虽然2009年之后四星联播越来越多被首轮独播剧替代，但由于近几年电视剧制作成本的飙升导致电视台购剧预算激增，出于分担购剧风险方面的考虑，四星联播的趋势有所回升。2012年，东方卫视与天津、湖北、云南三家省级卫视组成购剧投资联盟，共同购剧、投拍，2014年上半年，除了湖南卫视坚持首轮独播之外，强势省级卫视均回归四星联播。2012年第一季度与2014年第一季度四家省级卫视电视剧编排方式比较如表3-7所示。

表3-7 2012年第一季度与2014年第一季度四家省级卫视电视剧编排方式比较

频道	独播剧		四星联播		两星联播	
	2012	2014	2012	2014	2012	2014
东方卫视	2	0	3	5	1	0
安徽卫视	3	2	2	3	1	0
浙江卫视	6	2	0	3	0	0
江苏卫视	6	2	0	3	0	0

相较于购买电视剧播出权和发行权，自制剧的成本较低，性价比较高，是大部分省级卫视除了综艺节目之外，又一体现核心竞争力的产品。自制剧、定制剧的优势在于剧集的风格和内容符合频道定位以及受众定位，也与频道主流广告客户的产品相符。比如，湖南卫视自制剧扣住"偶像青春"主题，制作了《还珠格格》《宫锁心玉》《倾世皇妃》等宫廷剧，《恰同学少年》《我的青春在延安》等青春革命题材剧，《一起来看流星雨》《丑女无敌》《又见一帘幽梦》等都市时尚剧。江苏卫视自制剧主打"情感"品牌，如革命历史题材剧《人间正道是沧桑》，

海岩三部曲《玉观音》《永不瞑目》《拿什么拯救你我的爱人》等。安徽卫视侧重女性群体观众的培养，制作了《娘家的故事》系列等女性情感剧。

同时，频道可以在剧中整合自己的演员、艺人资源，与频道其他的节目形成联动效果。比如，东方卫视《加油！网球王子》是由《加油！好男儿》的选手宋晓波、柏栩栩、巫迪文等人联袂演出的。湖南卫视《我的青春在延安》是由频道女主持孙骁骁主演，浙江卫视《爱上女主播》《凤凰牡丹》分别是由频道女主持朱丹、伊一主演。

随着市场细分化所带来的频道和受众细分化，各省级卫视逐渐注重电视剧题材和内容对频道辨识度及影响力的作用。经过多年摸索，东方卫视的电视剧编播策略逐渐确立以反映"都市海派"气质为导向，购剧题材偏重体现都市人群生活的故事。2008年、2009年，东方卫视先后播出自制偶像剧《加油！网球王子》和《加油优雅》，这两部剧分别改编自日本同名漫画和墨西哥热剧《好女孩上天堂，坏女孩走四方》。虽然第一季《加油！网球王子》的平均收视率达到0.9%（26城），位居黄金时段东方卫视电视剧收视首位，但作为湖南卫视自制偶像剧《丑女无敌》和《一起去看流星雨》的对战之作，这两部剧并没有找准东方卫视的细分化定位。之后，东方卫视逐渐转向更为成熟的观众市场，制作符合上海都市海派气质的电视剧，与湖南卫视的偶像剧形成差异化竞争。如《蜗居》（2009年）、《杜拉拉升职记》（2010年）、《双城生活》（2011年）等自制剧以都市人为原型，关注白领阶层的工作、生活与情感。2009年、2012年、2013年东方卫视电视剧部分播出名单，如表3-8所示。

表3-8 2009年、2012年、2013年东方卫视电视剧部分播出名单

年份	东方卫视部分剧集
2009年	都市情感剧《37撞上21》《赶走你的忧郁》《幸福还有多远》《加油优雅》；都市家庭剧《蜗居》《婚变》《大生活》；都市职场剧《杜拉拉升职记》；谍战剧《秘密图纸》《幽灵计划》《黑三角》《眼中钉》；军旅剧《勇者无敌》《化剑》《父亲的战争》《我的兄弟叫顺溜》《我是一个兵》《最后的99天》；年代剧《金大班最后一夜》；历史剧《铁齿铜牙纪晓岚4》；港剧《家好月圆》《银楼金粉》《珠光宝气》《美丽人生》
2012年	都市家庭剧《新女婿时代》《媳妇的美好宣言》《金太郎的幸福生活》《我的经济适用男》《丈母娘来了》；都市情感剧《北京青年》《浮沉》；都市职场剧《心术》；情感剧《风和日丽》；情感喜剧《后厨》；抗战剧《正者无敌》《母亲母亲》；谍战剧《悬崖》；神话剧《新西游记》；家庭伦理剧《要过好日子》；宫廷剧《甄嬛传》。
2013年	都市情感剧《全民公主》；都市家庭剧《青春期撞上更年期》《小爸爸》《妯娌的三国时代》《宝贝》《断奶》《天真遇上现实》；都市职场剧《新编辑部故事》《杜拉拉之似水年华》；情感剧《娘要嫁人》；历史剧《隋唐演义》《兰陵王》；年代剧《像火花像蝴蝶》；古装喜剧《龙门镖局》。

(2) 播出平台对产业链上下游的延伸。

在传统电视剧产业中，中游的播出平台以"以投代购""联合制作""预购等形式"获得上游影视制作公司产品的播映权或二次发行权。播出平台通过向下游广告主出售时段的方式获得广告收入。这种以电视台播出平台为核心的单线产业链正逐渐被注重打造基于核心内容的新型产业链代替。

为了规避因购剧成本增加所带来的播出风险，省级卫视需要介入电视剧制作的前期阶段，与影视制作公司共同策划剧本、决定演职员、商讨广告植入，以达到控制成本、保证内容品质、明确电视剧符合频道风格和定位的同时，最大化受众和广告主的利益。此外，省级卫视以直接

出资或以购代投的方式与影视制作公司共同拥有电视剧的发行权和版权，并积极参与到二次播映、IPTV 及流媒体播映、海外音像发行以及相关衍生品开发等产业链各端。通过向产业链上下游生产环节和营销环节的延伸以及对台网联动的促进，省级卫视将增大对观众的吸附力，进一步提高产品的附加值，从而得以从单一盈利模式转向多渠道变现。"一剧两星"政策下的省级卫视电视剧全产业链模式如图 3-11 所示。

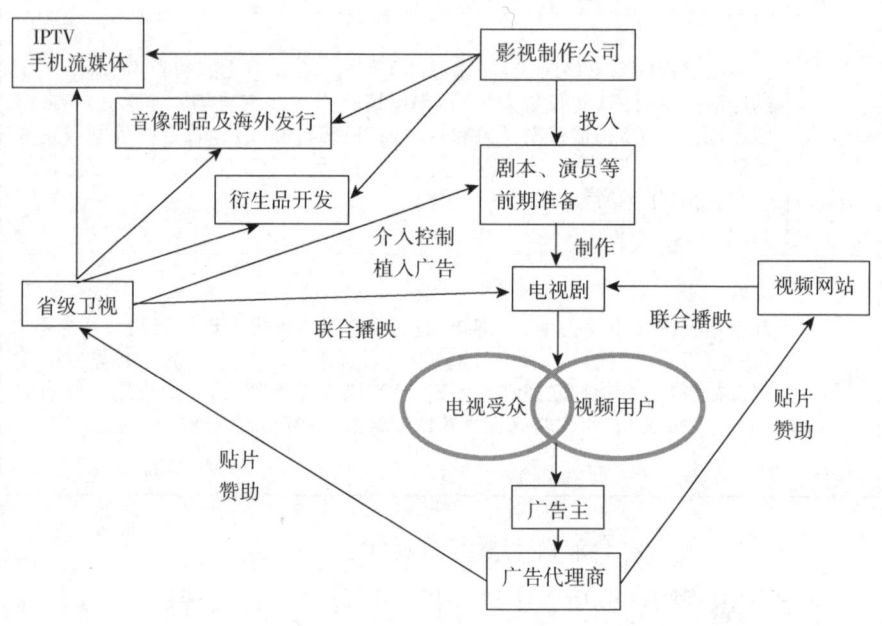

图 3-11　"一剧两星"政策下的省级卫视电视剧全产业链模式

以上，笔者从新闻、综艺和影视三个维度深描了收视率指标和资本逐利机制作用下的电视内容生产实景。在对东方卫视综艺节目、影视剧中心和电视新闻中心进行资料搜集时，笔者常常遇到不同部门互相抱怨的情况。综艺节目和新闻专题类节目的制作者认为节目收视率很难提高源于频道没有购买合适的电视剧，观众黏连度太低。影视剧采购者则认为同为几星联播的电视剧，东方卫视平台的收视率普遍低于一线卫视的主要原因是综艺常态节目收视率偏低，无法形成规模效应。这种相互指责的根源在于频道的摇摆定位无法给东方卫视的制播分离制定一个调性相对一致的整体框架，各类型节目还处于各自为战、分散协作的状态。

第四章 文化资本的运作：专业主义的实践

布尔迪厄认为文化资本存在三种不同状态："首先，它指一套培育而成的倾向，这种倾向被个体通过社会化而加以内化，并构成了欣赏与理解的框架……其次，文化资本是以一种涉及客体的客观化形式存在……第三，文化资本是以机构化的形式存在。"① 这个文化资本的概念被广泛用于解释和分析教育体系，同样适用于解释媒体的资本转换。电视节目作为文化商品呈现出其物质性的同时也呈现了其象征性。以下从专业场独立性、等级化的社会区分以及职业成名的想象三个层面讨论电视场内的行动者如何利用其文化资本在电视场中实践专业主义。

第一节 专业场独立性的缺失

随着商业不断获得文化资本，文化场域与经济场域的对立不断削弱，加之电视场域更多依赖于政府与社会权力关系的场域，以电视为代

---

① 戴维·斯沃茨：《文化与权力：布尔迪厄的社会学》，陶东风译，上海译文出版社2006年版，第88页。

表的文化场生产越来越明显地向经济场靠拢。同时，与经济场域关系距离相对较远的艺术领域、科学领域、法律领域也由于电视场的介入逐渐被经济力量所渗透，技术逐渐成为电视场在经济场域中进行权力斗争的文化资本。

由于媒介对信息生产和传播的垄断性特征，尽管大部分电视生产者在文化生产场域中的地位并不高，但他们拥有任意分配公众表达意愿或获得名声的机会的权力，这种以新闻选择的方式形成的"罕见的统治形式"①控制了学者、研究者、艺术家、政治人物在公共领域进出的自由度。"新闻场主要是通过处在新闻场与专业场之间的不确定位置上的文化生产者的干预，对其他文化场施加影响。这些'知识分子记者'利用他们的双重身份来回避两个领域各自的特殊要求，并把在其中一个领域内或多或少已经获得的权力带到另一个领域。"②进而，随着文学场、艺术场、科学场中的角色进入电视场制造的公共领域，经济逻辑顺利地完成了对距离其较远的专业场的渗透。

一、基于科学逻辑的评价系统

对于文化资本占有者而言，他们需要确定文化资本如何最有效地转换成经济资本，建立一个能够被广泛认可和使用的评价系统（主要是对来自经济场的控制力量而言）显得尤为重要。"文化资本的拥有者更倾向于通过某些条件来展开竞争，他们正是在这些条件中受到训练，接受挑选，文化资本的拥有者尤其倾向于通过学术逻辑来展开竞争。"③这种学术逻辑在电视产业中首先表现为竞争规则和评价系统的建立，电

---

① 皮埃尔·布尔迪厄，《关于电视》，许钧译，南京大学出版社2011年版，第67页。
② 皮埃尔·布尔迪厄，《关于电视》，许钧译，南京大学出版社2011年版，第117页。
③ 布尔迪厄：《文化资本与社会炼金术》，包亚明译，上海人民出版社1997年版，第199页。

视生产者以此科学标准训练和证实自身的生产能力,并实现文化资本、社会资本向经济资本的转化。

很长一段时间以来,电视行业的竞争采用了收视率调查的评价系统。用马克思政治经济学来解释这个系统,收视率成为文化生产的最终产品,电视观众对电视节目的消费创造了电视文化产品的交换价值,造成电视场长时间被经济场的资本逻辑所控制。抽样调查等经济学研究方法的采用表面上展现了文化生产者尊重科学学术逻辑的姿态,实质上科学逻辑只是他们制定行业竞争规则和通过所持的文化资本获取利润的工具。

收视率作为评估电视观众观看行为的指标,对电视生产者的节目内容生产、节目编排、频道定位和运营以及广告商的广告投放决策都具有决定性作用,普遍成为衡量节目、频道的标准。"一旦文化产品的制作者认为他们偶然发现了一种盈利模式就会坚守不放,因为他们知道重复于此必将会获利。相反,创新以及新意会被认为'过于冒险'而遭到鄙视并唯恐避之不及。"[1] 科学逻辑向资本逻辑的转换限制了媒介生产者的创新意识和能力,"节目不可避免地倾向于为人熟悉的和经过检验的程式和样式,远离冒险和创新,定位于常识而不是相反"[2]。电视业者将观众看成同质化的群体或一组数字。他们详细研究收视曲线的高低点位,以此衡量哪一部分的内容最吸引观众,哪一部分需要改进。这些以分析收视率而形成的经验成为他们实践专业主义的重要部分。从节目编排、内容设置、形式包装到资源配置,量化的电视观众反馈机制贯穿于卫视电视节目生产的全过程——"用数据说话",直接或间接地反映

---

[1] 戴维·英格利斯:《文化与日常生活》,张秋月、周雷亚译,中央编译出版社2010年版,第103页。

[2] G. 戈尔丁、P. 默多克:《文化、传播与政治经济学》,杨击译,见张国良主编:《20世纪传播学经典文本》,复旦大学出版社2001年版,第585页。

了电视业者对"眼球经济"的遵从,向高收视率看齐蔚然成风。CSM收视率指标体系框架如图4-1所示。

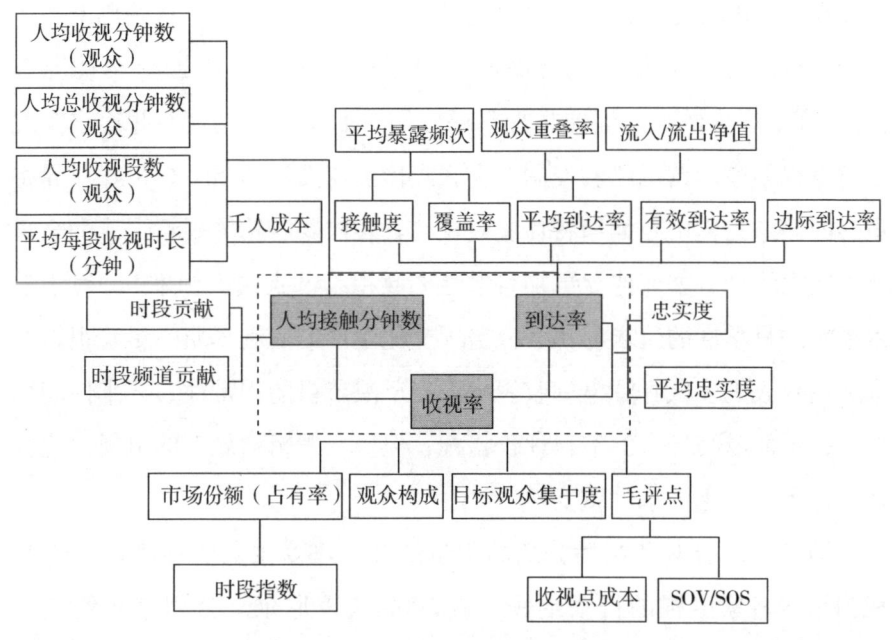

图 4-1　CSM 收视率指标体系框架①

以笔者历次参加东方卫视节目收视分析内部讨论会的亲身经历,其会议基本内容是分析观众构成、收视结构、精确到分钟的收视曲线、观众流动和域内域外贡献等。运营部门/总编室将收视数据与精确到分钟的节目内容做比较,总结什么样的内容是受观众欢迎的,什么样的内容出现的时候观众会调台,分析全片的广告刀口的位置、持续时长等影响观众流向的编排策略。即便是讨论关于欣赏性的观众回馈,也都是基于提高收视率的出发点提出的。比如,在进行某个真人秀节目的收视分析时,运营部门提出观众在微博上反馈节目所使用的

---

① 根据《收视分析指标体系及基本应用》,资料来源于 CSM 媒介研究。

音乐比较过时老套,建议节目组更换更加流行时尚的音乐以吸引青年观众群体。

在中国电视史上,上海电视是以资本逻辑进行产业运营的典型行业范例。1979年,上海电视台播放了中国第一个电视广告《参桂养容酒》。商业广告的引入促使收视率评价体系的建立和完善,并逐步实现了对电视频道运营思路的控制。在新媒体迅速发展的当下,传媒业界将更多的注意力集中在如何将传统收视调查转向基于跨屏观看形成的全媒体大数据统计,如何建立更加科学性的收视率调查国家标准①。对于学术逻辑的科学性的追求与执着掩盖了文化生产的逐利本质。尽管很多专家和业界人士多次呼吁电视收视率没有反映节目的观赏性、艺术性和思想性,不能成为唯一的节目评价指标,但资本逻辑指导下的电视文化生产决定了广告主诉求的重要性。

随着企事分开和制播分离的逐步展开,重商主义的逐利趋势逐渐成为全国各家卫视的行动纲领。自2008年末尼尔森公司宣布终止中国的电视调研业务以来,省级卫视丝毫没有削减对自身频道节目量化评定的势头。相反,尼尔森退出中国市场开启了央视索福瑞收视率数据统计"一家独大"的时代②,节目收视份额之争更趋白热化的态势。在央视索福瑞的客户业绩表中,电视台的数据购买占其总收入的七成,收视率成为电视台节目编排和广告投放的风向标。节目评价标准的市场化,使电视行业产生了诸多乱象:节目形态同质化情况严重,歌唱选秀、相亲交友、游戏竞技、户外真人秀等节目类型扎堆上马;电视生产秩序紊乱,作假收视率数据的消息不绝于耳;娱乐版块

---

① 2014年7月,国家标准化管理委员会发布首个电视收视率调查国家标准《电视收视率调查准则》。
② 目前央视索福瑞近乎垄断了电视业的数据调查业务,笔者在本书中使用的大部分数据资料都来源于该公司。

占据主要收视时段。其中,部分省级卫视收视率造假现象的频频发生,揭示了电视生产机构资本逐利的本质,所谓尊重科学统计规律的评价体系只是被用来服务于获取经济利润。一旦遵从科学逻辑所产生的统计结果没有达到理想的预期值,科学逻辑的公式可以被肆意篡改,数据源可以被任意伪造。

为了制定节目第二评价机制,上海文广发展研究部展开了"节目及频道观众欣赏指数调查"。2009年,东方卫视提出"全力打造省级卫视的第一高度"的频道价值观,时任频道副总监苏晓认为东方卫视"不争收视冠军,只做第一高度"①。这个第一高度不只是指高端消费群体的打造——"有较好经济实力的社会中产阶层和前沿消费观念的年轻受众"②,也体现了频道在全国卫视竞争红海中树立风格标杆的希冀。《2009全国电视媒体影响力评估报告》显示东方卫视成为最具影响力的省级卫星频道。在相关31家省级卫视的八个榜单中,东方卫视分别获得七个"第一"(最高公信力、最高满意度、最高影响力、最具购买力观众群、最高广告收看比例、最高广告可信度、最高广告度)、一个"第二"(稳定的收视观众)。以上表现显示了东方卫视确立了收视率不是频道业绩唯一衡量标准的价值观和姿态。

二、隐而不宣的干预机制

经济逻辑以收视率的方式在电视场中形成一套隐而不宣的干预机制,从而使电视丧失了布尔迪厄认为所应具备的民主表达的独立性和自律性,转而成为维护象征秩序的工具。由于收视率直接跟组织或个人的

---

① 苏晓:《东方卫视全力打造省级卫视第一高度》,载《市场观察》,2008年第11期,第119页。

② 苏晓:《东方卫视全力打造省级卫视第一高度》,载《市场观察》,2008年第11期,第119页。

经济效益挂钩，致使无论是电视机构的外部环境还是其内部，甚至是同一档节目的不同导演组或是同一导演组的内部成员之间都存在较为激烈的市场竞争。

这种竞争关系一方面确立了电视生产从业者的职业逻辑——获取最良好收视反响以及最大程度规避节目风险的能力和质素，另一方面加剧了节目资源争夺的白热化。例如，某节目编导在给组里实习编导开会时一边强调节目内容要对外保密，不能让其他台的同类型栏目知道，同时也要对本栏目组的其他导演组保密，以防止其他组抢本组选手，影响本组的工作绩效。在一些大型真人秀节目录制现场，频频发生其他台的编导假冒栏目组工作人员与选手主动对接以混淆视听。一些导演更是认为只要是被抢夺的节目资源（如选手）势必是有用的、好的，至少是不应被忽视的，或被掌握在自己手中的。例如，某导演在录制某真人秀节目时，得知某位尚未确定录制资格的选手正在被另一个频道游说，果断决定立即对该选手的表演进行录像。之所以这么做的原因是一旦先于竞争对手录过该选手的表演以后，无论该节目是否播出该选手的表演，此选手对竞争对手而言都失去价值。另一个例子，某真人秀选手同时被两家省级卫视真人秀栏目选中，其中一个栏目已经决定不采用该选手的表演，但为了确保竞争对手也不能录制该选手，该栏目让负责对接该选手的编导假意拖住该选手，使其错过竞争对手的录像时间。笔者并无意评判或指责这些"不得已而为之"① 的实务操作，但不可忽视的是这种因市场竞争而形成的电视生产逻辑的确造成了对节目资源的滥用和浪费，但是这却逐渐成为行业通用竞争法则。

不得不提到的一点是，经济逻辑直接决定了电视场内处于对立方（往往是经济利益对立方）的电视机构之间"相互作用的形式"，两者

---

① 根据对某节目编导的访谈，时间：2013年8月。

之间会出现挑战性、争论性甚至侮辱性的笔调来表述其竞争对手，这种表现"常常是根据实力对比关系进行斗争的策略，而斗争的目的则在于改变或维持力量的对比"①。

其次，市场竞争关系导致电视生产者的"戏剧化"倾向。布尔迪厄认为记者拥有一副选择性感知和建构看得见或看不见事物的"眼镜"，这种"特有的感知方式"使记者倾向于追求"轰动的、耸人听闻的东西"，并夸大事件的"重要性、严重性，及其戏剧性、悲剧性的特征"②。在省级卫视真人秀节目生产团队中，除了才艺导演组之外最重要的便是故事导演组，其职责是采访选手，询问其成长背景，挖掘其有特点和爆点的经历，撰写成带有焦点情节的故事。才艺导演组通常要根据故事导演组从全国各地挖掘来的选手经历进行针对性的才艺包装。比如《中国梦之声》第一季8进6主题赛"给最爱的人"中，选手李祥祥向观众讲述自幼隐瞒父亲摆摊卖早点身份及拿父亲近一个月的收入买吉他的经历，并用歌曲《最爱》献给父亲表达歉疚之情。再比如《妈妈咪呀》参赛选手金昀身患肺动脉高压，节目组安排她演唱《海阔天空》表达对生命的热爱，并在其后的网络视频中冠以"用生命歌唱"、"绽放生命之花"等标题。此外，一些真人秀栏目和新闻专题栏目中惯用的反转情节（本为虚构类编剧常用技法）也是节目戏剧化倾向的典型手法。特意地寻找、挖掘选手的故事，以求以这类故事化的情节作为节目的卖点，提高关注度。这种行为是过于市场化的电视生产导致的。

再次，市场竞争关系造成电视生产者对"排他性"的追求，却进

---

① 皮埃尔·布尔迪厄：《关于电视》，许钧译，南京大学出版社2011年版，第71页。
② 皮埃尔·布尔迪厄：《关于电视》，许钧译，南京大学出版社2011年版，第12—13页。

一步导致"千篇一律和平庸化"。布尔迪厄将这种主观上追求差异性，客观上形成相似性的电视生产现象形容为"镜子游戏照来照去"。中国省级卫视的发展验证了布尔迪厄的这一说法。20世纪90年代以来，各家省级卫视屡次实行改革，力求强调频道特色化、差异化定位，但是经历了转型的大部分省级卫视却仍旧无法摆脱频道架构和节目内容同质化的现状，甚至愈演愈烈。这种基于互相研读前提下进行的细微差别制造，并寄希望于被观众感知到后提高收视率的做法在布尔迪厄看来只是"涉及播出内容和预订效果之间关系的多个谬误程式中的一个"①。

在从事集体化生产的电视行业中，所有的电视从业者既是操纵者，同时也是被那套秘而不宣的干预机制所操控（这里面并没有导演组、栏目、频道或电视台之分，笔者倾向于将电视业者看成一个集合的群体）的被操纵者。在这套干预机制的作用下，电视场的生产过程实质是一个信息"恶性循环"的、极为"封闭"的"圈子"②。在这个圈子里，对待信息的方式大部分是由惯习决定的，对节目内容产生影响的最终程度则是由从业者在电视机构内部所处地位和阶层的话语权所决定的。在这个集合的群体中，任何单个人都不是话语的主体，但他们中的大部分都会在经济逻辑和政治场的影响中进行"高度、有意识的谋划"③，以收视率标准衡量这种谋划或决策方式是否行得通，由此形成的惯习将进一步影响之后的节目生产。

---

① 皮埃尔·布尔迪厄：《关于电视》，许钧译，南京大学出版社2011年版，第29—30页。
② 皮埃尔·布尔迪厄：《关于电视》，许钧译，南京大学出版社2011年版，第26—30页。
③ 戴维·斯沃茨：《文化与权力：布尔迪厄的社会学》，陶东风译，上海译文出版社2012年版，第131页。

在访谈中，东方卫视的部分编导向笔者表示，做电视的人通常很少看电视，大部分编导看得最多的是自己制作的那部分节目，他们对于同一栏目里其他导演组节目内容的熟悉程度有时甚至还不如一个普通的电视观众。同时，他们会用研读的方式（一般是在会议室里整个节目组集体收看、分析和总结，笔者认为这个过程也是统一节目生产观念，形成集体惯习的过程）分析竞争对手或参考范例的节目内容，以确认哪些素材或生产手法是受欢迎的、卓有成效的。节目同质化现象便是在这一过程中逐渐形成的。

三、丧失自律性的专业场

电视媒体的性质导致它并不适合思维的表达，因为电视内容的日产量很大，时间的紧迫性没有给从业者太多的时间思考如何做出决断。因此，掌握电视话语权的从业者大多数是以"平庸的、约定的、共同的思想"，即"固有的思想"[1] 来解决问题的"快思手"[2]。这些"快思手"既包括幕后的节目编导也包括台前的电视主持人和嘉宾。在辩论类节目、访谈类节目甚至真人秀节目中，主持人和嘉宾以控制节目流程的方式宣布游戏规则，分配参与者的发言时间，打断、强化或弱化参与者的话题。比如，《妈妈咪呀》安排主持人程雷担任评委之一的角色，原因有二：其一，导演预先设计选手回答的问题可以顺利通过主持人型评委的提问完成；其二，具有丰富主持经验的评委能够帮助导演控制场面时长和录制过程中预料外的状况。程雷从舞台到评委席的空间转换，表面上看是主持人控场作用的消解，实则节目组通过程雷的身份转换强

---

[1] 布尔迪厄引用柏拉图的"处于紧急情况中的人是无法思维的"观点以及福楼拜的"固有的思想"阐释电视场的信息封闭。

[2] 皮埃尔·布尔迪厄：《关于电视》，许钧译，南京大学出版社2011年版，第36—37页。

化了对节目进程和走向的控制。事实上，很多真人选秀节目都在嘉宾/评委席中安排一位具有以上功能的角色，比如，第一季《中国好声音》的庾澄庆，第四季《中国达人秀》的窦文涛等。

布尔迪厄认为法国电视演播台上由快思手们构建的对话是不平等的，主持人没有用"来点不平等"的方式赋予在对话关系中处于弱势地位的发言人更多的话语权，相反的是"堵回去"或"表现出不耐烦"①。鉴于对话者之间由于年龄、职业、受教育程度等存在差异性，主持人对游戏规则的宣布和控场是对话者们能够民主地表达意见的保障。电视栏目在策划过程中对选题的意义、内容和重点有明确的预先设计，为了确保节目录制的有效进行（演播室、录制人员、设备等都涉及节目制作成本，因此制作人必须控制单集节目录制的时长），编导（一般是点明选题意义或影响关键节奏的谈话内容）会事先与对话者沟通脚本。脚本的设计客观上限制了对话者自由对话、表达意见的空间和余地。在实务操作过程中，也确实存在主持人或因身份、知识层次等而占有强势话语权的发言者对弱者造成的不平等。

以新闻辩论类栏目《东方直播室》为例。在主持人、专家、新闻当事人和现场观众构成的立体话语场中，主持人对流程的把控和对发言者时间的分配直接关系到节目后期剪辑完成后是否能在规定时长中表述完整新闻事件，对该事件预先设计的几层议题是否能够被充分讨论，是否尽可能多地表达了各方观点。主持人适时打断对话者，用追问、设问和反问等方式控制议题讨论的深入和清晰程度，有利于有限时间内话题讨论的有效性。关键问题在于，如何确保由快思手们预设流程、脚本和议题的合理性，在他们前期设计节目的过程中是否存在

---

① 皮埃尔·布尔迪厄：《关于电视》，许钧译，南京大学出版社2011年版，第44—45页。

忽视或剥夺某方对话者利益,他们是否找到了讨论该选题的最合适的人选(无论是当事人、专家还是观众)——"掩盖了"的"进行建构的社会条件"造成演播室谈话者组成的变化,进而导致新闻含义的变化①。

由于经济逻辑和政治逻辑的介入和制约,作为"极少有独立自主性的交流工具",电视实际能够赋予来自专业场的研究员、专家和记者进行民主表达的权力很少。但由于传媒对于"命名权"的强调使文学场、艺术场和科学场的一些学者产生错认,使他们"误以为成功与否取决于传媒的承认和好评"以及"在传媒上获得的知名度",从而导致"一些专家学者向媒体投降和献媚,热衷于在科学场和艺术场之外去寻找认可和象征资本"②。甚至,有些专家学者将上节目做嘉宾当作一种营生或获得自我确认的方式。

布尔迪厄建议愿意上电视的研究员、学者应该先解决一些先决问题:是否一定要触及公众?是否准备让自己的话语以其特有的方式让大众都理解?讲话是否值得让大家都理解?是否该让大家都理解?以这些问题来确认自己"在那儿干什么"③。保持与文化生产场一定程度的距离能够使科学场、艺术场等专业场不至于被电视场在商业逻辑的控制下破坏其合法化和独立性。据此,布尔迪厄提出的"象牙塔策略"虽然带有一定的精英主义色彩,但对日渐沦为象征压迫工具的电视和丧失自律性的专业场而言确有警醒作用。

---

① 皮埃尔·布尔迪厄:《关于电视》,许钧译,南京大学出版社2011年版,第45—46页。
② 周宪:《关于电视》,南京大学出版社2011年版,译序,第19页。
③ 皮埃尔·布尔迪厄:《关于电视》,许钧译,南京大学出版社2011年版,第12—13页。

第二节 群体的社会区分

在布尔迪厄看来,文化场是从属和依附于经济场的。"'经济资本处于所有其他资本类型'——比如文化资本、社会资本以及象征资本——'的最根本处'。"① 拥有文化资本的生产者通过资源转化的方式获得经济利润的同时,形成和维持了带有社会分化性质的符号系统。在电视生产的过程中,这种符号系统表现为电视语言。布尔迪厄强调对立逻辑在符号系统中的区分作用,"这些认知区分通过制造二元对立的社会群体划分与逻辑群体划分、通过创造社会接纳与社会排除的形式,倾向于同时生产社会的与逻辑的分类。这些区分成为我们知觉社会世界,并赋予它有意义的秩序的分类透镜"②。

一、社会分化结构的同源性

历经数年改革,高端路线一直是东方卫视发展的指导方针。东方卫视的电视生产者用"三高"人群的受众定位以及都市、时尚的频道定位与低学历、低经济地位、低职位、乡村的、传统的文化相区分。这个电视符号系统体现了群体等级化的社会区分和认知区分,它的建立揭示了上海社会深层结构中群体间的不平等权力关系。布尔迪厄通过建构三维的社会空间阐述了不同阶级的文化消费与生活方式的模式分布。"社

---

① 戴维·斯沃茨:《文化与权力:布尔迪厄的社会学》,陶东风译,上海译文出版社2006年版,第92页。
② 戴维·斯沃茨:《文化与权力:布尔迪厄的社会学》,陶东风译,上海译文出版社2006年版,第101页。

会阶级的场域与生活方式的空间之间，存在'结构的同源性'。"① 基于此，对建立电视符号系统和实施符号权力的考察应当从社会阶级的场域及日常生活方式的角度出发。

以最体现市民性公共空间领域的公共广场为例，徐永利在对上海公共广场进行研究后，得出了负面的结论。无论是人民广场类的城市级广场，还是静安寺广场类的市区级广场，上海"现阶段的广场设计多是直接来自于对西方现代建筑的原型"②。民众在巨大的由西方原型模式的公共空间呈现出了一种集体性的失语。他认为，相对于大容量的公共空间，与市民文化相关的"街巷空间和小的公共空间"③应当被关注，必须"到历史中去寻找"。

二、业者的精英主义趣味

对市民阶层的忽视也是东方卫视节目生产中的特点。媒体从业人员，许可"文化权利"的最大化，"成为'消费与享乐艺术'的'新趣味的制造者'"④。据调查，东方卫视在编编导大多数为大学本科学历以上，平均年收入在10万元以上，这个数值高于上海白领的平均年收入，也高于中国其他地区同行的收入。当然，笔者认为不可以简单地以经济收入的标准来划分阶层。无论从频道定位、观众定位以及广告产品的关联性，还是从节目生产人力资源来看，东方卫视浑身上下都充满了精英

---

① 戴维·斯沃茨：《文化与权力：布尔迪厄的社会学》，陶东风译，上海译文出版社2006年版，第101页。
② 徐永利：《略论城市广场空间的精神向度——上海城市广场现状解读》，载《华中建筑》2012年第8期，第21—24页。
③ 徐永利：《略论城市广场空间的精神向度——上海城市广场现状解读》，载《华中建筑》2012年第8期，第21—24页。
④ 戴维·斯沃茨：《文化与权力：布尔迪厄的社会学》，陶东风译，上海译文出版社2012年版，第182—183页。

主义的趣味，离市井小民相去甚远。

东方卫视的精英主义趣味还表现在对频道在意识形态生产上所应承担责任的认知。周亭认为《加油！好男儿》总决赛时比赛中穿插播放百姓收看好男儿的记者连线，以及海外收看节目的情况，是借用了春节联欢晚会的"天涯共此时"的概念①。这种生产还体现在《中国达人秀》在人民大会堂进行总决选。在人民大会堂这个空间中举行完成民族梦想的仪式加强了草根选手的使命感和节目的神圣感。此外，2014年6月首播的《小善大爱》隐去了同类型西方电视真人秀《卧底老板》的商业性质，将慈善元素植入节目中。亿万身家的老板乔装成为"志愿者"体验普通人的困难生活。节目的最后，富豪向普通人揭示自己的身份，最后用支票的方式帮助生活在困难中"需要帮助的普通人"。

> 我是一名志愿者，但我隐瞒了自己的身份，其实我拥有一个公司，是一个成功的老板。
>
> ——《小善大爱》中主人公向被帮助的人揭示
> 自己身份的格式化台词

在面临吸引更多受众还是吸附更多高端广告客户的选择时，东方卫视广告部往往倾向于选择后者。他们认为，只要节目定位明确，即使收视率没有同时段其他节目高，他们一样可以轻松完成广告销售的任务。比如，美食真人秀《顶级厨师》耗费了巨大的制作成本和高额的版权费，2012年平均收视率只有0.45%。很多观众认为节目中选手制作的菜太高档，与日常生活形成很大距离。同样选材美食，中央电视台纪录

---

① 周亭：《中国电视娱乐产业研究》，复旦大学2007年博士学位论文，第57页。

片《舌尖上的中国》第一季播出后因食物取材民间、故事贴近百姓生活取得了0.5%的平均收视率。然而,《顶级厨师》的低收视率并不影响美食节目的巨大广告植入空间,德国双立人刀具、九阳电器、美的电器等厨房用品的广告植入给东方卫视带来了丰厚的利润回报。另一个例子,投资类真人秀《中国创造》研发期间,节目编导为了增加节目的可看性,减少了选手与大佬讨论投资专业性问题的比重,增加了选手故事、产品和情感表达等可能吸引观众的内容比重。广告部对此表示异议,认为这种做法会影响节目高端广告客户的招商情况。

三、"三高"定位的得与失

东方卫视的受众定位面向"三高"人群——高收入、高学历、高职务。这个定位是依据社会地位和经济地位水平划分的社会分层。精英文化与大众文化这两种文化形式代表不同的审美标准和价值取向。不同社会阶层的人群由于审美趣味的差异在文化内容的选择上会呈现同阶层的相似性,此外,同一阶层的受众对文本的解读也会呈现地域化差异。上海虽然具有相对大体量的高端人群,但作为典型的移民城市,源于地域、阶层、族群等多样性的因素使上海文化极具异质性特点。过于关注某一阶层或群体,将导致城市中其他群体和阶层不同程度的失语。

对于高端文化还是大众文化的取舍,不能简单地从经济水平和社会地位出发。虽然消费行为与收入水平具有一定的关联性,但是社会阶层的结构更多地与审美偏好、消费行为以及生活方式相关,布尔迪厄将这称为"社会空间的三个维度"。他认为消费行为与收入水平的联系是依靠"习性"的倾向来进行调节的。① 东方卫视的"三高"人群定位基本上是分布于布尔迪厄所言三个层次分化结构的"统治阶级"和"中产阶级"②。然而这两个阶级在资本占有的种类和程度上是存在差异的，即使同属于中产阶级他们所占有的资本也可能是对立的。戴维举例法国小学教师和小商贩之间的对立关系，前者在文化资本方面相对富有，而后者则拥有相对多的经济资本。③ 这一点在中国的大中型城市的社会分层中也有所体现。比如，一名上海高等院校讲师（高教育程度）或者一名国家政府处级公务员（高职位）的在职年收入甚至不如一名普通月嫂工的年收入。因此，在社会阶层的分层结构与经济资本、文化资本等多个因素相关，而不指向单一指标。

布尔迪厄反对将特定价值与特定社会阶级做对应的认知，"通过认知过程确立的二元对立区分本质上是任意的，因为它们并不直接反映社会现实"。按照同样的分化原则，所谓的高学历、高收入、高职务的"三高"人群内部存在着各种资本对立关系，并不是一个内在统一的标准。而从阶级状况的差异分化出的不同习性以及由此产生的不同生活方式着眼，可以为东方卫视的受众定位提供另一个视角。

事实上，东方卫视也认识到这一定位带来的尴尬。为了最大化频道的生产效益，东方卫视实际的生产机制并不是完全按照高端人群定位来运作的，而希望尽可能获得更高的收视率和更广泛社会阶层的关注。这

---

① 戴斯·斯沃茨：《文化与权力：布尔迪厄的社会学》，陶东风译，上海译文出版社 2012 年版，第 187 页。
② 从职业范畴而言，布尔迪厄所说的统治阶级包括自由职业者、大学教师、高级国家公务员、大企业老板、高级管理人员、艺术家与作家，各种类型与技术水平的劳动者成为工人，初级企业主管、技术人员、文职人员、医生、媒体从业人员以及健康服务职业为中产阶级，又称"小资产阶级"或"新小资产阶级"。
③ 戴斯·斯沃茨：《文化与权力：布尔迪厄的社会学》，陶东风译，上海译文出版社 2012 年版，第 182 页。

种做法造成观众群结构被打散。新闻节目的"三高"人群①始终排名第一;而黄金时段电视剧的主流收视群总体偏老龄化、女性化,集中在45—54岁的女性观众;次黄金综艺节目时段的主流收视群并不固定。②这三类收视群体呈现出的差异化说明东方卫视的新闻、综艺、影视三驾马车着力点不一致,频道品牌的吸附力不够。既不能做到分众传播,也不能形成全家型收视。2011年的东方卫视频道收视人群结构图(图4-2)显示,45—54岁人群是东方卫视的主流人群,55—64岁人群次之,频道老龄化趋势明显。

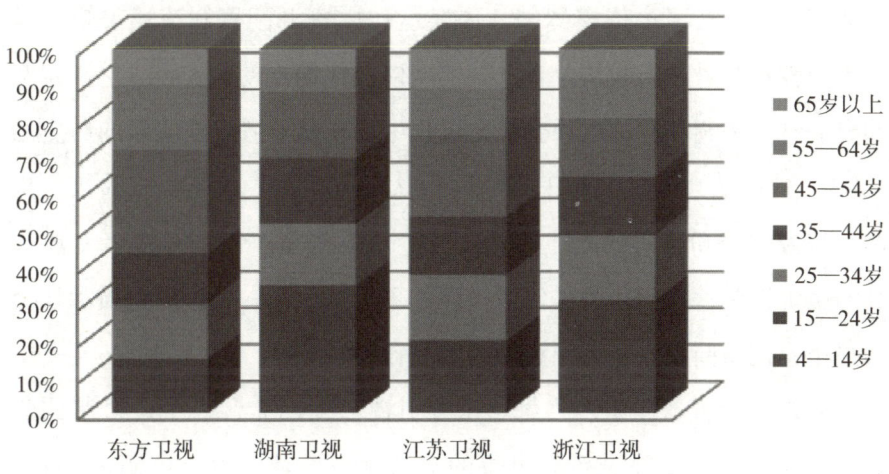

图4-2 2011年统计部分省级卫视收视人群比例

---

① 月收入4000以上,大学及以上学历,干部管理人群。
② 2008年《我型我秀》15—24岁的35城收视率排名第一,但2011年、2012年《中国达人秀》主流收视人群为45—54岁女性观众,25—34岁次之。

第三节　专业成名职业理想的实践

电视场的个体通过对其所持有的文化资本的运作获得经济效益和社会地位，专业主义作为电视从业者的文化资本是确保他们实现专业成名的重要条件。陆晔和潘忠党认为新闻专业成名想象的实践空间是由新闻专业理念、政治宣传体制、商业传媒体制三个力量构成的话语场域。这个话语场域包括了"传媒体制、传媒运作中资源配置和流通渠道、具有不同教育背景的新闻从业者及其实践以及他们互动的实践。它们相互冲突、渗透和调和，构成社会转型过程中新闻从业者专业实践的历史场景"①。他们从"正式与非正式的同行认可方式""相互收编的权力机制"以及"身份认同的内外互动"三个层面提出了新闻从业者专业成名的微观机制，他们认为提供实现新闻理念的空间、合理的物质和社会回报是保证新闻从业者组织忠诚的重要条件。

以东方卫视新闻生产为例。东方卫视"新闻立台"生产机制的建立过程，既要寻求外援新闻单位的支持，也要建立自己的新闻编辑、报道、播出业务团队，这是体现新闻专业主义的前提。但相比中央电视台、凤凰卫视和以深圳卫视为代表的广东媒体，东方卫视在这些方面并不占有优势。在笔者采访过程中，很多从业者以"西方资深电视媒体都是以新闻立台"②的缘由来解释东方卫视的频道定位。参考西方广播电视先例在中国新闻传播领域是由来已久的。从专业教育上

---

① 陆晔、潘忠党：《成名的想象：中国社会转型过程中新闻从业者的专业主义》，载《新闻学研究》，2002年第71期，第46页。
② 大部分国际影响力的电视频道都是以"新闻立台"，如英国BBC、美国CNN等。

看，《传播学》《广播电视史》《新闻采访与写作》等课程中涉及了大量的西方传媒理论、技巧和方法；从行业生产上看，西方电视节目普遍成为国内电视制作的模板和范本。20世纪末至今，赴英、美等国家学习传媒的人数增多，他们归国后更多地传授和实践西方新闻传媒的理念。西方"新闻立台"的范例是国内电视人实现新闻专业主义理想的指南或是模版，当然，中国的新闻生产实践未必有与西方相同的土壤和空间。

一、电视生产者职业权力的实现

"专业主义"作为职业权力的意识形态"是一个某类服务的生产者企图去塑造并控制其专业市场的过程，是一个尝试把某种稀有资源（独特知识和技术）转变成别的稀有资源，即社会和经济报酬的努力"①。在威伦斯基提出的五个标准中，新闻学科的建立和发展与新闻专业主义的形成有密切的关系，这些标准形成了一些"内化了的专业信念、价值观、行为标准和从业实践的规范"②。"新闻学思想以及研究实际上就是新闻实践的职业化或专业主义的反映。"③ 相对地，一个地区新闻学科教育的程度对本地区新闻自主机制观念具有一定影响。这种影响未必是正相关，但是高等院校新闻专业人才输出的主要出口之一是报纸、电视等相关媒体新闻业务单位以及上一级媒体主管单位，这些未来的新闻从业者的新闻职业素养和伦理直接决定了他们对于大众传媒社

---

① Evetts J., "The Sociological Analysis of Professinalism: Occupational Change in the modern world", *International Sociology*, Vol 18, No2, 2003.
② 陆晔、潘忠党：《成名的想象：中国社会转型过程中新闻从业者的专业主义》，载《新闻学研究》，2002年第71期，第47页。
③ 黄旦：《新闻专业主义的建构与消解——对西方大众传播者研究历史的解读》，载《新闻与传播研究》，2002年第2期，第5页。

会功能的认知和判断。

黄旦认为拉斯维尔、卢因、怀特等人的传播模式是将大众传媒看成一个孤立的、具有高度自主性的组织,是一种"不正常"并令人"怀疑"的专业主义和职业化观念①。而布里德、麦克莱恩、赖利夫妇等则将新闻编辑部内部的新闻控制呈现出来,将媒介与政治、经济、文化等更广泛的社会系统联系起来。本书所言的专业主义是在这一语境下展开讨论的。频道的"新闻立台"不是由具体哪一位主管新闻业务的领导决定的,但它却能从侧面反映新闻专业人才在上海大小文广②中的地位和话语权。以复旦大学为首的本地新闻专业教育院校为上海文广集团提供了大量专业人才,其中很多人更是成为上海新闻业的领军人物。③ 出于新闻专业的学缘背景,这些人多数都怀抱着强烈的新闻专业理想,认为东方卫视不能简单地选择发展成某一专业频道的路径,而应该发出上海的声音,在全国乃至更广泛的区域形成一定的话语影响力。然而,在新闻生产的具体环境中,无论是实现职业理想的空间,还是物质或社会回报,许多SMG新闻人对现状表达了不满意的情绪。

首先,东方卫视的新闻生产尽可能遵守现行体制和顺应政治环境,尽量不碰敏感选题。电视新闻中心内部流传的"六小时原则"④ 便是上海新闻生产逼仄环境的真实写照。笔者通过对新闻生产业者访谈发现,他们大多数具有一个普遍共识——不求出彩只求安全,就算完成任务。

---

① 黄旦:《新闻专业主义的建构与消解——对西方大众传播者研究历史的解读》,载《新闻与传播研究》,2002年第2期,第5页。
② 大文广指上海文化广播影视集团,小文广指上海东方传媒集团有限公司,2014年二者合并为上海文化广播影视集团。
③ SMG历任总裁以及东方卫视历任频道总监(如黎瑞刚、袭新、陈梁、田明、杨文红、蒋为民)大都有复旦大学新闻系、中文系的学缘背景,其中有升迁到上海市委宣传部等政府职能部门任职的事例。
④ 指一般情况下,某新闻发生后,观众只有六个小时以后才有可能在电视上看到。

<<< 第四章 文化资本的运作：专业主义的实践

其次，有限的物质和社会回报难以吸引名记者、名主播等资深新闻从业者，在岗的新闻从业者频频被更具"文化资本"或"市场价值"的媒体挖墙脚。① 常态新闻的软性特征使主持人更容易被观众认可。新闻的"安全生产"使直播、深度报道大量减少，新闻主播成为构架和串联节目的主干，现场记者、直播记者和深度报道记者渐无用武之地。对敏感性话题的回避和对无关痛痒的社会公共话题的倾向使东方卫视的新闻节目很难制造较大的政治文化影响。许多记者普遍的职业感受是"今日域中，孰非困兽？只是犹斗罢了"②。"作为专业的行为规范和社会控制模式，专业主义在中国仍然是奢侈品。这不是新闻从业者没有献身真理、服务公众的精神，也不是他们缺乏认知，而是这样的专业主义目前还缺乏恰当的历史情境，在这个层面谈论专业主义也缺乏合适的语境。"③

二、团队业务能力的打造

1. 新闻节目生产团队

尽管东方卫视拥有一支分析中国国际问题研究的专家队伍，并强调输出多样化国际新闻内容，以中国独特视角观察世界。但是大部分国际新闻只是援引新华社、美联社、路透社等通讯社素材，采用新华社通稿加外媒画面的手法。一项对 2013 年《看东方》的抽样调查显示，国际新闻报道占比最多，达 69.23%。但国际新闻的报道方式多以影像新闻

---

① 欧阳夏丹、劳春燕等新闻主播先后跳槽央视，邱启明于 2009 年离开东方卫视，先后供职中央电视台，在湖南卫视主持娱乐节目，如今担任香港卫视副总监。新闻评论员骆新于近几年开始主持《百里挑一》《舞林大会》等综艺节目。
② 根据对某新闻从业者的访谈材料，时间：2014 年 2 月 28 日。
③ 陆晔、潘忠党：《成名的想象：中国社会转型过程中新闻从业者的专业主义话语建构》，载《新闻学研究》，2002 年第 71 期，第 43 页。

为主，全年的国际新闻现场报道数量为 0 条的单期节目占比 61.54%，影像报道数量为 11—15 条的单期节目为 61.53%。结果还显示国际新闻中无采访、低于 60 秒的短新闻居多。①

即使是值得载入卫视新闻史册的直播事件，例如，"9·11"五周年纪念活动、俄罗斯别斯兰人质事件、人类登陆火星等，大部分是由外国媒体提供第一手新闻画面。囿于卫视自身资源条件的原因，东方卫视的国际新闻记者缺少历练、国际性新闻资源缺乏，国际新闻操作经验较少。即使特派记者身处在重大事件的新闻现场，与西方媒体相比，仍然无法为国内观众带来相对权威、专业的新闻报道。

比如，2014 年 3 月 9 日，东方卫视针对马航客机失联事件启动了七小时直播模式，取消《车世界》《娱乐新天地》《80 后脱口秀》等节目，暂停了娱乐节目《笑傲江湖》的首播。这一举动受到业界的广泛关注和赞誉。但由于马航事件的特殊性，在消息源混乱、局面复杂的情况下，七小时直播只能做"新闻的搬运者"，专家记者的评论只能根据官方消息的只言片语进行讨论，以撑足版面。

马航事件特派记者袁文逸就东方卫视"MH370 事件特别报道"做了业务反思，她认为，"西方媒体以及通讯社之间有成熟的合作模式，CNN 几乎第一时间买断了当地最好的线人。他们还有专门人员进行高层公关。也许我们很多国内媒体已经不缺钱，但是如何开拓资源和如何花钱，或许是一个自上而下的大命题"。在她看来，获得新闻数据的资源、具备解读数据的能力、记者背景的多元化和专业化是西方媒体在马航事件报道过程中与中国媒体拉开差距的主要原因。"我们国内媒体的记者本来就多为新闻或语言专业的毕业生，有其他社会工作经验的更

---

① 王嘉曼：《北京卫视和上海东方卫视早间新闻节目内容的分析》，东北师范大学硕士学位论文，2014 年，第 59—60 页。

少,社会和媒体风气间的急功近利更容易让我们失去学习的兴趣,甘于琐碎也会让我们失去积累的机遇。"①

随着资深记者、编导的逐渐流失,电视新闻中心的一线业务梯队架构难以形成。"整个电视新闻中心,核心直播记者实际上只有三个人,宣克炅负责本地,冷炜负责国内,袁文逸负责国际。"② 老记者带新记者的梯队建设传统逐渐变成新人快速顶大梁。电视新闻中心的国际新闻报道通常"对比多家外媒,采取折中观点"③。由于新人缺乏经验和专业判断,在援引境外媒体报道时,很容易被境外媒体观点引导。比如,某位年轻记者在纪念"6·25"朝鲜战争的报道中,因采用美方记者的稿件致使报道口吻偏向韩方。④ 尽管美联社等国际性新闻通讯社一向标榜为各媒体提供客观、中立、公正的新闻素材,但是通讯社对信息源的垄断,极易造成在对国际事件报道中出现偏见和误读。东方卫视的新闻只能被动地进行所谓"另类表述",这种建立在西方信息源视角解读新闻的方式,其新闻立场和新闻评述并不具备充分可信度。

以上,笔者讨论了文化资本在电视场中的运作,从新闻生产层面描述了从业者在电视场中的处境。每个场域都有各自不同的利益形式,布尔迪厄将其称为"幻象"⑤。对于电视场而言,首先,经济效益的最大化是电视生产者的主要利益诉求,其次,职业权力所能赋予的社会回报和专业成名。由于收视率的制约、上海生活水平消费较高等原因,SMG公司化用人制度的灵活性以及薪酬待遇的优越性并没有明显体现。上海

---

① 袁文逸:《袁文逸马航失联报道:菜鸟,在"飞行"中学"飞翔"》,载个人微信公众号"原点",2014年4月24日。
② 根据对电视新闻中心某记者的访谈,时间:2015年2月23日。
③ 根据对电视新闻中心某资深员工的访谈,时间:2014年6月23日。
④ 根据对电视新闻中心某资深员工的访谈,时间:2014年7月10日。
⑤ 皮埃尔·布迪厄、华康德:《实践与反思——反思社会学导引》,李猛、李康译,中央编译出版社1998年版,第159页。

新闻业的保守打法,东方卫视的一线新闻记者很难实现"专业成名"的职业理想①。

2. 综艺节目生产团队

相较于新闻团队,东方卫视的综艺团队非常注重团队合作能力的培养和节目生产能力的打造。通过系统学习以《中国达人秀》《中国梦之声》为代表的西方模式节目,近几年来东方卫视综艺团队在理念、专业和流程上获得了实质性的提升。

所谓理念,是指节目的价值观、情怀和核心观念。《美国偶像》节目制作"宝典"的开篇的一段话点明了具有12年历史的《美国偶像》的核心价值观——用叙事的方式建构普通人的真实生活,完成他们的美国式梦想。同样的,《中国梦之声》描绘了中国青年人追逐梦想的集体群像,选手们通过展现声音才华改变自己的命运。不管节目模式输出到哪个国家,追逐梦想的核心理念是统一的。

所谓专业,指学习"宝典"的过程是追赶世界先进电视生产标准的过程。模式节目之所以成为经典在于它对每一个制作环节和工艺有精确的要求,岗位的设置和人数、机器配备等都有严格的标准设定。通过一次成熟模式节目的实践,年轻的电视人和团队得以快速成长,他们经过不断地学习和尝试提高了专业素养和业务能力,逐渐与国际先进标准同步。

所谓流程,指从试音会、小组赛到千人大场的直播,大型真人秀是需要不折不扣按照流程化方式进行精细化操作的大型赛事。大型真人秀的细节决定成败,注重流程和细节同时也是专业的体现。流程的标准化是西方节目制作的趋势,无论是大型真人秀,还是周播电视节目,西方

---

① 陆晔、潘忠党在《成名的想象:中国社会转型过程中新闻从业者的专业主义话语建构》中提到新闻从业者的专业名望是一个叙述专业主义的象征体系。

电视人都会对媒体业务的运作设定一套完整的标准流程，这也是媒介产业规范化的必然结果。例如，第五季《中国达人秀》制作过程中，选管组负责人崔士新根据原版模式"宝典"结合本土制作实情撰写了《达人秀选管组工作规范以及操作流程》，为之后团队在制作其他同类型真人秀时管理选手提供了很好的参照。

学习"宝典"的过程是提炼理念、提升专业和细化流程的过程。对东方卫视而言，引进"宝典"的根本目的是希望通过亲身实践先进节目生产方式，进一步激励团队的创新创优机制，更是为了脱离"宝典"，输出中国节目模式。杨晖将这个过程比喻为"未成年的孩子学大人抹口红、穿高跟鞋"①，指出模仿是创新的必经之路，也是中国电视产业寻求自身发展的必然过程。事实证明，最早从事模式引进的几家省级卫视②目前已展现出节目创新能力方面的优势。

笔者以《中国达人秀》生产过程中的文件资料（表4-1）为样本，观察节目生产者的生产活动。这些资料大致可分为两个类型：

表4-1　《中国达人秀》生产过程中的文件资料

集团调控	频道例会、收听收视简报、宣传通知等
栏目组生产	策划会议记录、节目策划案、节目流程稿、技术流程稿、宣传推广方案、节目收视率报告及市场分析报告、栏目组人员统筹安排和绩效、微信群组日常沟通记录、栏目组人员工作笔记等

《中国达人秀》节目生产过程呈现四个主要特点：

---

① 根据笔者对唯众传媒总裁杨晖的采访，时间：2008年3月。
② 湖南卫视于2011年引进了Take Me Out版权，江苏卫视于2011年引进德国、荷兰创意团队研发制作《欢喜冤家》《老公看你的》。

（1）节目组内部的"习性"形成了内容制作规则。

布尔迪厄提出的"习性"是基于新闻场的实践产生的，是"一种经验以及一种拥有与一种资本"①。习性同样存在于电视娱乐节目生产场域。习性的选择使节目组内部成员在制作节目过程中倾向于选择过去经验和知识最可能成功的方式。这里的过去经验和知识包括：观摩已有节目的优秀范例，自身制作节目的经验，策划会上来自领导、专家等的经验。

比如，节目组专门制作了数据资源库，库里包括了借鉴才艺、借鉴包装方式、借鉴选手等数据。这个数据库是基于网络海量的视频数据形成的，为节目组包装选手提供了参照。比如，第四季《中国达人秀》中的高跷小丑桥段、第五季《中国达人秀》的鱼缸网吊桥段分别取材于《英国达人秀》《乌克兰达人秀》。

布尔迪厄指出习性是对变化的抵制性，"因为原初的社会化比之于后来的社会化经验更具有型构内在倾向的力量。在习性遭遇新的境遇时，固然有一个持续的适应过程，但是这个过程常常是非常缓慢的、倾向于完善而不是改变初始的倾向"②。"习性"在节目组内部具有相对的普遍性。电视节目制作是群体性的工种，要求制作团队具有稳定性和长期性。因此，大型真人秀节目通常是由经验丰富、内部成员关系稳定、领导者具有权威性的团队承担。节目内部成员在常年合作过程中形成了类似的收视率判断、节目制作观念、节目生产机制，并内化成为相对统一协调的节目调性。这种相似性在节目组内部容易形成某种"口味"：认为这样做一定有效/无效。比如，第四季《中国达人秀》在进

---

① Pierre Bourdieu, "The genesis of the Concepts of 'Habitus' and 'Field'", *Sociocriticism*, No.2, 1985, p.13.
② 戴维·斯沃茨：《文化与权力：布尔迪厄的社会学》，陶东风译，上海译文出版社2012年版，第125页。

行才艺甄选时，节目组认为印度舞一定没有收视率，是因为他们"做印度舞才艺从来都没有成功过"。第五季《中国达人季》节目生产流程如图4-3所示。

（2）绩效评定实行量化与质化并举。

栏目组实行绩效工资与奖金加权的方式；每位分赛区小导演找到100个以上B+（符合录制标准）类选手即可获得基本绩效工资，在此基础上按照A（被录制）类选手的数量、播出类选手的数量和类型（蒙太奇、小故事、大故事）进行加权，计算奖金。获得工资越高的导演意味着他为节目组贡献的有效选手越多，同时这也是对导演甄选选手、排练才艺等专业能力的肯定。

"在高度法规化、高度规范化的情境中，或者在威胁到至关重要的物质利益和政治利益的情境中，行为较少依赖于习性"①，"或许会在某些条件下被其他的原则取代，比如理性的、有意识的计算"②。选手录制标准并没有严格、精确的限定条件，往往是由总导演的习性决定的。频道高层领导的习性、以往制作类似节目的经验和节目收视反馈会让总导演形成新的经验，并不断打破他们的习性，使他们在一种基于收视率和社会影响力的"高度有意识的谋划"③中进行决策。同样的，由于绩效评定机制的作用，小导演选人的习性会有意识地根据总导演的习性进行调整，以达到自身利益最大化的目的。

---

① Pierre Bourdieu, *Distinction: A Social Critique of The Judgement of Taste*, Cambridge, Mass.: Harvard University Press, 1984, p. 144.
② Pierre Bourdieu, *Outline of a Theory of Practice*, Cambridge: Cambridge University Press, 1977, p. 20.
③ 戴维·斯沃茨：《文化与权力：布尔迪厄的社会学》，陶东风译，上海译文出版社2012年版，第131页。

"场域"理论视角下的东方卫视节目生产 >>>

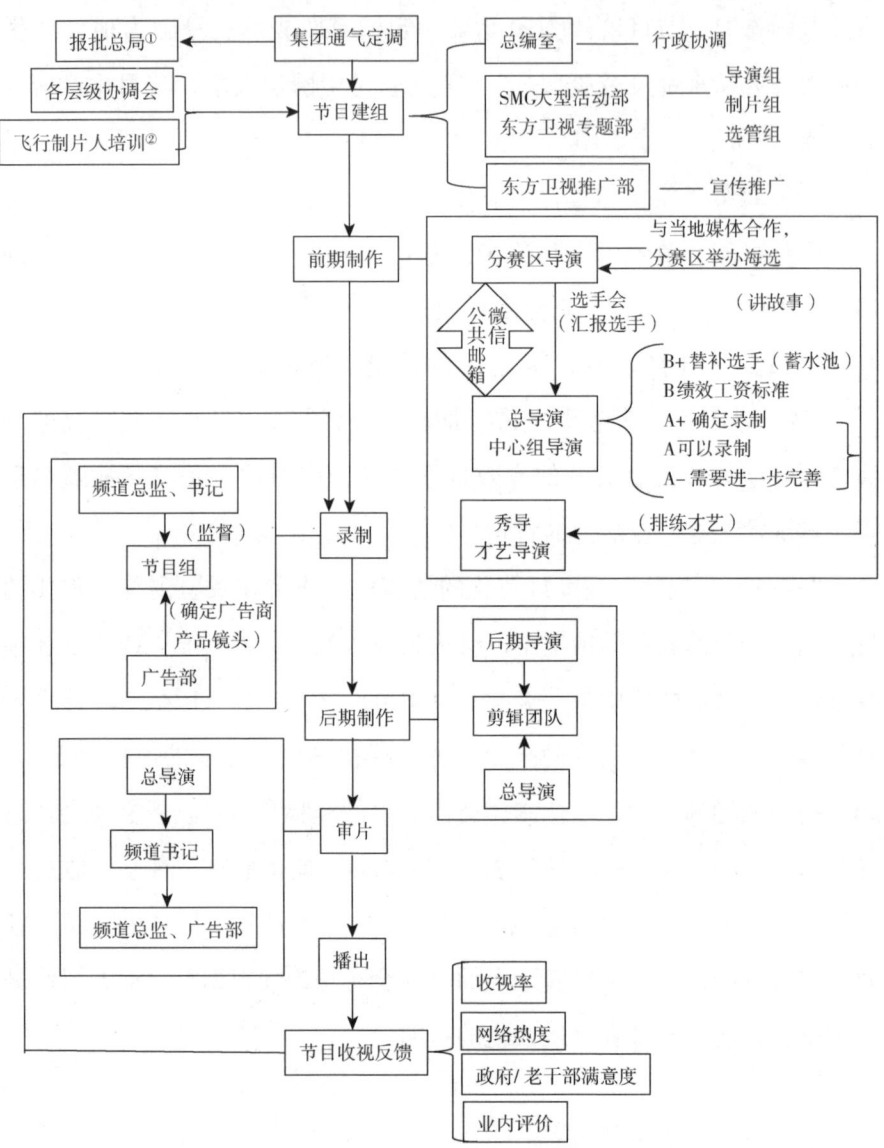

图 4-3 第五季《中国达人秀》节目生产流程

注：①根据预算和对飞行制片人的需求决定模式方在制作过程中的参与程度。
②广电总局将对节目的播放时段、集数、时长、节目名称等进行审核批准。

(3)微信等新媒体平台的发展加强了栏目工作组的工作效率。

栏目组的导演被派到全国23个分赛区进行海选,为了保障沟通的及时和有效,栏目组建立了公共邮箱和微信群,保障物料的及时更新、赛区情况的实时更新。此外,通过微信平台等组织内非正式传播形式,节目组总导演可以实时了解分赛区导演的工作困难、生活困难以及工作情绪,进行适当的安抚和调节。

通过海外先进节目模式的学习,东方卫视综艺团队的整体实力得以全面提升,积累了相当丰富的模式节目和大型综艺节目的实际操作经验,也在全国电视业内形成了良好的口碑和影响力。笔者也观察到,正因为长期以来东方卫视注重综艺团队的养成,即使在如今频道名次掉出第一阵营的情况下,依然有能力做出收视率排名第一的大型综艺节目。

综上所述,电视场作为规模生产的文化生产场域受到来自经济场、政治场和专业场等不同程度的影响。电视场通过占据有效的文化资本实施符号权力,安排并合法化了现存的社会秩序,完成了社会化再生产。

第五章 电视符号的现代性构建

"在既定社会秩序中拥有或控制了关键组织的个人或群体能够通过他们对文化生产的占有和管理来运作其权力。"① 在布尔迪厄看来,包括符号的追逐(symbolic pursuits)在内的所有策略都是与利益相关的,"习性(habitus)、传统、风俗、信仰这些过去的文化或社会遗产,渗透到并塑造人们对于现在与未来的个体的集体的反应"②。"电视是一个极少有独立自主性的交流工具"③,电视频道的风格、气质以及实际生产过程中的策略表面看来是为了体现多样化和独特性,实质上却是利用社会或文化遗产达到进一步控制和重塑社会、文化的目的,这个过程是在多场域资本互动场景中通过符号象征权力完成的。

技术特性决定了媒介的影响力不受限于自身所处自然空间的区域边界,而是受限于所能达到的文化边界。无论是中央电视台、省级卫视、还是地方频道,都是一个包含地理和话语的"空间"概念。不同于其他省级卫视代表的大行政区文化,东方卫视所代表的文化是城市文化,

---

① 约翰·R. 霍尔、玛丽·乔·尼兹:《文化:社会学的视野》,周晓红、徐彬译,商务印书馆2002年版,第226页。
② 戴维·斯沃茨:《文化与权力:布尔迪厄的社会学》,陶东风译,上海译文出版社2012年版,第79—80页。
③ 皮埃尔·布尔迪厄:《关于电视》,许钧译,南京大学出版社2011年版,第49页。

其独特地位源于上海的地缘、历史以及直辖市的行政地位。上海的"现代性"是在多重身份上建立的。表面上看,最早开埠的上海,其现代性的构建过程是充满西方叙事的,但经过与上海本地文化的发酵,呈现出了不同的风貌——关联但不单一等同于西方现代性。因此,现代性的词义丰富而多歧,它为解释上海都市文化预留了很多想象的空间。

同样,海派文化的多歧性也体现在上海电视生产中。如前文所述,导致东方卫视频道三驾马车分散作战的主要因素在于频道的模糊定位。时任卫视副总监徐向东在解释上海地域的特殊性对东方卫视频道定位的影响时一直强调上海是"一个格式化的城市……地区特性决定了文化风格,也造就了电视台风格、电视台管理风格,乃至体制机制等"[①]。以此为出发点,本章笔者将从节目文本层面讨论东方卫视如何参与上海现代性的重塑。

第一节 上海现代性在电视中的重构

上海开埠时期,西方人开始进入上海城市生活空间中。城市里建起坚固而高大的西洋建筑,西方制度行之有效地管理着城市的日常事务,西方文化在上海的日常空间中留下了深深的印迹。在这样环境中生活的上海人自然而然地受到西方文化的耳濡目染。上海作为西方文化与江南士大夫文化融合的场所,因此它兼具了西方的实用、开放以及南方传统文化里的保守和儒雅。上海人长期生活在高度发达的商业氛围中,深受西方商业文明的影响,受惠于现代化进程的文明成果,重商主义成为城

[①] 张鑫:《传东方卫视"人事地震"SMG战略将大调整》,载《凤凰网》,2011年2月15日。

市精神之精髓。这种重商主义的城市精神随着时代的变迁、环境的改变逐渐演化成精明、实用的性格。

中华人民共和国成立之后,由于国家政治环境发生剧烈的变化,一时间西方资本主义文化成为洪水猛兽。上海城市发展的外部条件、内部结构、文化制度、话语环境都发生改变。随着城市功能导向由商业为主转向以工业为主,上海人成为全国人民服务的劳动者和生产者,内敛、务实、奉献被用来描述这些生产者的品格。在经济转轨、社会转型期间,作为改革开放大后方的上海保持着中华人民共和国成立前的良好训练,形成了较好的商业秩序,开创了良好的发展格局。此时的上海人更加确认实用主义为日常生活的指导原则。当然,"实用"一词衍生出一些对上海人的负面解读,精明、冷漠、市侩等成为他者视域里上海人的特点。

随着金融业、房地产业、保险旅游业等第三产业以及高端制造业的蓬勃发展,改革开放后的上海逐渐恢复20世纪二三十年代鼎盛时期的地位,其城市化进程也呈现了后现代世俗时代的表征。"跨国公司的兴起,大众文化的流行……消费意识的蔓延,信息爆炸,传统断裂,个人主体性的丧失,电脑空间和视觉形象的扩展,等等。"① 中高档购物中心、中高档餐厅、酒吧、夜店等所营造的物理场域让这个都市迷失在消费欲望的感官刺激中(这种消费既有物质的也包含符号的),人们逐渐陷入集体无意识。这种意识形态体现了后现代语境中某种焦虑心境,同时印证了上海都市发展过程中由来已久的"自身与他者""本地化与全球化"之间的矛盾与纠葛。"上海的殖民历史使其披上了西方文化的外衣,现代性的追求让上海的本土文化资源传统(即明清以来形成的江南士大夫文化)在与西方文化的融合中发生变异……反映出上海文化

---

① 罗钢、王中忱:《消费文化读本》,中国社会科学出版社2003年版,第3页。

自身的混杂性……其不同程度受到西方化而遭受质疑，产生了强烈的本土文化认同危机。"①

1979年之后的改革开放带来了经济的快速发展，中国的综合实力和国际影响力在不断提高，人民的生活水平实现了很大飞跃。特别是在上海、广东等大中型城市，高楼林栉，交通网络四通八达，商品消费也从生存资料的消费转向享受和发展资料。大型超市、商场堆满琳琅满目的货品，游乐场、影院、酒吧人满为患。然而与短短三十几年快速发展的经济物质生活不对等的是严重滞后的精神文化生活。相对于完成资本主义缓慢进程的老牌西方国家而言，中国经济迅猛发展的客观代价便是资源的过度浪费和环境的破坏。人与自然环境的关系成为生态破坏、资源滥用、对弱势种群生存的剥夺；社会关系中的人与人也有着相类似的情况，资源无理性抢占、对边缘人群和弱势群体的集体冷漠等现象日益凸显。

社会转型期的人们在价值观念、文化素养、社会秩序等精神文明层面还没有做好充足的准备。都市人的价值体系、生活行为、道德素养在物质消费的巨大冲击下受到了前所未有的挑战，他们迷惑、焦躁、无所适从。都市里"亲情""友情""爱情"等传统道德和情感在社会现实中受到挑战。家庭、邻里、朋友、亲人等传统结构关系逐步瓦解，取而代之的是针对财产分割、房产分配、孩子养育、养老、啃老、婚外恋等日益凸显的矛盾，以及都市人在此之中的情感挣扎。上海是中国都市化进程最快的城市之一，也是上述社会问题体现最明显的城市之一。

此外，外来移民的涌入也参与构建了上海都市的独特景观。根据上海市统计局提供的全国第六次人口普查数据结果，上海外来人口已超过

---

① 罗莉芳、汪宏桥：《上海的都市化和后现代化文化》，载《江西社会科学》，2005年第3期，第44—45页。

户籍人口，青壮年人口中，户籍人口与外来人口呈现倒挂现象，男性比例大于女性。人口的流动、人口结构的分化呈现出新的问题和矛盾，家庭组成、家庭观念、生活方式、家庭规模等模式发生改变，引发了生活、消费、社交等多方面的空间分离和碎片化。

上海的现代性在晚清时期已经逐渐显现，随着时间的推移，上海都市现代性在不同历史发展时期有所不同，特征也发生改变，每个时代的文化创作者对都市的现代性叙事保持浓厚的兴趣。20世纪20年代茅盾的《子夜》、30年代穆时英的《上海的狐步舞》、40年代张爱玲的《倾城之恋》中，上海作为时尚、海派的国际大都市的现代性被建构起来。20世纪80年代开始兴起了以《上海摩登》为代表的都市文学，李欧梵将文学和电影置入上海都会语境中考察20世纪二三十年代上海的现代性，王安忆在《长恨歌》叙述了记忆和想象中的老上海。之后娄烨的电影《苏州河》以碎片化的方式营造了都市意象，许鞍华的《姨妈的后现代生活》中对上海人的地理情节与东北落后地区生活的对比反映了精英生活与大众生活的矛盾。这些无不是对上海国际化影像空间和空间中人与人关系的深层文化解读。

电视相较于文学和电影而言是更新颖的生活方式，是现代社会中制造都会现代性、"创造新的、流行的、关于都市现代性文化想象"[①]的重要媒介。电视对于上海现代性的叙事方式有两种途径：浅层上以上海作为叙事背景；深层上使上海成为电视文本结构中的一部分。

以下从消费化、私人化、工具理性化三个层面剖析东方卫视呈现的媒介景观及其对上海都市现代性的重构。

---

① 李欧梵：《上海摩登》，毛尖译，北京大学出版社2001年版，第109页。

<<< 第五章 电视符号的现代性构建

一、消费化的日常生活

如果说外滩大多数"新古典主义"建筑是上海殖民文化的印迹，随着20世纪30年代末"维多利亚时代的结束"，象征金钱与财富的装饰艺术风格建筑将上海的现代性引入了新的进程。如今，浦东陆家嘴地区成为最具纽约轮廓的区域。高耸入云的摩天大楼与殖民时代文化相去甚远，而是代表了金钱与财富的新时代美式精神。上海都市空间里遍布着市民物质生活消费指南，报刊亭里的《外滩画报》《时尚COSMO》等消费性杂志、公交汽车身上的移动广告、十字路口散发的租售信息和代开发票传单等。整个城市在消费中运转着。

"消费既不是一种物质实践，也不是一种富裕现象学，它既不是依据我们的食物、服饰及驾驶的汽车来界定的，也不是依据形象与信息的视觉与声音实体来界定的，而是通过把所有这些东西组成意义实体（substance）来界定的。消费是在具有某种程度连贯性的话语中所呈现的所有物品和信息的真实总体性。因此，有意义的消费乃是一种系统化的符号操作行为。"① 鲍德里亚将符号引入资本主义生产过程中，提出消费是一种操纵符号的系统性行为，在马克思的商品"使用价值"和"交换价值"的双重价值观上，叠加了"符号价值"。在他看来商品的使用价值和实用功能都要让位于符号的意义。

当社会成员难以在碎片化的当代社会和特定的社会群体中获得认同和归属感时，通过消费来与社会客体世界建立关系便成为一种获得"身份的认同和建构意义"可能的途径。"流通、购买、销售、对作了区分的财富及物品/符号的占有，这些构成了我们今天的语言、我们的

---

① 让·鲍德里亚：《消费社会》，刘成富等译，南京大学出版社2000年版，第70页。

编码,整个社会都依靠它来沟通交谈。"① 消费成为市场经济社会生产的驱动力。

作为描述日常生活的重要工具,电视媒介通过对现实世界的仿造,创造了一个比真实世界更加美好的真实。费瑟斯通认为,日常生活的影像之流是消费文化发展的主要面向,"通过广告、大众传媒和商品展陈技巧,消费文化动摇了原来商品的使用或产品意义的观念,并赋予其新的影像与记号,全面激发人们广泛的感觉联想和欲望"②。

1. 消费媒体文本的过程体现电视受众的阶层性

文化产品由文化资本和经济资本两方面构成。文化资本消费作为一种区分阶层的手段,是为了获取随差异而来的身份意义。按照布尔迪厄对文化商品的划分方式,电视属于准正统文化商品范畴。他所认为的阶层划分依据包括隐藏于社会结构中的文化资本、习性、个人生活方式等的区隔,与马克思的阶级概念是有区别的。

东方卫视将频道目标受众定位为"三高"人群——"高学历、高收入、高职务",树立频道的"高端""大台"形象,在一定程度上体现了消费主义的媒体观,反映了当下传媒行业受到市场和商业逻辑驱动的普遍现象。这个现象从汽车资讯类节目《车世界》的介绍可见一斑。很显然,在这份简短的节目介绍里,该节目对汽车企业和汽车市场的意义比对于观众的影响更"令人振奋"。

> 《车世界》节目受众群多为高学历、高收入、热爱汽车的年轻群体。

---

① 鲍德里亚:《消费社会》,刘成富等译,南京大学出版社2002年版,第81页。
② 迈克·费瑟斯通:《消费文化与后现代主义》,刘精明译,译林出版社2006年版,第166页。

对于观众，它是一档集知识、文化、娱乐、人性为一体的汽车专栏节目；对于企业，它是一个进入并扩大市场份额的助推器，是一条联系消费者的纽带；对于市场，它是一种激活投资与消费的添加剂。且让我们把目光聚焦于令人振奋的车世界。

——以上为《车世界》栏目宣传语

资料来源：《车世界》栏目组

再举另一汽车节目为例。于 2014 年 8 月开机的真人秀节目《巅峰拍档》（*Top Gear*）通过资源整合和产业整合的方式聚集了明星效应、汽车经济和粉丝经济。在开机新闻发布会现场，节目组用全球限量的三台顶级超跑和大牌明星自荐试驾作为宣传点。相较于《车世界》资讯类节目较为平淡的试车方式和显著的广告动机，《巅峰拍档》则是用极具创意和危险性的试车方式、精良制作的画面和高人气的明星拓展了节目的价值空间。

冯绍峰和高华阳已经拍好了自荐视频，将于活动中播放……除此之外，马天宇、乔振宇、周韦彤、叶璇等大牌也都确认参与明星圈速榜。快来看看有没有你的偶像在列？

在 *Top Gear* 节目里司空见惯的好车，终于冲出银屏来到现场，成为活动不可缺少的主角。而现场最闪耀的这 3 辆车，有钱也未必买得到！这就是全球限量的 3 台顶级超跑：法拉利 La Ferrari，保时捷 918 Spyder 和兰博基尼 LP700-4 龙板……三大明星齐聚发布会，这阵势就像七星连珠一样罕见。

——以上为《巅峰拍档》新闻宣传稿

资料来源：《TopDriver 极驾客》官方微信号

高端定位的差异化竞争取决于广告客户的层次。通常的中高端广告种类被认为是汽车、电器、保险、银行、旅游等类别的产品。2013年《中国梦之声》总决赛的广告招标，中标总额高达2843万，其中"二进一"的冠军点15秒广告最高拍到137万，刷新了当时省级卫视节目15秒单价116万的广告投标纪录，标王是节目总冠名赞助商长安福特汽车。而其他卫视同类型选秀节目的总冠名通常是日常生活的快速消费品，比如，湖南卫视的《快乐男声》冠名为卡夫旗下"stride炫迈口香糖"，浙江卫视《中国好声音》冠名为加多宝凉茶。

对比东方卫视《中国梦之声》和湖南卫视《快乐男生》的广告投放（表5-1、表5-2）来看广告产品与电视节目、频道主流收视人群的相关度。《中国梦之声》的主流观众群是25—44岁的中青年群体，高中文化以上学历占比76.4%；以"快乐中国"定位的湖南卫视，主流观众群为15—34岁的年轻族群。基于此，汽车等高端产品的广告倾向于投放东方卫视，而投放湖南卫视的广告多为食品、生活用品、服饰等生活快消品类的低端产品广告。这个现象与两个频道所处的地域和经济地位有很大关系。据2009年一项35个中心城市省级卫视频道观众总花费比值排名结果显示，东方卫视以1.411的比值位居榜首。① 《中国梦之声》和《快乐男生》广告类别构成分别如图5-1、图5-2所示。

---

① 频道观众花费比值是指省级卫视观众的总花费（最近一个月收看该频道观众的规模与这些观众平均月花费的乘积）与31省级卫视观众平均花费的比值。根据由厦门大学品牌与广告研究所、北京大学市场与媒介研究中心等机构联合发布的《2009年全国电视媒体全国影响力评估报告》。

表 5–1　2013 年 8 月 11 日 21:30《中国梦之声》广告

机动车及相关产品	纳智捷汽车、沃尔沃汽车、荣威汽车、道奇酷威、奇瑞汽车、福特翼虎汽车（节目冠名）、福特翼博汽车、嘉实多磁护润滑油
非机动车	永久自行车、爱玛电动车、杰宝大王电动车
电器	苹果 Iphone、联想平板笔记本、Oppo 手机
食品	天喔蜂蜜柚子茶、农夫山泉、启赋奶粉、哈根达斯冰激凌、奥利奥饼干、知味园鲜花米酿、光明莫斯利安牛奶、畅悠乳酸菌、竹叶青酒、三全私厨水饺、午后奶茶、怡宝纯净水、乐事薯片、可口可乐、九朵玫瑰花汁
日化用品	韩束 BB 霜、温碧泉补水霜、六神沐浴露、飞科剃须刀
高级日化品	兰蔻高清微整精华
其他	汤臣倍健营养保健品

表 5–2　2013 年 8 月 9 日 21:00《快乐男声》广告

机动车	东风标致汽车
电器	苹果 Iphone、acer 平板电脑
食品	美年达汽水、Fire 火咖、红牛运动饮料、RIO 鸡尾酒、strike 口香糖（节目冠名）、绝味鸭脖
日化用品	自由点卫生巾、韩后护肤品
服饰	鸿星尔克服饰、X 特步运动鞋
通讯及电商	天翼中国电信、苏宁易趣、赶集网

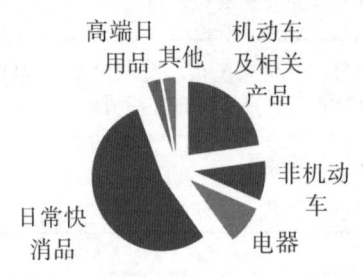
图 5-1 《中国梦之声》广告类别构成

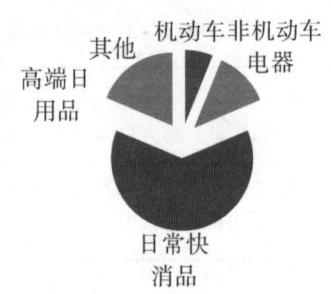
图 5-2 《快乐男声》广告类别构成

电视媒体的阶层性也体现在观众消费媒体文本的过程中。电视观众接近媒体文本在一定程度上是为了弥补社会身份认同的缺失,并集结成体现某种特征的群体(如偶像崇拜)以建构价值和归属的共同意义。第一季《中国梦之声》"十二进十"赛制中,学员许明明和邓小坤进行PK,新浪微博的网民在评判两名学员是否具备偶像资格时,除了考虑唱歌因素以外,更多地关注她们的身份。

> Lilyandmint:很喜欢许明明的长发,很有小资情调,很有个人风格。
>
> 三沙水产网:许明明就是一个极致的小资。她的生活条件塑造了她的小资性格,也让她有条件做自己想做的事情……而邓小坤,小小年纪可能就有一些困苦在围绕着她……代表了中国90后女子的两级。
>
> ——资料来源:新浪微博

以上文本中新浪微博的网友评论显示,上海观众对学员许明明的认可度普遍较高,她的《我在人民广场吃着炸鸡》在节目播出后立刻风靡上海大街小巷,尤见上海观众对歌曲中浓郁的都市消费主义的认同。

第五章 电视符号的现代性构建

鲍德里亚指出,消费文化的流行打破了过去"种姓社会"和"等级社会"符号单一指向某种地位的秩序。通过对流行商品华丽外表符号的使用和消费,视觉快感的假象暂时消除了阶级差别所带来的不快。在上海,一些体现了小资情调的文化现象在一些学者看来是肤浅的,是"城市表面涂了一层奶油……是周期性的等级身份认同"①。消费文化在中国呈现了明显的都市特征和中产阶级倾向,消费主义观念虽然有向更大范围内的低收入阶层蔓延的趋势,但小资情调的消费文化"是非日常的……与一般平民更没有什么关系"。

都市人们的休闲时光开始被一系列以消费为前提的文化活动占据,去兰心剧院看周立波的"海派清口",在环境优美的咖啡馆看书约会等,这些文化消费活动带有审美和消费的双重性质,活动发生的场所是上海现代性的物质性载体,构建了一个都市群体性的日常生活空间。

2. 电视节目的消费性导致"日常生活审美化"

"正是现代社会中影像生产能力的逐步加强、影像密度的加大,它的致密程度,它所涉及的无所不在的广泛领域,把我们推向了一个全新的社会。在这个社会中,实在与影像之间的差别消失了,日常社会以审美的方式呈现了出来,也即出现了仿真的世界或后现代文化。"②

韦尔施指出深层审美化是由传媒建构而造成的意识化审美,"它不但影响到现实的单纯建构,而且还影响到现实的存在模式,以及我们对现实作为总体的认知"③,这种审美是"虚拟性"的。电视编织的这张

---

① 许纪霖:《全球化背景下上海的多元文化传统》,见《交流与互动——上海、汉城(首尔)都市文化比较国际学术研讨会论文集》,上海师范大学都市文化研究中心 2005 年 10 月,第 43 页。
② 迈克·费瑟斯通:《消费文化与后现代主义》,刘精明译,译林出版社 2006 年版,第 98 页。
③ 沃尔夫冈·韦尔施:《重构美学》,陆扬、张岩冰译,上海译文出版社 2005 年版,第 9 页。

影像之网将人们牢牢禁锢在梦幻美好的视觉"仿真"和"拟像"中，在消费主义的文化语境下，人们对日常生活的审美充满表象化、功利性和实用性倾向。

2011年12月24日，上海婚姻介绍机构跨美网推出了城市爱情巴士，巴士穿梭于浦西和浦东之间，车上人数控制在30—40人，男女比例为1∶1，每人最多逗留5站，每一站大约为5分钟。每一站新上车的男女通过自我介绍和回答提问与大家相识，遇到有一见钟情或者希望单独进一步了解的男女，可以邀约共同下车。这种速配化的相亲模式正是媒介"仿真"对真实日常生活的侵入。

2010年，随着《非诚勿扰》的热播，各家省级卫视纷纷制作十几档相亲交友类节目，如浙江卫视《转身遇见她》《爱情连连看》，湖南卫视《我们约会吧》等。东方卫视在周末播出双档相亲交友节目《百里挑一》《谁能百里挑一》（以下两档节目简称为《百里》）。每个选手交流时间约20分钟，男女嘉宾无法与对方进行深层次的精神交流，更多的是通过视觉符号化的解读完成相识、相知到牵手的速配过程。观众沉浸在视觉盛宴中观摩整个公共汽车式的爱情发酵，从而获得观看两性追逐的愉悦。

男女嘉宾的节目身份条以职业作为标准，"职业"身份隐含包括收入、所处阶层、生活水平、生活方式等诸多物化因素。节目为嘉宾（特别是男嘉宾）拍摄的VCR通常注重居住环境、工作环境、休闲环境等物质空间以及对车、房、休闲方式等体现经济实力的展示，反映了符号化的嘉宾形象背后消费逻辑的实质。

《百里》的节目现场是对真实生活中相亲场景的再造和模仿，遵守日常生活规律设置游戏规则。但通过电视技术手段相亲过程被描绘得比真实更加完美和令人向往，大众沉溺于其中并且默认这个虚构的"超真实"。在鲍德里亚看来,"超真实"是一种由媒介技术犯下的"完美的大罪行"。"在我们不断积累、增加、竞相许愿的现代性中,我们已忘掉的是:逃避给人以力量,能力产生于不在场。虽然我们不能再对抗不在场的象征性控制,我们今天还是陷入了相反的幻觉之中,屏幕与影像激增的、幻想破灭的幻觉之中。"①

在这场"超真实"的相亲景观中,台上牵手的情侣是否会终成眷属已不是相亲节目的关键诉求。事实上,无论是《百里》,还是《非诚勿扰》,台上牵手下台即分手的案例屡见不鲜。与早年山西相亲节目《电视红娘》、湖南卫视《玫瑰之约》相比,"后相亲时代"的相亲真人秀节目配对成功率很低的现象,与节目娱乐化和消费异化的本质不无关联。

3. 电视的消费性使身体消费成为大众文化的内在逻辑

凯尔纳指出,第二次世界大战后,社会的消费化和媒体化使"认同性已经越来越和时尚、形象的塑造以及人的外观等联系在一起。每一个人似乎都不能没有个性化的样子、风格以及具有自身认同性的形象"②。

"现在,没有人再说'你有灵魂,必须要保留这种灵魂',相反只是说:你有某种性别,你必须充分利用它;你有某种无意识,你必须让它说话;你有一个身体,你必须从它那里得到快乐;你有力比多,你必须消耗它。"③ "在消费的全套装备中,有一种比其他一切都更美丽、更珍贵、更光彩夺目的物品——它比负载了全部内涵的汽车还要负载了更

---

① 让·博德里亚:《完美的罪行》,王为民译,商务印书馆2002年版,第8页。
② 道格拉斯·凯尔纳:《媒体文化——介于现代与后现代之间的文化研究、认同性与政治》,丁宁译,商务印书馆2004年版,第395页。
③ Baudrillard J. *Seduction*, *Trans. Brain Singer*, New York: St. Martin's Press, 1990: 38.

沉重的内涵,这便是身体。"① 在电视、电影、网络等可视媒体主导的视觉时代,消费身体的需求取代意识形态成为大众文化的内在逻辑。

电视观看行为是在"家庭"这个相对私密的空间中进行,嘉宾和观众之间形成了"亲密"互动的假象。"通过电视的特写镜头,男性和女性在一个月内看到的'亲密距离'内异性的数量超过了早期各代人一生所看到的数量。另外,在面对面交往中凝视可能意味着想进一步密切关系,与此不同的是,电视中的形象允许你盯着看并且仔细检查异性的脸、身体和运动。电视形成了一种轻松的不必介入的亲密。"② 观众通过无禁忌的凝视假想自己与节目中的嘉宾交流情感,形成了与电视中人物已产生默契的"超真实"幻觉。

比如,SMG新娱乐频道的相亲节目《相约星期六》在淮海路等人群密集的街区设置直播荧幕,通过场外与演播室连线的环节,外场观众可以直接走进演播室与场内嘉宾互动。再如,《百里》播出以后,很多观众被电视荧幕里的男女嘉宾的形象气质所打动,主动报名参加节目,手捧鲜花礼物追求示爱,更不乏带着求婚戒指上节目的观众。从屏幕外走向屏幕里的勇气无不是源于"观看"和"凝视"后对"超真实"的臣服。

在一对多的节目规则中,要在最短的时间获得异性青睐,语言和身体等外显的形象符号成为最有效的表达。《百里》节目组为嘉宾提供多套服装和多双高跟鞋供其选择,提前一周由化妆师提醒嘉宾该如何保养皮肤以在镜头前呈现最好的形象,并要求女嘉宾在家中练习穿高跟鞋以及如何在镜头前展现最好的身姿。女嘉宾上场时戴着面具,何时摘下面

---

① 让·波德里亚:《消费社会》,刘成富等译,南京大学出版社2000年版,第139页。
② 约书亚·梅罗维茨:《消失的地域:电子媒介对社会行为的影响》,肖志军译,清华大学出版社2002年版,第214页。

具取决于在场男嘉宾的表现。遮盖身体所形成的悬念激发了观众"一窥庐山真面目"的冲动。遮盖的目的是为了展示,是身体一种更加吊诡的诱惑。

对于身体的展示是百货公司橱窗最司空见惯的景观,隔着玻璃窗的凝望和注视增加了橱窗内商品的魅惑力。Window Shopping 一词很好地诠释了展示、观看与消费之间的内在联系。在"看"与"被看"的媒介规训过程中,中产阶层观众找到了日常生活审美化的认同对象,而平民阶层也找到了向幸福美好出发的内向驱动。史崔西在对英国女性观众与电影的关系进行研究时发现,女性非常倾向于将电影视为一种对日常的、现实的逃避。"好莱坞电影为那些女人提供了一种超越日常生活的感觉,那些魔力、罗曼史和幻想也可以付诸行动并成为现实。"[①]

对身体展示的迷恋是促使真人秀节目风靡的内在因素。从 2005 年开始,东方卫视推出各种类型的真人秀节目。如歌唱类《声动亚洲》《妈妈咪呀》《我型我秀》,舞蹈类《舞林争霸》《舞林大会》,才艺类《加油!好男儿》《加油!东方天使》《笑傲江湖》以及专业技术类《顶级厨师》《美丽学院》《女神的新衣》等。以下以《美丽学院》和《女神的新衣》为例:

《美丽学院》是东方卫视与法国真人秀导演 Alexi 联合制作的时尚美妆真人秀节目。在节目中,随着化妆师对模特不同造型的打造,荧屏前或"摇滚"、或"萝莉"、或"前卫",各种类型的"力比多"争相登场,呈现了一道人体的视觉盛宴。事实上,节目冠名商彩妆品牌 SE-PHORA 成为这个关于美丽身体展示的节目的最大赢家。通过在节目中整合国内外著名彩妆、时尚设计师并且使用该品牌彩妆产品,SEPHO-

---

[①] 戴维·英格利斯:《文化与日常生活》,张秋月、周雷亚译,中央编译出版社 2010 年版,第 110 页。

RA做了非常成功的品牌植入和营销。

《女神的新衣》由阿里巴巴与东方卫视联手打造，于2014年8月23日首播。节目的目标人群直指女性观众，本质上是一档以产品呈现和吸引消费为前提的台网联动节目。节目将服装定制概念与女明星元素进行捆绑销售，在电视平台上展现了女性服装从构思、设计、制造、展示到购买的完整过程，通过竞价的方式品牌服装买手拍得服装版权，并在节目播出后的深夜上线出售成衣。该节目将女明星的粉丝经济与衣服的产品经济联系在一起，通过电视线上平台与电商的线下购买形成无缝对接，拓展了电视传统产业依赖广告营销的边界。

通过观看包装完美的荧幕形象，观众认识到要想获得同样的身体审美体验，必须购买商品（对化妆品、服饰的消费）或对身体进行"物"的改造（到美甲店做指甲、到健身房瘦身等方式），消费文化在寻找美、体认美的过程中实现了非强制性的操控。《2013春季职场才情报告》[①]显示上海白领阶层的年平均工资约为85344元，以女性白领月消费情况看，10%的月开销用来保健美容，9%用来购买服饰化妆品等。[②]从对物的视觉审美要求转而对人的消费审美要求，是人"物化"的表现。

4. 电视的消费性造成新闻的娱乐化

在消费主义社会中，电视文化的娱乐性和消费性决定了电视节目内容追求浅层表达、感官刺激和愉悦享乐的趋向。

作为电视大众文化的代表，电视脱口秀节目凸显了当下电视媒体新闻节目娱乐化和娱乐节目新闻化的趋势，"新闻"与"娱乐"之间的界限日渐消减。2005年首播的资讯类脱口秀节目《东方夜谭》是中国电

---

① 根据智联招聘官方报告上海白领女性月平均收入7112元计算。
② 根据"享受上海"俱乐部会员调查数据。

视业早期尝试新闻娱乐化的典型案例。节目以播报资讯和访谈为主要内容，但形式上则采用说段子说故事的方式来进行演绎。主持人刘仪伟与副主持小蔡用相声、小品表演式方式演绎新闻资讯。娱乐搞笑的效果达到的同时消解了新闻深度。该节目在一开始播出的时候因为说新闻方式的新颖而广受热评，但随着人们习惯了这种套路之后，加之内容上的乏善可陈，最终被撤下晚间黄金时段。

在脱口秀节目《壹周立波秀》中，周立波以娱乐叙事的平民话语以及批判消遣式的嘲弄方式提出鲜明的时事观点，对传统新闻的严肃性和权威性进行了一次后现代解构。但与专业新闻评论节目不同的是，周立波并没有为社会公共话题提供解决的路径，只是为民众提供情绪宣泄的途径。他的话题大多来自主流媒体的新闻题材，观点也更像是百姓日常牢骚的逻辑性整合，很难从深层次引发观众对于认识和解决公共事务的思考路径，充其量只能是一次集体情感的宣泄和对现实的吐槽。吴迪认为这是一种"典型的上海出租车司机的思考角度"[①]。这种斗士角色假扮恰恰反映了消费主义文化下对观众的逢迎和讨好。

在"立波梦话"版块，周立波对具有一定社会背景的话题用新闻播报的方式进行梦话般的虚构。在节目中，他提示观众"以下新闻内容是周立波所扮演的周立波的个人臆测和梦话"，将"新闻"与"梦话""虚拟"与"真实"混杂，这种模糊不清的节目标签在一定程度上混淆了观众视听，对新闻的权威性和专业主义提出挑战。

在"词说"版块，周立波对重大新闻事件进行盘点和评述，他没有采用宏大的叙事方式，而是将具有相对独立性的小话题有机串联起来，放置于社会的大环境中进行综合评析。

---

① 吴迪：《周立波谈词典：勿搭界》，转引自《嘉人》2010年2月号，http://blog.sina.com.cn/s/blog_48b2fa410100gviw.html。

以其2010年2月18日一期节目为例，可以看出周立波对节目话题（表5-3）的选择立足民众关心的国计民生。选择这一期节目，对于"住房、互联网、就业、文化、社会阶层矛盾、城市交通、家庭婚姻"等社会热点话题的选择反映了他对时事新闻的敏感洞察力和快速反应，并且在话题脱口秀部分的题材选择也体现了周立波一贯的"怀旧"策略。

表5-3 《壹周立波秀》节目话题

词说	蚁族、网络手机扫黄、网瘾、富二代、堵车、外遇、房价、大学生就业、弘扬京剧
立波梦话	河南考古、余秋雨《文化苦旅》、闵行区莲花公寓倒塌、国家跳水队、城管、本山大舞台
话题	中国电视剧简史：《敌营十八年》《水浒传》《射雕英雄传》《加里森敢死队》《排球女将》《西游记》

注：以上为2010年2月18日《壹周立波秀》节目话题

从周立波个人形象的视觉符号，到他对政治、经济、文化等社会热点话题的针砭时弊，都反映了周立波希望成为上海中产阶级代言人的身份意识以及这类人群期冀通过公共话题的讨论参与社会事务的政治愿望。周立波以娱乐、幽默的软性话语恰当地触碰政治的敏感神经，既突破了禁忌，又适度按摩了现代生活中空虚、失落的观众的内心。

电视媒体对舆论的宣传以维护主流的意识形态，同时"把其他阶级和各地区的'不同声音'纳入它有机的联合框架之中"①。因此从这个层面上，周立波以娱乐式的态度针砭时弊反而成为缓和社会矛盾的"调解器"。无论是剧场内，还是电视机前，周立波替代观众对公共话

---

① 斯图尔特·霍尔：《大众文化与国家》，见保罗·史密斯、詹·韦布等：《文化研究精粹读本》，陶东风译，中国人民大学出版社2006年版，第282页。

题发表言论，观众只能在周立波营造的影像景观中静静地观看而不能互动对话。这种假象的民主和片刻的欢愉，正是周立波能够走出大上海的地域文化，获得全国观众支持与青睐的关键所在。

新闻娱乐化的另一个表现是新闻节目主持人转向娱乐节目。继江苏卫视新闻主播孟非陆续主持相亲类节目《非诚勿扰》获得好评之后，《东方直播室》主持人骆新接棒《百里挑一》《谁能百里挑一》两档相亲节目，首期节目即创下同时段第一的收视成绩。原《看东方》新闻主播邱启明主持的湖南卫视《我们约会吧》也屡屡获得收视佳绩。一些学者认可这种新闻工作者转岗的做法，认为这会使真人秀节目更加贴近社会民生，接近百姓视角。然而，笔者认为新闻事业的特殊性使新闻主播有别于其他类型的节目主持人。省级卫视党管媒体的属性意味着这些主持人的公开言论在一定程度上代表官方话语和主流意识形态，他们以其文化修养、专业能力、职业道德等在百姓心中形成了客观、权威的印象。相亲类节目的话题性、娱乐性和消费性消解了新闻主播的身份建构，模糊了他们的身份标识，对新闻事业本身也是一种伤害。

二、私人化的公共空间

理想中的报纸、杂志、电视、广播以及新媒体互联网等公共领域的媒介，为公众提供一个平台，公众以不受限制的方式就涉及公众利益的事务进行聚会、结社和发表意见。哈贝马斯举报业为例，认为在19世纪末的经济大萧条之后，随着国家与社会的分离，资产阶级公共领域的基础被破坏，属于私人领域的公共领域被消解。他认为，报纸逐步摆脱意识形态的压力，出于商业化诉求的原因，有特权的私人利益逐步侵入公共领域。加之政府等公权机构的干涉和参与，媒体的独立性彻底丧失，私人的公共领域被瓦解。公众也由"文化批判"向"文化消费"

转型，商业化、娱乐化与政治化混杂融合，"公"与"私"的差别含混不清，因此，文化消费的伪公共领域或者伪私人领域逐渐代替了文学公共领域①。

公众事件的特点是公开的、可视的；相对应地，私人事件的特点是隐秘的、个人的。当作为公共领域的媒介性质发生转型的时候，媒介开始将文化批判的公众转以文化消费的消费者对待。集体性的宏大叙事也渐被私人领域的日常生活所取代。政治性、社会性公共事务议程设置也相应得以一种公开讨论的形式转向私人的、消费性的话题。由此，那些属于个体生活的私人领域话题悄无声息地完成了向公共领域的过渡。

晚清时期，中国的报纸、杂志以上海最为兴盛，诸多学者在研究上海现代性的早期建构时选取以《良友》为代表的报纸杂志。报纸、杂志等现代纸媒的日渐繁荣为上海都市人建构了最初的"公共领域"。随着技术革新和时代发展，这个领域延伸到以电视为代表的电子媒体。

"大众传媒充当了个人疾苦和困难的倾诉、生活忠告的权威人士；它们提供了充分的认同机会——在公共鼓励和服务的基础上，私人领域获得了再生。原先内心领域与文学公共领域之间的关系颠倒了过来：与公共领域相关的内心现象逐渐让位于一种与内心领域相关的客观化现象。在某种程度上，私人生活的问题被吸收到公共领域当中，在新闻机构的监督下，这一问题即便没有得到彻底地解决，也至少被公开化了。另一方面，正是通过这样一种公开化的过程，由大众传媒建立起来的领域获得了'次内心领域'的特征，而私人意识也得以提升。"②汤普森同意此观点，他认为大众传媒会打破公共领域与私人领域的边界，将个

---

① 尤尔根·哈贝马斯：《公共领域的结构转型》，曹卫东等译，学林出版社1999年版，第203页。
② 尤尔根·哈贝马斯：《公共领域的结构转型》，曹卫东等译，学林出版社1999年版，第32页。

体的私人事件转化为公共事件①。

公共领域的私人化是都市市民性的重要表征，东方卫视《幸福魔方》和《我心唱响》、江苏卫视《人间》、湖北卫视《调解面对面》、江西卫视《金牌调解》、湖南卫视《8090》、深圳卫视《你有一封信》等节目是省级卫视中制作得较为成功的几档情感调解类电视节目，这些卫视所在的地域上海、南京、武汉、南昌等都是市民性较强的城市。此类情感调解类节目突出地反映了公共领域私人化的媒体现象。

因城市化进程而造成一系列社会家庭问题和矛盾，这种情况在上海这个都市空间显得尤为突出和集中。情感类节目《幸福魔方》依托上海的都市背景和东方卫视的频道背景，将节目题材定位在一线都市人群情感生活层面。节目将重点关注人群放在正在步入社会和家庭生活的"80后"身上，将题材从以往的局限于家庭扩大到社区范围，以反映整个都市的面貌和精神②。以下以《幸福魔方》为例解析公共领域与私人领域边界的重构以及公共领域私人化呈现的特征。

1. 封闭场域向透明场域的转向

按照中国传统观念，家务事的解决和处理应该在家庭内部而非外部进行，然而《幸福魔方》设置了一个全透明的"玻璃屋"，主持人与事件当事人坐在玻璃屋内，事件多方关系人及情感调解员围坐玻璃屋外。节目组运用光线透射与折射的原理，设计了角色多维叠影的效果，放大了角色之间的对话与冲突，为观众呈现了一个事件的多维视角。

一方面，节目委托人与当事人上节目的诉求是解决私人问题、宣泄内心情感。这反映了日常生活中人们内心情感压抑苦闷但诉求无门的普

---

① J. Thompson, *Social Theory*, Mass communication and Public life, In The Polity Reader In Cultural Studies, Cambridge: Polity Press, 1994: 31.
② 根据对节目制作人、时任东方卫视副总监陈晔的电话访谈记录，时间：2012年1月28日。

遍情况。在冷静的摄影机前,一幕幕属于私人话语范围的争吵、情感宣泄上演。另一方面,媒体对私人领域的涉入满足了观众主体意识增强的需求,观众坐在家中就可以窥视他人的私人生活,事件当事人只是被消费的对象。这可以说正是梅罗维茨认为的"公共情境"合并"私人情境"的媒介景观。

2. "意见领袖"充当"判官"角色

中国古语"清官难断家务事"意指私人领域的事件琐碎复杂,即使是清正廉明的官员也很难明辨是非。这句话恰如其分地阐释了属于公共领域的角色在插足私人领域事件时所面临的难题。但在《幸福魔方》中,主持人陈蓉以及心理咨询师张怡筠、林贻真成为调解多方当事人矛盾的权威角色,她们以"意见领袖"的身份给予事件符合主流价值观的判断和方向性解读,指导电视观众在此过程中获得私人领域生活的经验。科学场和艺术场中最初远离经济逻辑的人士借助电视场频繁亮相,电视对命名权的强化使观众认为大众媒体(特别是电视这样的主流媒体)支持和认可的"专家"是权威的、代表真理的,科学场和艺术场中的人士由此获得了名声和实际经济利益。

3. 被典型化、格式化的私人事件

《幸福魔方》的故事叙述呈现了格式化的模式:特定的人物关系、类似的矛盾冲突、固定叙事方式。节目组在甄选题材时首选都市人日常生活中常见的、具有普遍性和社会价值的问题事件。节目题材涵盖父母与子女、邻居、亲友、同事等多种人物关系,构建了大都市家庭、社会生活情景中矛盾冲突的一系列典型,观众以此为自身生活的映射和参照,往往造成对现实生活误读和错认。

4. 形成公众舆论的私人情绪

观众对情感调解类节目中事件的判断和认知，并不完全来自当事人对于事件的客观性叙述（或者说剧情化的事件本身很难被完全客观的呈现），而更多地来自当事人们的前台表演是否符合观众预期的角色定位和社会道德规范。由此，"演员们"通过视觉符号传递的富有人情味的面部、表情、举止和个性性格往往比逻辑性的话语表达更能影响公众舆论。

以《幸福魔方之透支爱情》这一期节目为例，节目讲述一对"80后"男女的爱情故事，女方父亲因为男方负担不起上海高额的房价而拒绝男方的结婚请求，男方黯然离开，女方为了唤回男友，透支了银行七万元左右的现金准备买房。这个因高房价而导致爱情婚姻难产的私人事件在上海等一线大城市具有典型性和代表性。节目播出后，该视频在网络上超过1500万点击量，引发了观众的热烈讨论。之后，节目组邀请了男方的现任女友，将剧情矛盾升级，制作了《透支爱情续集》。前女友的痴情、男方的无奈、父亲的困闷与现任女友的无辜所形成的冲突被以影像化的方式公开呈现。许多观众将这个事件所反映的社会问题投射到自身经历中，在公共领域所做出的反馈往往带有非常强烈的私人情绪。

60年代的人ZJX：原原，阿姨特别的理解你是因为阿姨和你一样对爱情的追求和执着，所以我一直坚信人间一定是有真爱的，但这个真爱基本上都发生在女人的身上。这样的女人结果都是苦了自己。……原原，在以后的日子里阿姨会慢慢地来告诉你阿姨的故事，你的故事感动了我，我相信我的故事也会感动你的。

Certainlyz：我觉得原原曾经得到是幸福。最后能明白有一种爱叫成全，一般人做不到。我自己也曾在和女朋友847天的感情中结束，我不甘心，我忘不掉。但看了一个女孩子这么勇敢，我觉得，爱她应该放下了。眼前才是自己最应该珍惜的。

——资料来源：百度贴吧"透支爱情吧"

不仅是情感类节目，才艺选秀节目也呈现了这种私人化事件侵入公共领域的现象。以歌唱类真人秀《妈妈咪呀》为例，相较于演唱才艺，编导更为用心地挖掘选手身后的故事，这些故事大多数关于选手的爱情、婚姻、家庭等私人事务和个人命运。经由评委的诱导和提问，选手们在舞台上顺理成章地叙述自己的悲惨命运，抒发对丈夫、家庭、命运或爱或憎的情感，通过选唱歌曲的衬托，选手自身塑造的人物形象被渲染到极致。三位评委无形中成为指导选手如何生活、影响选手未来命运的意见领袖。

程雷：我应该怎么称呼您？

选手：我叫赵亦静，来自山东济南。

程雷：赵小姐，刚才你唱歌的时候大屏幕上放的每一张照片应该都是你本人？

选手：应该都是出车祸之前的照片。

程雷：能和我们说一下都发生了什么？

选手：今天大家能够看到这样是因为2010年8月份的一场车祸，当时是一辆拉水泥的车直接从我身上压过去……

金星：出车祸了，这个时候你已经结婚了。

选手：对，我已经是妈妈了。

金星：已经有孩子了，当时孩子多大？

选手：当时孩子才两岁多。

金星：这个家庭是重大的打击，是吗？

选手：我知道我截肢的时候想着办法去自杀的……天就塌下来了，就想死，活着干什么。我闹的那几天，我的孩子进来，她"妈妈，妈妈"一声声喊的时候，我心里就想我要死了谁管我孩子，谁能像我这么疼孩子，我能放心吗！……剪腐肉，疼！太疼了！但我想着我的女儿我就能坚持下来。

金星：那时候做高位截瘫手术的时候，你先生过来了吗？

选手：没有，那时候我们已经分开了，我是单亲妈妈。

程雷：那您来到《妈妈咪呀》的舞台带着什么样的心愿呢？

选手：我已经安了一支假肢，我希望有一天我能站起来，我也相信我一定能够美丽地站起来。

黄舒骏：……人有很多不可预知的未来，相信通过《妈妈咪呀》会有一个更好的未来在等你。我常说歌唱到最后就是用歌声说故事，优美地说话的过程。你用歌声虽然说了一个不是令人很开心的故事，但会打动很多人去回想自己简单的幸福。自己健康快乐，这样的状态非常好，好好地珍惜。我给你通过。

金星：谢谢赵小姐带给我们的坚强，也再次告诉我们在生命面前什么也超不过母爱的伟大，坚持走下去，我相信你会站起来。我也赞成舒骏老师，我的意见是通过。

程雷：今天你在这里真的是很美，希望从今天每一天都这么美。只要我手握方向盘，我不打电话，我不开小差，我心里有再大的情绪我不和身边的人争吵。因为我知道，车外是一个个鲜活的生命需要我们去珍惜。谢谢你和我们分享你的故事，加油，通过！

——以上根据 2010 年 3 月 5 日《妈妈咪呀》台词整理

与《幸福魔方》《妈妈咪呀》相呼应的是近几年东方卫视都市家庭剧频繁触及的婆媳话题，比如《双面胶》《新结婚时代》《婆婆来了》等。大部分剧情中婆婆和媳妇成为一对不可调和的矛盾，围绕买房、结婚、育儿、工作等都市生活的各个层面形成戏剧冲突。比如，《双面胶》中上海媳妇丽娟与东北婆婆之间的矛盾体现出南北地域、都市与乡村、精英与大众之间的矛盾，如何解决这些矛盾也是上海这个多层次、多元化大都市中处理不同价值观冲突的重要命题。《双面胶》等婆媳剧的热播引发了全社会对新旧家庭观念的关注和讨论，从积极层面说可以给观众的自身生活带来启示。但笔者更加担心的是矛盾冲突的放大，会造成人们对婚姻、家庭生活错误认知和过度恐惧。

在被私人化的公共领域里，导演和编剧代替了以往的知识精英。电视媒体设置议程时以主体意识日益增强的受众为导向，关注对人们日常私人生活的涉入，呈现影像消费性、生活化、娱乐化的特征。而参与讨论的广大观众，不再是围坐在咖啡桌边的社会精英，而是社会结构组成复杂的市民阶层。市民阶层与精英阶层的媒介参与能力和使用公共领域的能力与方式不同，在表达个人意见和观点的过程中，前者更容易表现出"消费性""娱乐性"等特征，这种特性在电视呈现的私人化的公共领域中尤为明显。

三、工具理性化的操作

经过历史的变革，上海人为求保全自身利益而将重心全部转向日常生活空间。日常生活的审美化、对身体呈现的关注、私人生活的家长里短，这些都体现了家庭和私人生活对于上海人的重要性。中华人民共和国成立以前，海派文化孕育起来的都市创新精神逐渐被应对世俗生活的精明与计算消解，张广崑在谈到上海的市民性时对意识形态和计划经济造成的海派革新性的消解表示遗憾。"海派的革新性在集体无意识中已经异化了。这种异化主要表现在革新与世俗的同流。当上海人不得已将聪明才智和良好教养用于发展"亭子间"和"小阁楼"的时候。海派固有的世俗倾向自然地膨胀了。"①

"螺蛳壳里做道场"常被用来形容上海人精致的生活。中华人民共和国成立之后的上海人面对着狭小的生活空间,调动了所有的聪明才智来应对境遇的改变。几十平方米的亭子间里要容纳祖孙三代,上海人在专注于优化居住布局和改善生活条件的同时,开始用审美化的方式关注日常生活。私人空间虽然逼仄但布局合理,物质生活匮乏但"假领子"每天都换,对于美的追求还能让上海人保留对于老上海风情怀旧的想象。生活的世俗性渗透在上海人生活的每一个角落。

同时,上海人精益求精的性格也是受到了殖民文化和"买办文化"的影响。在此,笔者对"买办文化"本身所带有的殖民性不做赘述,只讨论这种文化形态下上海人所呈现的生活样态以及这种样态对当下上海电视生产领域的影响。

西方殖民扩张时期,通过英、法殖民者在城市里展开市政建设,规划城市,建立管理制度,上海先于全国进入现代城市发展体系。法租界里咖啡雅座、面包房、服装店等法式情调的文化潜移默化地影响着上海的都市气质,这种气质孕育出了一批上海文艺分子。例如,周信芳女儿从小吃法餐长大,即使在物资匮乏的年代,她母亲仍然会用票兑换来的食材调制一份法式蛋黄酱、一盆洋山芋为主的海派色拉。②

上海"买办文化"体现了工具理性的特征,韦伯认为正是这种传

---

① 张广崑:《市民性——上海文化的主色调》,载《上海大学学报》,1997年第12期,第4卷第6期。
② 引自《东方航空》,上海东方航空集团公司2013年5月,第29页。

统产生了"近代资本主义精神"①。上海买办多年在洋人与国人之间打交道,有些直接为洋行办事,他们中大部分训练有素且具有一定现代契约精神和自律精神。他们熟知洋人的严谨做事风格和严苛的洋行制度,同时又熟知本地文化和商情。他们大多谨慎行事但又具有创新进取之精神,善于抓住利好时机,发展民族工商业。

这种"买办文化"在上海电视业得到了很大的体现。由来已久的买办历史使上海比全国任何一个城市更能抓住西方文化先进之根源,也最了解实现西方文化本土化改良的方法。2008年,为了对频道的制作播出设立国际化标准,达到生产全过程的有效控制,东方卫视引入国际ISO9001:2000质量管理标准体系以及CQC媒体质量管理体系,成为首个引入该体系的省级卫视。

在东方卫视之前,中央电视台、全国多家卫视都已经尝试过外国模式节目,但大多仍属于模仿和借鉴。2010年,《中国达人秀》在东方卫视平台引发全国收视热潮。《中国达人秀》能够成为中国引进西方模式节目的标杆,主要原因有两点。

1. 抓住时间,眼光精准,在外国模式和本土情况中找准了契合点

由于世博会的契机,东方卫视向Fremantle公司购买了《英国达人秀》的中国版权,是当年少数几个率先购买海外先进模式的卫视之一。选择《英国达人秀》正是东方卫视出于对当下社会民情所做出的准确判断。都市中的平凡百姓在生活的挤压下渐渐埋没了人生的梦想,失去了追崇自由的精神力量,他们需要一个宣泄的渠道发泄自我、确认自我并宣扬自我。电视作为社会的调节器,敏锐地捕捉到了广大百姓的潜在

---

① 许纪霖:《全球化背景下上海的多元文化传统》,见《交流与互动——上海、汉城(首尔)都市文化比较国际学术研讨会论文集》,上海师范大学都市文化研究中心2005年10月,第41页。

需求。《中国达人秀》力图通过新的平民传奇奋斗史的书写，宣扬个性张扬、自由解放，以及勤劳、坚韧、善良的中国传统美德。这个社会背景为《中国达人秀》在中国落地生根奠定了雄厚的观众基础和社会语境。

2. 对节目生产过程的精细化操作

在操作原版模式方的节目"宝典"过程中，《中国达人秀》节目组充分体现了上海人精致、注重细节的特点：主持人采访策略，如何对选手提问，碰到不同的问题如何应对；拍摄机位的策略，设置多少机位，机位该如何架设；宣传口号以及每个区域的宣传策略等。在模式宝典中，每一期选手中必须有社会角色类型的差异，比如，"妖艳女郎""侏儒型""胖子"等。尽管这种过于标签化的角色设定有刻意煽情之嫌，但确实达到了突出人物个性的目的。节目组要求参赛选手详尽地填写参赛资料，事先对参赛选手进行分类"故事型""才艺型""搞笑型"等。在节目编排过程中对选手的特质加以突出强调，以对应观众观看诉求的多样性。《中国达人秀》从等候区、侧幕到后台，用7台摄像机锁定跟踪参赛选手，加上舞台表演区域的13个机位，一共20个摄像机位，以对参赛选手表情、动作、情绪进行立体性的展现和表达，并捕捉任何可能具有戏剧性效果的细节。

节目的精益求精体现在生产者对细节的注重和拿捏，这一点在几名主创人员身上体现得尤为突出。因为不放心其他配音演员对传递节目核心精神的表达程度，总导演金磊亲自给每期《中国达人秀》配音。某一次，因为灯光人员总是不能做出金磊想要的效果，他自己拿着光片一个一个地尝试，直到获得理想中的颜色。副总导演章郦跑遍上海所有剧院，可以一口气说出它们的层高、台口宽度等建筑指标，以及哪一个符合达人秀录制的标准。副总导演沈宁在设计选手才艺的时候，要求团队内每人对一个选手至少想出三种包装方式，选出最优方案。第五季总导演任静在为台湾地区评委伊能静准备台本时特别强调了要用繁体中文。对于细节的注重使《中国达人秀》呈现了与英国原版一致的制作水平，演绎出了原版达人秀的精神内核。

再举《顶级厨师》为例，该节目在后世博园区建造了一个8000平方米的演播棚，按照原版模式的规定，设置了26个机位。从录制现场的灯光、音响到分镜头数目，甚至螺丝钉的尺寸，中国版《顶级厨师》都严格按照模式"宝典"执行，节目片比高达170∶1，比正常节目的片比高出近30倍。

不只是《中国达人秀》《顶级厨师》《梦立方》《中国梦之声》等季播节目，即使是常态周播节目，东方卫视也遵循了精致化制作的原则。比如，为了营造《幸福魔方》玻璃屋的最佳呈现效果，节目组跑遍了上海所有的玻璃厂，并通过折射、投射、反射等灯光的无数次调试，最终营造出灯光变幻的多维视角。

高额的制作经费投入、精致化的操作、对电视消费特性的充分利用，使东方卫视的季播节目在全国范围内打响了精致、高端的品牌效应和影响力。

由上可见，东方卫视的媒介景观呈现出消费性、公共空间私人化和工具理性化等都市现代性的典型特征。不仅是东方卫视，整个上海地区的电视生产都是以文化想象的方式实现对上海现代性的重构。作为"中产阶级"[①]的一分子，电视生产者基于习性、生活方式、社会价值、文化资本等形式的身份区隔而生产出的媒介景观具有鲜明的海

[①] 布尔迪厄根据法国的情况将阶级划分为三个层次：统治阶级、中产阶级和工人阶级，媒体工作者处于中产阶级位置。笔者认为在中国，传媒从业者也应当被划归到中产阶层。

派文化特征。

第二节　海派电视的文化呈现

电视是一种"横跨私人空间和公共空间的领域"的"特殊话语"，能够"将日常家庭生活和国家生活结合起来"①。观看电视的活动是一种具有文化价值的家庭社会活动，电视技术对社会与文化过程中的作用首先体现在以家庭为单位的社会组成中，隐藏在一系列的政治和经济安排中，以意识形态的方式呈现其影响力。分散在城市各个角落、以家庭为单位的受众在电视的引领下被聚集起来，通过共同观看的经验积累建立联系，这种联系超越了个人生活的局限，建立起城市共同体的想象。

电视通过在家庭空间中的文本展示，完成对城市空间归属感和意识形态认同的构建。地域性的意识形态在这个过程中渗入个人日常生活和经验情感，从而界定了特定文化在地域空间的边界。这一影响也可以进一步推演至全国乃至全世界，形成民族共同意识以及"地球村"共同体意识。通过对某些与家庭日常生活各个层面相关的特定议题的设定，电视这个纽带将家庭、城市、民族、国家以及世界联结到一起。

东方卫视作为区域性媒体，自立台之初便将自身定位放置在更广阔的地理和话语空间中，以扩大文化影响力的边界。这样的做法体现了上海电视的海派文化特点。海派文化的异质性、包容性和鲜明的地域主义色彩在东方卫视的媒介景观中均有不同程度的体现。电视生产者通过文化再生产的方式进一步实现对社会再生产的参与，以明示和强化基于生

---

① 戴维·莫利：《电视受众与文化研究》，史安斌译，新华出版社2005年版，第299页。

活方式、社会价值和惯习等的身份区隔，实现认同的构建。以下将从两个方面详细阐述。

一、海派文化的异质性

1. 海派电视作为一种杂糅的文化形式

海派文化的特性之一是"异质性"——杂糅的文化形式。熊月之认为1958年以来的户口冻结政策是造成上海人排外的主要原因。他提出海派文化的活力和希望是它的移民文化。在很长一段时间，历史上的上海人是相对宽容的，上海移民文化里具有强烈的双重认同，即对"原乡的认同"和"对上海的认同"①，并且由此产生了海派文化的拼盘性和杂糅的特质。以下以东方卫视的《中国达人秀》《壹周立波秀》和《今晚80后脱口秀》为例，简述这种杂糅性在节目内容中的体现。

2010年起东方卫视陆续播出的《中国达人秀》是全国首个达人才艺选秀节目，对选手的"无门槛"和不限才艺、地区便体现了新时代海派文化的包容性。

首先，选手不分身份：选手来自不同年龄、阶层、职业等。如残疾钢琴师、农妇菜花甜妈、小矮人歌手、70岁的"迈克尔杰克逊"奶奶等，是中国各阶层百姓的代表。

其次，才艺不分种类：节目里有绸吊、走钢绳、柔术等专业杂技，也有变形金刚、刀削面机器人等生活发明，还有发光孔雀舞、表情帝、秀肌肉等"傻才艺"。

再次，文化不分地域：节目展现了中华大地上各民族、各地域的文化特色。有来自西藏雪莲合唱团、内蒙古的乌达木、台湾地区的扯铃小丑宋嘉政等。

---

① 熊月之：《移民社会与上海文化》，载《新民晚报》，2004年6月13日。

《中国达人秀》能够获得收视率和口碑的成功,主要因为它是一档承载中国老百姓"强烈、深沉与多元"渴望的电视节目,向观众展示了中国老百姓以自娱自乐的精神反抗日常真实生活的压抑。制作人金磊点出了《中国达人秀》在2010年首播之初获得成功的社会大背景——"必须要感谢这个时代。正是因为时代的进步,我们才能更加宽容地面对多元的文化与生活方式,并从心底尊重平等、自由的人类精神"①,"这档节目的英文名字就很有文化野心,China's Got Talent 可以理解为'中国有很多天才',也可以理解为'天赋中华',在无形中以天生才艺结合了个体和国家,并充满娱乐感地联系起所有的奇迹与梦想……当中华民族的社会文化复兴进入第一百个年头的时候,也是国人呼唤更强、更大的家国、民族力量的时候,我们首先要做的是一种回归,要把我们文化血脉中一些质朴而真善美的东西还给中国人"②。

　　《壹周立波秀》中"海派清口"的表演形式也呈现了"海派文化"的海纳百川、兼容并包特点。"海派清口"的艺术来源——1920年代出现的"滑稽戏"作为一种拼贴式的艺术拼盘现象,在艺术呈现上借鉴江浙各地域剧种、中外喜剧闹剧表演形式,在题材上取材独角戏、话剧、文明戏和国外剧本,集合了各地方言戏曲流派唱腔。周立波本人亦不讳言"海派清口"对北京单口相声以及香港栋笃笑脱口秀方式的借鉴。因此,以上海地方语言特色为基础的清口有着显著的包容性特征。

　　"海派清口"在内容和形式上承接上海的历史、地气和文脉。"中国近代很多大事件都发生在上海,一部上海史,就是半部中国近代史。"③ 因此,海派清口所采用的段子的历史背景和文化来源能够与全

---

① 廖媌婧、徐帆:《中国电视的想象力》,花城出版社2011年版,第109页。
② 廖媌婧、徐帆:《中国电视的想象力》,花城出版社2011年版,第110页。
③ 石岩:《小开代言的上海隐情》,载《南方周末》,2009年6月10日。

国人民的共同历史经验紧密勾连,这也是电视化之后的"海派清口"依然能够获得非上海区域观众认同的原因。2010年首播一周,该节目在上海本地平均收视率达到6.63%,位列第一。

布朗以英国种植园历史指出"外部"历史对于内部存在的历史的意义,他认为不可以把文化看成分离的容器。改革开放之后,随着大批外地、外国移民的流入,海派文化群落的结构正在悄然发生变化,新上海人参与构成了新海派文化。新上海人呈现的自身所处阶层文化和所带地域文化的多元性成为海派文化内部组织新植入的异质细胞。电视媒体在上海都市现代性的重构过程中一直保持敏感的嗅觉,新的海派文化代表着新的消费观、审美观,并且包容了更广阔的地域文化。

不同于《壹周立波秀》对20世纪二三十年代老上海派头的彰显,《今晚80后脱口秀》作为京派文化和海派文化融合的典型代表,呈现出上海的都市新气象。"80后"北京相声演员王自健一改长袍马褂,西装革履,操着一口标准的京片儿腔调侃时事社会话题。开场洋人DJ打碟、喜剧情景剧、明星和话题人物的插科打诨等西方脱口秀节目的标配在节目中悉数呈现,现场观众呈现年轻化趋势,话语场互动性增强,体现了都市、年轻、时尚的节目风格。与《壹周立波秀》不同,节目的观众主体"80后"年轻人的价值观和世界观更加开放,呈现出去主流、享乐主义等后现代主义特点。"针对80后的心理特征,节目中用自由嬉戏的态度,以充满自贬和戏谑为主调的作品和颠覆传统的信息解读方式,来契合这个群体的表达模式……"①

2. 自我与他者的对话

2009年12月23日,上海文广动感101音乐频道的《音乐早餐》

---

① 马冲:《今晚,80后脱口秀的传播学审视》,载《青年记者》,2012年第26期,第73页。

节目中，听众反馈不喜欢主持人在节目中说上海话，节目主持人晓君做出以下回应："……这位听众，请你以一种，团成一个团的姿势，然后，慢慢地以比较圆润的方式，离开这座让你讨厌的城市，或者讨厌的人的周围。"节目播出后，笔者整理了天涯社区"八卦江湖"论坛（面向全国网友，地域性色彩较弱）针对"团团说"共有124个网友发帖，其中对"团团说"采取正面解读的为21封，负面解读的63封。然而在百度贴吧的"上海"站（大部分发帖网友为上海人，带有一定地域性色彩）中的77篇回帖中只有7个带有负面解读，除1个中性之外，剩下69篇都支持主持人。

　　从这个案例可以看出编码者所创造的特定文本可能在与其处于相同地域文化结构的解码者中获得较为相近的意义解读，并能引起共识；反则反之。莫利认为受众的解码过程与性别、身份、阶级差别、文化身份和语境相关联，对于同一个既定文本，由于身份、文化的差异，受众会以自己的符码和结构对文本进行过滤性解读[1]。观众对文本的诠释关键问题在于"讯息多大程度上按照被编码的主控方式来解读……这些诠释或解码在多大的程度上受到了受众接触的其他符码和话语的影响……由社会操控的文化符码在不同类型受众之间的分配是以哪些方式决定解码的——也就是受众解码策略的范围和能力的大小"[2]。

　　出于地域性的文化符码和结构差异等因素，受众会呈现不同的信息解码方式。为了解东方卫视作为都市文化的代表进行地域性文化输出是否达到既定的预期和成效，笔者针对上海形象宣传片《魔幻都市》和

---

[1] David Morley, Family Television: *Cultural Power and Domestic Leisure*, London: Routledge, 1986: 146.
[2] 戴维·莫利：《电视受众与文化研究》，史安斌译，新华出版社2005年版，第65页。

《梦从世博起,风从东方来》①与以下人群进行了非结构性访谈:外地人(白领、务工人员、大学生);上海本地的新上海人(白领、务工人员、大学生);上海本地人(出生在上海的白领、务工人员、大学生);在上海的外国人(外企人员、留学生)②。在访谈中,笔者设计了诸如"你觉得形象片中小丑代表了什么","怎么理解片中新旧时空的穿越","片中体现了上海什么样的特征","最具东方卫视频道代表性的节目"等对文本符号如何理解的问题,以考察不同群体对内容的理解。笔者将这些文本诠释与编码者对节目文本编码的结构和意义进行对比,进而观察观众在多大程度上受到节目制作者编码意义的影响,并体现出怎样的相似性或差异性。

在调查结果中大部分白领和大学生(无论籍贯和所在城市)都能指出宣传片中的石库门、外滩地标符号以及街头涂鸦、留声机、交谊舞、有轨电车、旗袍等海派文化符号,上海本地观众能指认出更多的符号。但无论上海还是外地的务工阶层对这些符号并不敏感,认为不知道宣传片要表达什么意思。这一点可以看出受教育程度的不同使观众在理解频道宣传片符号意义层面上存在差异。

上海本地籍贯的白领观众对这些符号的敏感程度最高,他们对这些符号评价最多出现的词汇是"海派""时尚"以及"历史",而这些词汇与东方卫视的频道定位是相符的,80%的上海本地白领意识到《魔幻都市》在讲述上海时代的变迁。而外地观众对于宣传片的意义理解非常多元化,其中60%的外地观众表示没有看懂片子想要表达的意思。从这个结果可以看出,与城市空间直接关联的本地观众比具备相对少的

---

① 2009年东方卫视以世博会为背景制作了这两部城市形象宣传片,导演分别为陈凯歌和张艺谋。
② 2010年上海第六次人口普查,本地常住人口为2301.9148万,外省市人口为897.7万,外籍人士14.3496万人。

上海经验的外地观众更容易按照被编码的主控方式解读,并且更倾向于认同这种主控方式。

从以上的访谈结果可见,地域性、异质性的差异会影响观众诠释节目文本的意义,具有相似文化、生活方式、阶层的观众在解读文本时趋向一致。

在文化异质化、多元化的移民城市里,构建文化认同是一件很复杂的事情。构建文化认同是一个确定"自我"与"他者"的过程。"自我"通过对自身所在群体的统一性和相似性的辨认,区分与他者所在群体的差别,是经过社会互动形成的想象,对自身角色身份的定位以及与他人的关系。它在帮助人"确定在世界中的位置"的同时,也"严格地限制其思想和行为的范围"①。确定"自我"与"他者"的标准定义本身就是多重而复杂的,随着划分标准的不同,"自我"与"他者"所属的群体也发生着变化。

出生地,所属社会阶层,居住的区域或是经济收入?人们往往倾向以有利于自己的标准定义"自我"所存在的群体,在地位上把自己定义成为"好"的、"有利"的一面,"他者"便被自动归类为"差"的、"不利"的一面。即使在上海人的习惯里,上海只是黄浦、徐汇、静安等几个处于市中心的区域集合,因此上海人自己又进一步将上海与郊区区隔开。值得注意的是,这种区隔是获得上海人普遍认同的,比如,松江、奉贤等郊区的人会称去静安区、黄浦区为"去上海"。由此可见,上海这个城市空间的话语里长期充满了"自我"与"他者"抗争和对话的叙事。

布尔迪厄认为这种二元对立逻辑的符号系统具有"社会性的"起

---

① 道格拉斯·凯尔纳:《媒体文化——介于现代与后现代之间的文化研究、认同性与政治》,商务印书馆2004年版,第131页。

源,"它们被用以强化社会生活中的权力关系……决定我们理解社会世界的方式。在被确立的社会群体是等级化地加以区分并得到合理化的这个意义上,符号再现的分类逻辑的社会功能具有政治的后果"①。在这一点上,上海电视业者具有比其他地区同行更强烈的地域意识和二元对立逻辑。他们时常表现出无视省级卫视和地面频道观众群体的差异②,实施在社会深层结构中来自本地的、"自我"的符号权力。

这种符号权力的实施表现为在频道内容编排上的随意性。上海地面频道的单期节目套一个卫视同类型节目的包装在东方卫视播出的例子屡见不鲜。比如,2005—2014年连续举办了十年的SMG主持人新春歌会《我和春天有个约会》,该节目曾先后在音乐频道和新娱乐频道播出。2013年起于春节时期作为特别节目在东方卫视播出。在节目中,SMG各个频道(包括卫视和地面频道)的主持人表演唱歌。这些主持人对上海本地观众而言是具有相当的辨识度和粘连度的。而对于全国观众而言,除了在东方卫视平台上露面的少数主持人之外,大部分主持人都是陌生面孔。与此类似的还有SMG电视颁奖礼《主持人名优新颁奖典礼》。

这种带有某种优越感的地域意识在真人秀节目中通过对空间的叙述被刻意体现和强调。比如,第五季《中国达人秀》中特别设置了"大红钮"全国形象按键桥段,拍摄了一系列以"评委的大红钮"为特写、全国各地30座城市的标志性建筑作为背景的定机位、逐格、穿行等宣传画面。其中又以浦东、外白渡桥、外滩、南京路等背景为代表的一组"大红纽"画面最具上海代表性(图5-3)。30座城市与上海的关系,

---

① 戴维·斯沃茨:《文化与权力:布尔迪厄的社会学》,陶东风译,上海译文出版社2012年,第98—100页。

② 笔者认为在某种程度上这也是电视场域内部子场域权力争夺的结果。

呼应了外滩遍布的游客与他们所处的上海中心的关系。节目中这一桥段的精心设计一方面体现了上海地域性的特点，另一方面也体现了移民城市的异质性特点。此外，笔者观察到灿星制作在为浙江卫视制作的《中国好声音》里多次使用以东方明珠为标志的上海都市景观，也体现了他们浓厚的上海情结。

图5-3　第五季《中国达人秀》大红钮标志物特写

都市文化的构建与表述是以大众传媒作为介质的，电视技术通过联结散落在城市角落的人，强化他们的群体归属感和群体意识，营造带有共同记忆的空间，从而构建带有明显城市地域特征的文化认同。对于"外来文化"范围的界定和确认的过程，同时也是确定"自我"的过程。通过划分与"他者"的边界，"本土"的意义得以定锚。进而再经过新一轮的文化融合进行重新的自我认同，在这个过程中地域性文化边界开始混淆和模糊。海派都市文化便是经过重复不断地定锚和融合过程而呈现了所谓"兼容并包、海纳百川"的特征。

"地方情感或许会导致狭隘的地方主义，但多层次的同乡群体并存意味着，同乡情感的实际范围不仅涵盖了家乡的省籍观念，而且涵盖了更广阔的上海大都市意识乃至对民族国家的深深关切。"① 上海汇集了来自全国不同省份和阶层的外来移民（也包括来自全球不同民族的外籍移民），这个城市空间是由无数话语的叠加、冲突和融合构建起来的多元化景观，外来移民文化与本土文化的融合与对话所形成的新海派文化是构成大上海格局的基础。

在这个层面上，东方卫视作为呈现城市多元文化的媒体，与全国各个地方的人群发生了意义的勾连。东方卫视想要彰显的海派文化，应具有以本地文化为主流，并能覆盖多个文化地域的强大辐射力，多元文化得以在这个相对自由、开放和宽容的孵化器里生长、发展和创新。通过对话，本地文化得以确认自我；通过融合，多元文化嫁接出新的文化果实。伦敦、巴黎等国际大都市文化中心都是本土文化与多元文化融合的良好范例。

然而，东方卫视频道定位的屡次改革，暴露出对这个"外部"历史的忽视以及新上海人的集体缺席。对于放眼国际、打造文化大都市的上海来说，突破地域化限制、尊重多元化是首要解决的问题。不可否认，东方卫视的频道定位和包装只是在形式上呈现了上海都市文化的显性特征"现代的、青春的、国际的、海派的"，却忽视了在这些显性特征下，都市里则隐藏着另一幅景观——本地文化逐渐失声、移民文化受到挤压、海派文化"外表的过度繁荣"以及"内在的空洞"。

朱大可在评论王安忆等当代上海作家时指出，上海的城市文化对上海作家的影响很大，他们"沉浸在其中，没有超越的能力……只是一味沉湎于自己的细琐感受，胸怀局促，格调低浊，所以只能是一些

---

① 顾德曼：《家乡、城市和国家——上海的地缘网络与认同，1853—1937》，宋钻友译，上海古籍出版社2004年版，第15页。

'小市民作家'，而不是'中国作家'，更没有可能成为'世界作家'"①。同样的，东方卫视想要树立"大台风范"，打造一个"国际传媒标准"的"都市媒体"，必然需要寻求一条突破地域格局和海派意识的创新之道。

二、海派电视的全球化

在萨义德看来，东方不只是一个地理位置，更是一个文化观念，是处于强势地位的西方文化的自我认同中被认定的"他者"。西方通过对于东方意义的阐述和表达，在意识形态层面构建了一个西方话语语境中的东方；而"东方"，作为西方文化的对立面，也借用这个语境完成对自身价值和形象的思考和表达。在西方的话语体系中，"东方主义"是以"我们—他们"的二分法为起点建立起来的，其对于"东方、东方人、东方习俗、东方'心性'、东方命运"等的陈述，其本质是文化帝国主义的话语霸权，体现了西方世界对东方世界的后殖民关系。东方性在西方不同历史阶段的长期构建中，被想象成具有诸如神秘、野蛮、落后，同时也是富裕、浪漫、异域情调等特定本质的语汇②。这个被动表述的话语体系将东方文化与西方文化的关系固定为劣等的/优等的、落后的/先进的、正面的/负面的对立，并体现西方以自我为中心的民族优越感和独特性。这种东西方强弱关系力量对比后形成的后殖民主义意识形态被以霸权的形式渗入全球文化领域。

东方卫视的频道标志是红色圆球上覆盖着一颗向外延伸的五角星。主设计师胡羿如将红色解释为代表新鲜、活动、丰润，五角星是优秀、

---

① 万晓晓、朱大可：《"海派文化"是面向未来的》，载《经济观察报》，http://www.eeo.com.cn/zt/city2010/shwh/2010/04/29/168871.shtml。

② 爱德华·萨义德：《东方学》，王宇根译，生活·读书·新知三联书店1999年版，第1—6页。

胜利和美好的含义，而"中国红"隐含着中华民族认同的寓意。在中国红的球体上呈辐射形的"五角星"代表发散新闻消息的东方卫视①。上海人对"东方"概念素来非常青睐，如驻地上海的文创机构东方电视台、东方明珠电视塔、东方艺术中心、东方早报；服务机构东方航空、东方医院；旅游商业地区东方新天地、东方绿洲；地理名称东方路（原名文登路，因东方电视台建立在这条路上后改名）等。这些知名品牌不约而同地使用"东方"头衔，"东方"更是品质、高端、海派的隐喻。随着2005年后新卫视的成立，一系列以"东方"一词为前后缀的节目名称出现在频道的日常节目表中，如《东方红》《看东方》《东方夜谭》《东方新气象》《东方夜新闻》等。无论是频道、节目名称还是"红日五星"的视觉标志都显示了东方卫视对省级概念和地方传媒色彩的刻意掩藏和突破国家行政边界走向国际的意愿。

　　东方卫视的英文名为 Dragon TV（龙卫视）。"龙"作为中华传统文化中重要的图腾标志是民族精神的最高象征，"东方"和"龙"符号的选择意在独立于以中央电视台为代表的国家主流新闻媒体和以凤凰卫视为代表的境外（香港）媒体，并在省级卫视频道的群像中形成差异化。另一个细节也突显了这种去地域性：2003年，国家广电总局批准上海卫视更名实为"上海东方卫视"，但无论频道呼号还是频道台标都忽略了"上海"这个前缀，频道采用"东方卫视"的简称，淡化了省级卫视的地域化特性。福建省级卫视"东南卫视"的"东南"是立足中国、面向国家区域内的其他地域而提出的，东方卫视取意"东方"的概念则是立足世界、面向西方的，蕴含着特殊的历史语境。

　　作为中国早年开埠的城市，上海曾经被誉为"东方小巴黎"，在西方人眼中旧埠的上海是对西方文明的艳羡和仿制。上海旧埠发达的工业

---

① 根据东方卫视官方网站 www.dragontv.cn。

和繁茂的商业成为殖民者淘金梦想的乐园,表达了这座城市对殖民文化在某种意义上的"宽容"和"热情"。上海犹如一个充满诱惑力的女人,即使身穿洋袍,依然不能遮掩其裹挟下的神秘的、充满异域情调的、亟待开发的身体。在租界之外的旧城是光彩繁盛的东方巴黎的另一个侧面,是质朴、陈旧且蒙昧的落后地区,与"落后的"东方文明与先进的西方殖民文明形成了强烈的反差。这个由租界文化和旧城区文化组成的上海,是被西化了的东方"他者"。

1. 西化的东方"他者"

以西方为对象的自我诠释表现在《中国达人秀》《中国梦之声》等节目的立意及核心价值观上。《中国达人秀》设置的一系列比赛规则最终为了选出一位能够代表中国站在世界达人的舞台上,与世界达人一决高下。经过节目组的灌输和强调,这个主导思想根植在晋级选手的比赛过程中,他们以西方达人作为想象中的对手,多次在比赛现场表示"要站在世界达人的舞台上,展现中国达人的风采"。菜花甜妈就是其中的典型代表,当她以"中国苏珊大妈"的身份与苏珊大妈一同站在总决选八万人体育场中时,她的价值以一种实现民族梦想的方式体现出来。

"主持人们让表演结束的世界达人给即将表演的中国达人以寄语,然后就是中国达人上场做出精彩表演以回应。这就是说,中国人面对国外达人的挑战时毫不畏惧还做出了出色的回应……第二季总决赛安排苏珊大妈特别学习菜花甜妈的'送你葱'一词,可以说就是这种民族胜利的证明。"[①] 这种民族梦想的实现和民族胜利是中国媒体从业者用想象的方式对西方中心话语的一种反击和对抗。

即便是现代上海,"海派文化"中依然充满了这种对西方社会的文

---

① 陈文娜:《狂欢背后的意识形态——中国达人秀的大众文化表征分析》,暨南大学硕士学位论文,2012年,第45页。

化生活、价值观念等的放大和热情。东方卫视新闻直播大事件里，赫然列着诸如"威廉王子大婚直播""美国总统大选直播"（2008年11月4日19:30—22:00、11月5日9:00—15:30）、"2012申办伦敦奥运会直播"等。关于"威廉王子大婚事件"，大陆境内只有东方卫视一家电视媒体进行了长达约7个小时的直播报道。2011年4月28日16:00—20:00，东方卫视对威廉王子大婚进行了全方位立体直播，东方卫视不仅直播美联社转自英国天空广播公司的电视信号，更派出多名记者蹲守婚礼巡游各个关键点，为国内观众发回西敏寺教堂婚礼、婚车巡游、皇家空军飞行等现场报道。特派记者甚至前往威廉与凯特就读的圣安德鲁斯大学采访该校公关副部长。丁仁能在评论卫视频道直播总统大选事件时认为，这样的直播活动是"少数新闻媒体的从业人员，部分以精英自诩的知识分子，凭着他们自己的兴趣爱好，以及对某些传媒话语权的把持，尽情而露骨地表现着自己浓厚的美国情结，他们对大洋彼岸美国发生的一切是那么的兴味盎然，不惜动用国家宣传资源，免费的、义务的，积极性很高地替人家做着宣传"①。

再举2012年伦敦申奥为例。东方卫视和新浪网针对申奥举行了联合直播，节目邀请了四名有海外背景的嘉宾。嘉宾因背景与立场不同被分为两大阵营，分别支持伦敦和巴黎（表5-4）。嘉宾周采芹更是在力挺曾留学过的城市伦敦时表现了极为强烈的个人情感。在此之中，地域文化在海纳百川的语境中出现缺失，人们通过英法文化确认自我认同，在西方意识形态语境下以"他者"来思考诠释代表东方的"自我"，表现出对"自我"文化价值的不自信。

---

① 丁仁能：《为什么直播美国的总统大选》，载《人民网》，http://www.people.com.cn/GB/14677/21966/36358/2978201.html。

表5-4　东方卫视和新浪网对2012年伦敦申奥直播,嘉宾持不同意见

支持伦敦	周采芹	海派艺术家周信芳之女,毕业于上海市三女中,先后留学美国和英国,是沪港社交文化界名人
	孔嘉	在美国学习工作多年,有香港生活经历。供职于美国麻省法院和美国通用电气金融服务公司
支持巴黎	王东	曾供职美国新闻署、香港星空卫视、美国哥伦比亚广播公司等境外媒体
	蒋琼耳	法国艺术专业留学,法国夏邦杰建筑设计咨询公司上海负责人①

2006年,东方卫视邀请Vitas与韦唯演绎频道主题歌《风从东方来》。被誉为海豚音王子的Vitas是俄罗斯著名男高音歌唱家,因《歌剧2》的演绎成为颇受欢迎的流行音乐明星。这个带有西方背景的歌手作为东方卫视的形象代言人,站在乌镇乌篷船上高声吟唱风"从东方来"的图景,更像是英国人徘徊在印度恒河岸边,法国人流连在越南的湄公河上,是西方文化对东方文化的一次检视。实际上,以此方式来宣传一个地域性频道,并没有受到电视观众的普遍肯定和认同。笔者对天涯社区网友评论进行如下总结。大部分网友反馈Vitas对东方卫视主题歌的演绎不尽如人意,并不能代表东方卫视的频道特色。在125个跟帖中,只有5位网友表达了对Vitas参演的肯定。

2006年版的《风从东方来》MV共48个镜头,画面中去掉了1998年版宣传片中代表国家意识的符号五星红旗,取而代之的是东方台台标的各种变形(橙子、热气球、东方明珠电视塔上的明珠)符号,刻意加强了城市地方主义意识。代表殖民时代文化的海关钟楼有4个镜头。

---

① 嘉宾材料根据新浪体育相关报道 http://sports.sina.com.cn/o/2005-07-06/11381651843.shtml。

全片中基本没有出现城市建设发展相关的镜头，而更多的是以暗喻等镜头语言体现城市的崛起以及城市与人的关系，反映了上海对自身在全国范围的金融、航运、经济中心地位持有充分的自信，东方卫视的频道标志为符号特征的热气球从巴黎埃菲尔铁塔、凯旋门和悉尼歌剧院上空飘过，最终成为东方明珠电视塔上的明珠，意味着东方卫视希望在制高点向全中国乃至全世界"发出上海媒体的最强音"①。

2009年版的《东方卫视频道形象宣传片》文本刻意淡化了上海都市历史发展中的"东方"色彩，强调了代表殖民时代的城市文化资本。片中主要视觉元素是旧上海图景里的有轨电车、牵着气球的小丑、英式联排别墅色彩的石库门里跳着华尔兹的男女、新上海的高楼大厦、芭蕾舞少女和街头涂鸦等。这些视觉符号全都是西方控制城市的政治经济后留下文化殖民痕迹的表征。宣传片使用蒙太奇的方式完成新旧上海图景瞬时穿越，反映了上海都市发展过程的历史断裂性。

在西方人的想象中，上海的城市形象是夹杂着半殖民和江南文化特征的复杂体。正因为如此，石库门得以成为上海建筑文化的典型代表。随着时代的发展，城市现代化进程为海派文化注入更多具有消费性和商业性特征的大众文化元素，与世界上诸如伦敦、纽约、东京等很多大都市一样，上海呈现了多元文化的特色。但作为西方人眼中的"东方明珠"，上海的城市空间对东方文化的表达是极具"异化"色彩的。比如，以上海地标之一新天地为代表的历史建筑，很好地融合了东西方文化并解构了二元模式，是基于"上海文化的一个很重要的传统……与

---

① 刘青山：《东方卫视总监田明：我只是折射阳光的一滴水》，载《广告导报》，2009年7月17日。

上海开埠以后的自我认同有关系"①。

从繁盛的租界殖民文化到改革开放后蓬勃兴起的消费文化，这座城市的新的价值观尚未成形，旧的价值体系已成追忆的当下，在"自我"与"他者"身份迷失下充满了矛盾和纠结。在新旧文化的融合变异过程中，上海的都市文化呈现了拼贴的、消费的、日常世俗的后现代文化特性。

2. 东方影响力的海外扩张

20世纪30年代，鲁迅在《且介亭文集》中写道"只有民族的，才是世界的"，这位以杂文形式的口诛笔伐见长的文坛奇才，其生命的最后十年在上海度过，并创作了《南腔北调》等奠定他文学地位的杂文集。余秋雨认为，在上海鲁迅和巴金代表了最高成就的文化，但他们并不是海派作家②。他进一步指出，"越是大的文化，越是没有地域性"，"上海的经济发展全球瞩目，但文化地位没有提升，仍站在一个小角落里，格局小而趋于琐碎"。③

经济、文化全球化的趋势对上海本土文化造成了危机感，但海派文化却是以殖民文化为重要组成部分的，这就意味着海派文化在吸纳西方文化的同时，又要与西方文化相抗争。在这种需要与对抗相纠葛的过程中，上海文化更加缺失了本土认同，呈现出本土文化主体性缺失的样态。"主体性的缺乏使得上海都市文化呈现出一种寄生性，缺乏真正的建设性，这突出地表现在学术、文学、艺术、大众传媒、影视等领域中。络绎不绝的文化狂欢只是舶来的文化经典的瞬间再现与定期展览，

---

① 许纪霖：《全球化背景下上海的多元文化传统》，见《交流与互动——上海、汉城（首尔）都市文化比较国际学术研讨会论文集》，上海师范大学都市文化研究中心2005年10月，第41页。
② 根据余秋雨于2006年11月15日SMG嘉宾智库启用暨首届嘉宾论坛上的发言。
③ 余秋雨：《上海文化人胆子越来越小了》，载《新华网》，2006年11月16日。

缺乏自身的主体性创造。"①

上海文化形象在城市中的消隐所带来的主体性消失，是伴随着全球混合文化推演和发展过程的。随着世界经济一体化的趋势，地域性文化的消亡是全球化的必然结果。

关键问题在于，"海派文化的模式与范式性，对一般的外来文化都有涵容与扬弃的功能。上海的海派文化本身核心价值的衰落，导致文化模式的'被解构化'，传统海派文化范式被解构，使得海派文化对外来文化的甄别和选择能力降低"②。这一点上，以麦当劳为代表的西方消费文化，其文化扩张的经验值得借鉴。麦当劳主义虽然以其模式化的生产过程和标准化产品被人诟病，但它在向全球不同国家推广品牌时会因地制宜地开发适合本土饮食习惯和方式的产品。相比之下，由于缺乏本土化的符号和标志，海派文化呈现更多的是全球化之后的异质性和混杂性。

以2012年东方卫视歌唱真人秀《声动亚洲》为例。这档节目是由"十余家亚洲顶尖主流媒体以及实力经纪公司、演艺公司共同完成的全亚洲超大型歌唱比赛"，节目邀请了来自中国、印度、马来西亚、新加坡、日本、韩国、泰国等9个国家和地区的60余组参赛个人和组合歌手。节目还邀请了小野丽莎、李珉宇、Anaida等亚洲歌坛常青树担任评委，并与日本、韩国、新加坡、马来西亚等国家的媒体机构共同联合放送节目。东方卫视希望通过这档节目的打造将节目模式进行输出，并建立对话亚洲文化和推广的产业链。然而，中国当下的娱乐经纪生产链尚不成熟，节目销售发行机制尚不完善，知识产权保护力度不够，这些现

---

① 罗莉芳、汪宏桥：《上海的都市化和后现代文化》，载《江西社会科学》，2005年第3期，第45页。
② 张鸿雁：《上海文化核心价值的缺失批判与"新海派文化"的建构研究——上海城市发展与规划战略纠谬与创新》，载《中国名城》，2011年第2期，第11页。

状使中国音乐产业持续低迷，无法形成有中国文化特色的音乐市场。产业流通市场的各环节"发育不足""行政等非市场因素影响较大"[①]，本国节目销售平台尚没有建成，靠一个节目的输出来打造亚洲文化产业链的设想只是行政层面的一厢情愿。由于没有体现后续的商业价值和文化价值，节目只播出一季后便销声匿迹。《声动亚洲》节目宣言和节目亮点，如表5-5所示。

表5-5 《声动亚洲》节目宣言和节目亮点

节目宣言	梦想有声，声动亚洲！好声音只是入场券，声动亚洲将要寻觅亚洲新一代歌唱巨星！
节目亮点	全亚洲完美声线的集中聆听推荐 全亚洲新生代巨星的歌坛成人礼 全亚洲电视媒体的盛情邀约巨献

注：以上资料来源于东方卫视官方网站

无论节目成功与否，上面的例子体现了东方卫视电视生产者对突出文化边界、展示频道文化影响力的意愿和努力。但无论是对内传播还是对外传播，东方卫视一直很难找到准确的视角，如前文所述，高端与大众、本土与全球、海派特色与西方之间文化的此消彼长，很难相互融合达到一个相对稳定的平衡。无论在新闻、娱乐综艺节目制作，还是影视剧的编排上都体现了卫视视角的模糊和游移。

凤凰卫视立台之初也历经了类似的挣扎和思考，但最终，它基于自身复杂的身份认同——对西方媒体而言，是身处英语媒体中心的边缘的"他者"；对中国内地而言是保持远距离审视具有"他者"性质的"外部人"；同时它是"中国人的媒体"，具有"内部人"的特征——提出

---

① 田明：《电视娱乐产业战略发展研究》，复旦大学博士学位论文，2005年，第129页。

了明确的定位:"海外视点看中国,以华人视角看世界"①。

东方卫视塑造全球化语境下的东方大台的野心表现在它落地境外的战略上。国内省级卫视在海外落地主要诉诸的收视群体是当地华人以及海外留学生。以东方卫视在澳大利亚和日本的落地情况来进行对比。在澳大利亚生活的华人以及留学生大约有40万人,其中上海籍占有很大的比例,东方卫视频道在澳大利亚的播出具有良好的观众基础,而在日本生活的华人和留学生只有20万人,留学生生源籍贯多元化,加之在两国落地过程中与跨国公司合作采取了不同的经营策略,东方卫视境外频道呈现了由于地域性带来的冰火两重天的订户数差异②。

东方卫视的境外落地必然会遇到来自境外地方华语频道的媒体竞争,如果东方卫视不能从观众的地域差异性出发,明确频道定位和架构,这个向外扩张媒体势力的努力注定障碍重重。以下对比东方卫视海外频道(表5-6)与洛杉矶地方华语电视 LA 洛城18.8台(表5-7)。

---

① 钟大年、于文华:《凤凰考:建构一个新传媒》,北京师范大学出版社2005年版,第42页。
② 陆晔、蒋春柳:《从东方卫视落地日澳看地方台的国际竞争策略》,载《传媒观察》,2005年第1期,第25页。

表 5-6 2013 年东方卫视海外版第四季度部分节目介绍

类型	节目名称	介绍
新闻专题	《东方新闻》	时事社会新闻
	《防务新时空》	军事新闻深度专题节目
	《环球交叉点》	环球时事新闻专题节目
	《大爱东方》	专题纪实节目
	《东方午新闻》	时事社会新闻
	《东方直播室》	社会新闻辩论类谈话节目
	《子午线》	一天热点国家、社会热点新闻事件的新闻评论节目
	《双城记》	反映上海和港台社会热点的专题类节目
	转《新闻联播》	中央电视台综合频道和新闻频道制作的新闻节目
综艺娱乐	《今晚 80 后脱口秀》	娱乐脱口秀节目
	《潮童天下》	儿童谈话类脱口秀节目
	《生动亚洲》	歌唱真人秀节目
	《洋厨房》	ICS 频道制作的美食节目
	《百里挑一》	相亲节目
	《谁能百里挑一》	相亲节目
文化	《新青年》	艺术人文频道制作的文化资讯节目
	《晓松说》	历史文化脱口秀节目
	《车游天下》	汽车文化资讯节目
	《极致》	时尚文化资讯节目

境外地方华语电视在本地的播出优势是不言而喻的。以 LA 洛城 18.8 台（KSCI - TV LA18.8）为例，它是美国亚美媒体集团（Asian Media Group）旗下的电视台，也是南加州第一个 24 小时全中文数字频道，覆盖洛杉矶地区的 1300 万的收视人口。频道节目内容以"新闻、戏剧、综艺娱乐"为主打。考虑到 LA 地区华人及留学生大多来自中

国,因此洛城18.8台采取以普通话节目为主,兼有少数英语节目。新闻节目内容主要包括南加地区、全美和全球重大新闻事件,并关注海峡两岸时事。其在早、中、晚、末场推出以中国家庭剧、偶像剧、年代剧等戏剧节目。除了一系列台湾综艺节目之外,频道还购买了国家地理频道和探索频道的地理节目以及八大电视台的世界深度旅游节目。[①]

表5-7 2012年一季度LA18.8部分节目及情况介绍

类型	节目名称	介绍
新闻类	《宏观英语新闻》	台湾公视制作的英语新闻
	《中国新闻》	中央电视台4套新闻节目
	《台视新闻》	台湾台视制作的新闻节目
	《海峡两岸》	中央电视台4套新闻节目,关注海峡两岸时事新闻
	《华视新闻》	台湾华视制作的新闻节目
	《18台晚间新闻》	南加州本地即时新闻,海峡两岸头条,全美时事、天气路况
	《KNBC英语新闻》	南加地区英语新闻节目,配中文字幕
综艺娱乐	《王牌大贱谍》	台湾三立都会台制作的八卦娱乐节目
	《WTO姐妹会》	台湾八大电视台制作的新住民访谈综艺节目
	《女人好犀利》	台湾三立都会台制作的女性访谈综艺节目
	《新娱乐在线》	上海文广制作的娱乐新闻资讯节目
	《Hello好莱坞》	好莱坞八卦新闻和明星专访,该节目在北京设有演播室

---

① 洛城18.8电视台官方网站 http://www.la188.tv。

续表

类型	节目名称	介绍
旅游文化	《世界正美丽》	台湾八大电视台制作提供的全球深度旅游节目
	《LA一把抓》	介绍洛杉矶最新的文化、时尚、娱乐，行走类节目
	《今日洛城》	洛杉矶华人社区的名人专家深度访谈，目的联结华人团体
	《致富密码》	与洛杉矶华人商界人士访谈节目，讨论经商之道

从以上部分洛城18.8台节目编排可以看出，该台立足南加大洛杉矶地区的华人及留学生，受众群覆盖年轻人群和中年人。其新闻节目编排采用本地、北美国际新闻自主采编，购买中国大陆央视新闻节目以及中国台湾新闻节目作为补充，以成为侨民和留学生关注本国时事文化资讯的纽带。频道注重对本地文化、社团的介绍和信息服务，与南加州的本地华人文化进行了深度融合。当然，洛城18.8台自制节目的比重还比较低，大量节目的播出依靠其他内容制作机构的提供，但这客观上也为来自不同阶层、文化语境、地域环境的华人及留学生提供了宽松的话语空间和多元化的视角。

相较而言，东方卫视境外台弘扬中华优秀文化、体现海派文化特色的频道理念，除了增加一些外语类节目之外，从频道包装到节目形式内容的编排上都和境内的东方卫视如出一辙。要想在国际格局上参与媒介竞争，建立华语电视频道在海外观众中的影响力，东方卫视的海派文化输出必须在所落户的境外国家找到与当地本土文化一体化的黏连力。

"个体和群体在他们富于竞争性地对区隔的追逐中，总是积极运用文化资本的……种族、性别和其他地位群体的区隔可以建立文化资本"，通过汇聚了社会分层和社会分化的文化进程，个体和群体在有关

"团结、认同和社会位置的多元、重置与竞争性基础的协商"中确认区隔。① 上海具有典型的移民城市特征，其社会分层以对文化、经济等资本的占有情况为标准已经形成了一个具有明显分化特征的市场。面对这个分化的市场，东方卫视一方面呈现了异质性、多元文化的特点，力求整合不同社会群体的价值观，建立社会认同；另一方面更多地关注中产阶层以上的观众和本地观众，以获得最大化的商业价值。这两者之间所形成的固有冲突进一步借由媒体的文化再生产内化成上海现代性的一部分。

---

① 约翰·R. 霍尔、玛丽·乔·尼兹：《文化：社会学的视野》，周晓红、徐彬译，商务印书馆1999年版，第215页。

结　语

"鉴于在各种不同的资本及其把持者之间的关系中建立的等级制度，文化生产场暂时在权力场内部占据一个被统治的位置。无论它们多么不受外部限制和要求的束缚，它们还是要受总体的场如利益场、经济场或政治场的限制。"[①]

一、多场域力量互动下的媒介生产

以电视为代表的社会性流行文化，其生产过程受制于"他人意志或既存社会秩序的限制"[②]。传播电视文化资源分配的不均衡，使经济场、政治场得以不同程度地介入，参与建立与维护文化生产的既定秩序的过程之中。中国省级卫视的发展依赖于政府对传媒产业发展的知觉灵敏度和认知程度，体现了更多的政府职能部门的意志。改革开放以降，政府对传媒的市场化行为逐步深入，传媒集团集中化程度不断加强。省级卫视在中国整个传媒版图中的资源经历了屡次分化和整合，体现了以政治和经济为主导的因素在维护电视文化生产既定秩序整体时的权力

[①] 皮埃尔·布尔迪厄：《艺术的法则》，刘晖译，中央编译出版社2011年版，第193页。

[②] 约翰·R. 霍尔、玛丽·乔·尼兹：《文化：社会学的视野》，周晓红、徐彬译，商务印书馆2002年版，第211—213页。

角力。

　　政治场对电视场的介入影响是以其实施相应社会资本来推动广电行业的跨地区经营和集团化运作而实现的。改革开放以后，媒体产业的新一轮重组有利于进一步优化媒体资源结构，获得实际市场收益。东方卫视媒介生产本质上是遵循资本逻辑的，逐利的商业内驱力使上海的电视业有着浓厚的市场化渊源和消费基础。从上海卫视的改版，到东方卫视历经的数次改革，无一不是集团从市场角度对业务版块进行产业化重组和整合。

　　东方卫视在卫视格局中定位的摇摆和生产机制的多次调整体现了多场域资本互动产生的冲突和矛盾。"一个格式化的城市……地区特性决定了文化风格，也造就了电视台风格、电视台管理风格，乃至体制机制等。"[①] 从新闻、综艺、影视三大层面的生产机制历来不间断地改革可以看出，由于电视场文化资本的稀缺性及其分布的不平等性，传播政策的制定者可以通过调节政策的松紧度来控制电视生产者的制度性文化资本，个体行动者则更多的是基于自身利益对资本和权力展开争夺。个体行动者通过不断调整自身在场域中的位置来最大限度地发挥所持资本的实际价值，让场域尽可能地以对他们有利的方式运作。

　　与此同时，东方卫视呈现的电视景观符合了启蒙现代性的两极特征：工具理性的极度膨胀所造成的物质进步以及主体物像化。这种电视景观的叙事方式有两种途径——浅层上是以上海作为叙事背景，深层上则是上海成为电视文本结构中的一部分——体现了上海现代化都市日常生活空间中的消费化、私人生活公共化和工具理性化特征。都市文化的构建与表述是以大众传媒作为介质的，电视技术通过联结散落在城市角

[①] 张鑫：《传东方卫视"人事地震"，SMG战略将大调整》，载《凤凰网》，2011年2月15日。

落的人，强化他们的群体归属感和群体意识，营造带有共同记忆的空间，从而构建带有明显城市地域特征的文化认同。东方卫视作为呈现城市多元话语的媒体，本应为上海这一移民大都市中的来自全国各个地方的人群建立意义的勾连。但它更多的是在形式上呈现了上海都市文化的显性特征"现代的、青春的、国际的、海派的"，却忽视了在这些显性特征下，都市里隐藏着另一幅景观——移民文化受到挤压、民族性本土文化的缺席以及文化创造力的缺失。

东方符号的强调离不开西方话语的表述，海派文化的"海纳百川"表现为对西方文化的吸纳和本土文化的忽视。"主体性的缺乏使得上海都市文化呈现出一种寄生性，缺乏真正的建设性，这突出地表现在学术、文学、艺术、大众传媒、影视等领域中。络绎不绝的文化狂欢只是舶来的文化经典的瞬间再现与定期展览，缺乏自身的主体性创造。"① 东方卫视的媒介景观试图弥合城市破碎的主体性，以巩固城市共同体意义的边界，却更加凸显了这座城市在新的价值观尚未成形、旧的价值体系已成追忆的当下，其"自我"与"他者"身份的迷失。

"立足上海、面向全国"的区域性传媒定位、市场机制作用下集团的公司化运营、新闻生产政策和资源的制约，在多重因素的交织和作用下东方卫视所形成的"新闻立台"充满了矛盾。

二、媒介实务层面的"番茄"经验：省级卫视的角色构建

2013年10月23日，东方卫视立台十年，卫视广告营销部做了十周年记忆的梳理：在13项首开先河和业内前茅的业绩中，大部分都是真人秀节目，只有一档新闻时事辩论类节目《东方直播室》在列，而

---

① 罗莉芳、汪宏桥：《上海的都市化和后现代文化》，载《江西社会科学》，2005年第3期，第45页。

"新闻立台"只用一句"国内最大体量新闻直播实力"① 一笔带过。事实上，东方卫视在焦点新闻吸引力、新闻人际传播力、财经与新闻栏目竞争力、综合满意度排名等项都名列全国网前十名②。

各地省级卫视最初的成立大多是"新闻立台"，并依赖行政力量为推手，目的是成为本地宣传舆论的喉舌。但随着国家层面的体制及产业结构的调整，省级卫视逐渐被推到了市场竞争的游戏规则中。体制和市场的双重压力对地方性重点宣传平台的新闻生产和发展形成了一股不能承受之重的现实压力。在这样的现实情况下，省级卫视不得不明确自身角色，形成差异化的频道定位。省级卫视在中国电视平台格局中所面临的现状是上有央视的强势，下有独特、贴近本地的城市台，因此省级卫视的差异化定位不仅要进行同业间的横向比较，也要进行不同级别间的纵向考虑。除此之外，省级卫视的频道定位需考量本地经济、文化、历史等传统优势和特色资源，以此面向全国的观众传播本地区的文化，才能以差异化的内容取到同业间的胜利。

在中国绝大多数省级卫视竞争战略里，本省/地区的GDP贡献决定着本省的收视权重。基于此，这一因素也直接影响，甚至说是决定着卫视是该优先考虑本地收视还是外地收视，以及省级卫视作为对外宣传的文化窗口如何构建区域性共同体文化。因为上海的GDP贡献位列全国前列，这就意味着上海本地收视在东方卫视收视份额成绩单上所占的权重很大，本地收视率直接影响着东方卫视在收视率和收视份额上的表现，这就意味着东方卫视若是要获得更高收视率所需付出的努力比其他省级卫视要小很多。但作为地方文化的外宣平台，节目制作过度考量本地观众群的欣赏趣味意味着失去更多外地观众群，省级卫视的全国概念

---

① 根据东方卫视广告营销部官方微博平台：ggyxbdragontv。
② 根据2013年CTR央视市场研究下半年报表。

和跨区域文化传播的意义就无法体现。两者之间存在着一定的冲突点，但这一瓶颈问题是不得不面对和需要解决的问题，如何在两者之间寻找一点平衡点是东方卫视需要突破的重点。在平衡两者利益之后，提高外地重点城市收视权重的比例似乎成为解决上述问题最好的方案。现实亦是如此，有选择地提高外地几个重点城市收视权重是经济发达地区的省级卫视做好跨区域传播意识的关键。

此外，东方卫视自身的高端定位将目标收视人群与普通大众之间划出了一条分界线，这条分界线是在上海都市空间中所延伸开来的，体现了所谓的精英阶层和大众之间的区隔。无论从频道定位、观众定位还是广告产品的关联性，东方卫视浑身上下都充满了精英主义的趣味，离草根素人相去甚远，在一定程度上忽视了市井小民的都市文化想象。这种状况揭示了上海社会深层结构中群体间的不平等权力关系。然而，"三高"人群历来都不是收看电视节目的最大基数人群，以收视率为主要衡量指标的市场化运作决定了卫视节目的编排必须网罗更广大规模的收视人群，致使东方卫视大部分节目的实际收视人群与目标人群并不完全吻合。

因此，东方卫视似乎一直在高端大气和接地气的天平两端摇晃，这种策略造成了以下两种局面。一方面，高端定位直接导致观众群结构被打散。新闻专题类节目的目标收视群是"三高"人群，黄金时段电视剧的目标收视群却又是中老年女性观众，次黄金时段综艺节目目标收视群是中青年群体。这三类收视群体所呈现出的差异化，恰恰说明东方卫视的新闻、综艺、影视三驾马车着力点不一致，缺乏整体规划，直接导致观众的黏连度不够，既不能做到分众传播，也不能形成全家型收视。

另一方面，正因为实际生产中的种种困难使大多数省级卫视在节目制作过程中过早地放弃频道高端化的定位，这恰恰让始终坚持高端定位的东方卫视在卫视阵营里呈现出一种别具一格的样态。尽管东方卫视在全年收视率和收视份额上的表现不符合它在全国城市中的都市地位，但东方卫视的综合实力和区域影响力在全国网中仍然排在前列，分别列于博思数据研究中心、CTR央视市场研究等省级卫视品牌、综合影响力榜单前列①。这些排名除收视率之外，还包括频道综合满意度、专家测评等竞争力因素。在2013华鼎奖综艺节目50强榜单中，东方卫视的《中国达人秀》《舞林争霸》《梦立方》《妈妈咪呀》《中国梦之声》《杨澜访谈录》《声动亚洲》等八档节目上榜，仅次于央视，位列省级卫视之首。因此，无论是从东方卫视自身定位的内部，还是收视率及综合实力排名的外部看，东方卫视都呈现出一种相互矛盾而又摇摆不定的态势。

公众兴趣与节目质量的相互影响，从来都是"鸡生蛋蛋生鸡"的问题，但有一点值得注意，与地方城市台相比，卫视平台往往是当地广电集团集全台优势资源合力开办，在节目研发制作的资本投入、推广及整合营销方面更具强势实力。因此，无论省级卫视又如何的自身定位，都应当制作内容更为精良、节目形式更为多元化、更体现先进思想的优质节目。同时，当下电视广告投放已经从以前的唯收视率逐渐转向对目标人群的消费意愿、消费能力、购买转化率以及消费示范效应的关注。只有对目标群体的消费行为样态进行综合性的考量，逐渐建立起符合业内行业标准的"观众满意度"评价机制，画好消费者、广告投放与媒体之间的真实图谱，才能形成省级卫视阵营多元化竞争的蓝海，而非同质化竞争的红海。

省级卫视占有卫星的物理公众资源，应当在国家大众传播系统中承

---

① 根据2012年CTR央视市场研究"综合影响力榜单"以及博思数据研究中心"省级卫视品牌榜单"。

担一定的社会责任,弘扬正确、积极的社会价值观,引导观众的欣赏趣味。但作为市场经济中经济体,省级卫视又应当被置于市场中充分竞争,这样可以优化市场资源配置,建立公平、有序的电视媒体竞争环境。构建产业价值链是省级卫视打造核心竞争力的关键。同时,国家层面也应当作出调整,用健全相关法律法规、引入市场规制的方式保证独立制作人、社会制作机构参与市场竞争,以确保节目的多样性和异质性。

结束本书论文时,国家新闻出版广电总局颁布的"两星一剧"[①] 政策正在实施,这意味着四星联播时代的终结,省级卫视购买电视剧的成本不断攀升。与此同时,东方、江苏、浙江等卫视一线人士纷纷跳槽,或加入新媒体,或投身市场,引起业界热烈讨论与反响。面对竞争激烈的电视市场份额之争以及"电视将死"的新媒体威胁论,省级卫视亟待一场根本性的结构优化调整。

[①] 根据《总局对卫视综合频道黄金时段电视剧播出方式进行调整》,国家新闻出版广电总局官方网站 http://www.sarft.gov.cn/articles/2014/04/15/20140415092637290068.html。

参考文献

[1] Pierre Bourdieu, "The Social Space and Symbolic Power", *Sociological Theory*, Vol. 7, No. 1, 1989, pp. 14—25.

[2] Pierre Bourdieu, "The genesis of the Concepts of 'Habitus' and 'Field'", *Sociocriticism*, Vol. 2, No. 2, 1985, pp. 11—24.

[3] Pierre Bourdieu, *Distinction: A Social Critique of The Judgement of Taste*, Cambridge, Mass.: Harvard University Press, 1984.

[4] Pierre Bourdieu, *Outline of a Theory of Practice*, Cambridge: Cambridge University Press, 1977.

[5] Denis Mcquail, *Mass Communication Theory*, London: Saga, 1987.

[6] Michael Schudson. *The Sociology of News Production Revisited (Again)* [M] //James Curran & Michael Gurevitch, Mass Media and Society. London: Oxford University Press Inc, 2000.

[7] Evetts J, "The Sociological Analysis of Professinalism: Occupational Change in the modern world", *International Sociology*, No. 18, 2003, pp. 395-415.

[8] Baudrillard J, *Seduction*. Trans. Brain Singer, New York: St.

Martin's Press, 1990.

［9］J Thompson, "Social Theory, Mass communication and Public life", *in The Polity Reader In Cultural Studies*, Cambridge: Polity Press, 1994.

［10］David Morley, *Family Television: Cultural Power and Domestic Leisure*, London: Routledge, 1986.

［11］皮埃尔·布尔迪厄：《关于电视》，许钧译，南京大学出版社2011年版。

［12］皮埃尔·布尔迪厄、华康德：《实践与反思——反思社会学导引》，李猛、李康译，中央编译出版社1998年版。

［13］皮埃尔·布尔迪厄：《艺术的法则》，刘晖译，中央编译出版社2011年版。

［14］包亚明：《文化资本与社会炼金术——布尔迪厄访谈录》，上海人民出版社1997年版。

［15］居伊·德波：《景观社会》，王昭凤译，南京大学出版社2005年版。

［16］约翰·斯道雷：《文化理论与通俗文化导论》，杨竹山等译，南京大学出版社2006年版。

［17］戴维·斯沃茨：《文化与权力：布尔迪厄的社会学》，陶东风译，上海译文出版社2012年版。

［18］埃米尔·涂尔干：《社会分工论》，渠东译，生活·读书·新知三联书店2000年版。

［19］约书亚·梅罗维茨：《消失的地域：电子媒介对社会行为的影响》，肖志军译，清华大学出版社2002年版。

［20］戴维·英格利斯：《文化与日常生活》，张秋月、周雷亚译，

中央编译出版社2010年版。

[21] 迈克·费瑟斯通：《消费文化与后现代主义》，刘精明译，译林出版社2000年版。

[22] 赫伯特·甘斯：《什么在决定新闻：对CBS晚间新闻、NBC夜间新闻、〈新闻周刊〉及〈时代〉周刊的研究》，石琳、李红涛译，北京大学出版社2011年版。

[23] 盖伊·塔奇曼：《做新闻》，麻争旗、刘笑盈、徐扬译，华夏出版社2008年版。

[24] 约翰·R.霍尔、玛丽·乔·尼兹：《文化：社会学的视野》，周晓红、徐彬译，商务印书馆2002年版。

[25] 戴维·莫利：《电视，受众与文化研究》，史安斌译，新华出版社2005年版。

[26] G.戈尔丁：《大众媒介和社会》，见张国良编：《20世纪传播学经典文本》，复旦大学出版社2011年版。

[27] G.戈尔丁、P.默多克：《文化、传播和政治经济学》，杨击译，见张国良编：《20世纪传播学经典文本》，复旦大学出版社2001年版。

[28] 让·鲍德里亚：《消费社会》，刘成富等译，南京大学出版社2000年版。

[29] 让·博德里亚：《完美的罪行》，王为民译，商务印书馆2002年版。

[30] 让·波德里亚：《美国》，张生译，南京大学出版社2011年版。

[31] 爱德华·索亚：《第三空间——去往洛杉矶和其他真实和想象地方的旅程》，陆扬等译，上海教育出版社2005年版。

[32] 爱德华·索亚：《后大都市——城市与区域的批判性研究》，李钧等译，上海教育出版社2006年版。

[33] 爱德华·萨义德：《东方学》，王宇根译，生活·读书·新知三联书店1999年版。

[34] 马歇尔·麦克卢汉：《理解媒介》，何道宽译，译林出版社2011年版。

[35] 亨利·列斐伏尔：《空间：社会产物与使用价值》，见包亚明主编：《现代性与空间的生产》，上海教育出版社2002年版。

[36] 斯图尔特·霍尔：《大众文化与国家》，陶东风译，见保罗·史密斯、詹韦布等：《文化研究精粹读本》，中国人民大学出版社2006年版。

[37] 尤尔根·哈贝马斯：《公共领域的结构转型》，曹卫东等译，学林出版社1999年版。

[38] 彼得·比林汉姆：《透过电视了解城市》，宋莉华、王田译，上海人民出版社2012年版。

[39] 沃尔夫冈·韦尔施：《重构美学》，陆扬、张岩冰译，上海译文出版社2005年版。

[40] 道格拉斯·凯尔纳：《媒体文化——介于现代与后现代之间的文化研究、认同性与政治》，丁宁译，商务印书馆2004年版。

[41] 顾德曼：《家乡、城市和国家——上海的地缘网络与认同，1853—1937》，宋钻友译，上海古籍出版社2004年版。

[42] 丹尼尔·F. 史普博：《管制与市场》，余晖等译，上海人民出版社1999年版。

[43] 周宪：《〈关于电视〉译序》，见皮埃尔·布尔迪厄：《关于电视》，许钧译，南京大学出版社2011年版。

[44] 黄旦:《导读〈新闻与社会现实〉》,见盖伊·塔奇曼:《做新闻》,麻争旗、刘笑盈、徐扬译,华夏出版社2008年版。

[45] 李欧梵:《上海摩登》,人民文学出版社2010年版。

[46] 罗钢、王中忱:《消费文化读本》,中国社会科学出版社2003年版。

[47] 刘扬:《媒介·景观·社会》,重庆大学出版社2010年版。

[48] 曾一果:《想象城市:改革开放30年来大众媒介"城市叙事"》,中国书籍出版社2011年版。

[49] 高字民:《从影像到拟像》,陕西师范大学出版社2009年版。

[50] 胡正荣:《中国广播电视发展战略》,北京广播学院出版社2003年版。

[51] 许正林:《欧洲传播思想史》,上海三联书店2005年版。

[52] 孙玮:《导言》,见孙玮:《中国传播学评论第四辑:传播媒介与社会空间特辑》,复旦大学出版社2009年版。

[53] 钟大年、于文华:《凤凰考:建构一个新传媒》,北京师范大学出版社2005年版。

[54] 廖媌婧、徐帆:《中国电视的想象力》,花城出版社2011年版。

[55] 徐帆:《锵锵和鸣:凤凰卫视的角色制造与节目生产》,北京大学出版社2013年版。

[56] 中共上海市委党史研究室:《上海改革开放风云录》,上海人民出版社1994年版。

[57] 刘发成:《中美广电通信经济与法律制度比较研究》,重庆出版集团2006年版。

[58] 吴福辉:《京海两难》,见马逢洋:《上海记忆与想象》,文汇

出版社1996年版。

[59] 王伟强:《和谐城市的塑造:关于城市空间形态演变的政治经济学实证分析》,中国建筑工业出版社2005年版。

[60] 赵月枝、吴畅畅:《大众娱乐中的国家、市场与阶级——中国电视剧的政治经济分析》,载《清华大学学报》,2014年第1期。

[61] 陆晔、潘忠党:《成名的想象:中国社会转型过程中新闻从业者的专业主义话语建构》,载《新闻学研究》,2002年第71期。

[62] 陆晔、蒋春柳:《从东方卫视落地日澳看地方台的国际竞争策略》,载《传媒观察》,2005年第1期。

[63] 芮必峰:《新闻专业主义——一种职业权力的意识》,载《国际新闻界》,2011年第12期。

[64] 许纪霖:《上海城市文化的多歧性格》,见《21世纪都市发展和文化:上海—巴黎都市文化国际学术研讨会论文集》,2005年,未出版。

[65] 许纪霖:《全球化背景下上海的多元文化传统》,见《交流与互动——上海、汉城(首尔)都市文化比较国际学术研讨会论文集》,2005年版,未出版。

[66] 罗莉芳、汪宏桥:《上海的都市化和后现代化文化》,载《江西社会科学》,2005年第3期。

[67] 邱鸿峰:《美国、欧盟媒介融合政策述评——兼论作为政治—电视场域互动中介的制度化文化资本》,载《国际新闻界》,2011年第12期。

[68] 童兵:《入世一年的中国传媒市场新格局》,载《新闻记者》,2003年第1期。

[69] 张咏华、潘华、刘佳:《境外媒体进入上海的现状与挑战》,

载《新闻记者》，2005年第6期。

[70] 朱学东、黄俊杰、周笑岩：《海派再起东方卫视成立一周年》，载《传媒》，2004年第10期。

[71] 周葆华：《广电事企分开的历史、现状与前瞻》，载《声屏世界》，2010年第3期。

[72] 陈昌凤：《中国传媒集团发展的制度障碍分析——新闻体制：中国传媒集团的"瓶劲"》，载《新闻与传播评论》，2003年第0期。

[73] 马冲：《今晚，80后脱口秀的传播学审视》，载《青年记者》，2012年第26期。

[74] 汤渭达：《应运而生、独树一帜、强势凸显》，载《新闻记者》，1999年第11期。

[75] 朱涛：《试论上海卫视电视剧的几个问题》，载《新闻大学》，2000年第4期。

[76] 李雅静：《8个月一个传媒的崛起——访东方卫视营运总监万荣》，载《中国广播》，2004年第8期。

[77] 赵淑萍、忻勤：《东方卫视新闻崛起的历程及其理念——访东方卫视新闻采编中心总监陶秋石》，载《青年记者》，2012年第12期。

[78] 崔燕振、陈君聪：《深圳卫视频道定位与核心栏目竞争力打造的思考——美兰德公司总经理崔燕振访深圳广电集团总裁陈君聪》，载《当代电视》，2013年第6期。

[79] 苏荣才：《让世界听到深圳发出的声音——〈直播港澳台〉及深圳卫视新闻的创新发展》，载《南方电视学刊》，2013年第11期。

[80] 胡里、南瑞：《寻找"现象级"节目》，载《综艺报》，2014年第11期。

[81] 温静：《一线广播电视台变形记——对话五大电视台高层》，

载《中国广播影视》，2014年第5期。

[82] 刘逸帆：《不是创新 就是消亡》，载《中国广播》，2013年第6期。

[83] 王道军：《转企改制，上海文广领跑》，载《上海国资》，2009年第11期。

[84] 杨龙：《落地潜规则》，载《中国新闻周刊》，2008年第4期。

[85] 万咏之：《豆腐包与上海卫视——黑龙江省龙门农场上海知青包国祥轶闻》，载《中国农垦》，1999年第11期。

[86] 徐永利：《略论城市广场空间的精神向度——上海城市广场现状解读》，载《华中建筑》，2012年第8期。

[87] 张鸿雁：《上海文化核心价值的缺失批判与"新海派文化"的建构研究——上海城市发展与规划战略纠谬与创新》，载《中国名城》，2011年第12期。

[88] 张广崑：《市民性——上海文化的主色调》，载《上海大学学报》，1997年第12期。

[89] 刘青山：《东方卫视总监田明：我只是折射阳光的一滴水》，载《广告导报》，2009年7月17日。

[90] 马莉：《连横以撼央视，28家卫视三试广告联盟》，载《21世纪经济报道》，2003年11月4日。

[91] 屈丽丽：《上海文广改革欲打造东方迪斯尼》，载《中国经营报》，2013年3月1日。

[92] 陈晶晶：《直击上海广电大改革》，载《综艺报》，2014年3月9日。

[93] 熊月之：《移民社会与上海文化》，载《新民晚报》，2004年6月13日。

[94] 石岩：《小开代言的上海隐情》，载《南方周末》，2009年6月10日。

[95] 温婷：《广电产业核心资产可逐步对接资本市场》，载《上海证券报》，2009年12月15日。

[96] 熊忠辉：《中国省级卫视发展研究》，上海复旦大学博士学位论文，2005年。

[97] 张志安：《编辑部场域中的新闻生产》，上海复旦大学博士学位论文，2006年。

[98] 田明：《电视娱乐产业战略发展研究》，上海复旦大学博士学位论文，2005年。

[99] 周亭：《中国电视娱乐产业研究》，上海复旦大学博士学位论文，2007年。

[100] 徐浩然：《中国省级卫视竞争力评价研究》，南京航空航天大学，2007年。

[101] 邱国盛：《20世纪上海、北京发展比较研究》，四川大学博士学位论文，2003年。

[102] 肖凯林：《全球化背景下中国广电业政府规制对策思考》，浙江大学硕士学位论文，2004年。

[103] 王嘉曼：《北京卫视和上海东方卫视早间新闻节目内容的分析》，东北师范大学硕士学位论文，2014年。

[104] 谢光玉：《中国省级卫视频道定位研究》，广西大学硕士学位论文，2012年。

[105] 朱雯：《东方卫视影响力评估研究》，南京师范大学硕士学位论文，2005年。

[106] 王嘉曼：《北京卫视和上海东方卫视早间新闻节目内容的分

析》，东北师范大学硕士学位论文，2014年。

[107] 陈文娜：《狂欢背后的意识形态——中国达人秀的大众文化表征分析》，暨南大学硕士学位论文，2012年。

[108] 2009年全国电视媒体全国影响力评估报告：《厦门大学品牌与广告研究所、北京大学市场与媒介研究中心》，1999年。

[109] 省级卫视品牌榜单：《CTR央视市场研究"综合影响力榜单"、博思数据研究中心》，2012年。

[110] 中共中央宣传部、广播电影电视部：《关于地方广播电台、电视台必须完整转播中央人民广播电台、中央电视台节目的通知》，1993年。

[111] 国家广播电影电视总局：《关于加强广播电视有线网络建设管理的意见》，载《广播与电视技术》，1999年第12期。

[112] 国家广播电影电视总局：《关于广播电视电视集团化发展试行工作的原则意见》，2000年。

[113] 国家广播电影电视总局：《关于深化新闻出版广播影视业改革的若干意见》，2001年。

[114] 国务院：《国务院办公厅转发信息产业部、国家广播电影电视总局关于加强广播电视有线网络建设管理意见的通知》，1999年。

[115] 广电总局：《关于进一步规范卫星综合频道电视剧编播管理的通知》，2014年。

[116] 国家广电总局：《关于加强对转播国内卫星广播电视节目管理有关问题的通知》，1999年。

[117] 国家广电总局：《关于促进广播影视产业发展的意见》，2003年。

[118] 国家新闻出版广电总局：《总局对卫视综合频道黄金时段电

视剧播出方式进行调整》，2014 年。

[119] 国家标准化管理委员会：《电视收视率调查准则》，2014 年。

[120] 袁文逸：《袁文逸马航失联报道：菜鸟，在"飞行"中学"飞翔"》，载《个人微信公众号"原点"》，2014 年 4 月 24 日。

[121] 上海青年志编纂委员会：《专记〈文化大革命中的上山下乡运动〉》，载《上海青年志》，2002 年。

[122] 周有富：《上海年鉴》，载《上海市地方志办公室网站》，2003 年 8 月 20 日。

[123] 孙冬梅：《Dragon TV 腾空出世，上海卫视剑指东方》，载《新浪上海》，2003 年 10 月 15 日。

[124] 丁仁能：《为什么直播美国的总统大选》，载《人民网》，2004 年 11 月 10 日。

[125] 万晓晓、朱大可：《"海派文化"是面向未来的》，载《经济观察报》，2010 年 4 月 29 日。

[126] 田明：《用真人秀实现新闻理想，娱乐比新闻更具话语权》，载《凤凰网》，2014 年 11 月 12 日。

[127] 苏晓：《梦想，换条路继续前行》，载《"新媒体观察"官方网站》，2014 年 7 月 24 日。

[128] 姜微、许晓青：《上海：打造主流文化传媒新高地》，载《新华网》，2014 年 3 月 31 日。